D1734428

Quellen und Forschungen
zur Bündner Geschichte

Band 10

Quellen und Forschungen
zur Bündner Geschichte

Band 10

Herausgegeben vom Staatsarchiv Graubünden
Redaktion: Ursus Brunold, Silvio Margadant

Hubert Giger

Hexenwahn und Hexenprozesse in der Surselva

Kommissionsverlag Desertina
2001

© 2001 Staatsarchiv Graubünden, Chur
Kommissionsverlag Desertina, Chur
Satz: Staatsarchiv Graubünden
Belichtung: Rabiosa Tscharner&Caspar, Malix
Druck: Casanova Druck AG, Chur
ISBN 3 85637270-9

Inhaltsverzeichnis

Vorwort

Seit den 1970er Jahren beschäftigt sich die Geschichtsforschung intensiv mit den Themen «Hexen», «Hexenverfolgung» und «Hexenprozesse». Die Untersuchungen der letzten Jahre haben sich mehr und mehr auf einzelne Regionen konzentriert. Anhand der Gerichtsakten versuchen Historikerinnen und Historiker vor allem die Rolle der Zeugen zu ermitteln.

Dies ist auch das Hauptanliegen der vorliegenden Untersuchung. Dabei handelt es sich um die Lizentiatsarbeit «Hexenwahn und Hexenprozesse im Bündner Oberland», die 1987 am Historischen Seminar der Universität Zürich entstanden ist und auf Antrag von Prof. Hans-Conrad Peyer angenommen wurde. Für die Publikation in der Reihe «Quellen und Forschungen zur Bündner Geschichte» erscheint der Text in überarbeiteter Form. Das Phänomen des Hexenwesens wurde für eine bestimmte Region, in diesem Fall die Surselva, untersucht. Geographisch lässt sich dieses Gebiet folgendermassen umschreiben: Die Region Surselva liegt im Nordwesten Graubündens; sie erstreckt sich von den Grenzen der Gemeinde Tamins bis zum Quellgebiet des Rheins und schliesst die Seitentäler Safien, Lugnez (Lumnezia) und das Val Medel mit ein.[1]

Im 17. Jahrhundert breitete sich der Hexenwahn in Graubünden aus. In der Surselva fanden die ersten Hexenprozesse um 1590 statt. Zuständig für die Durchführung eines Prozesses waren die Gerichtsgemeinden. Die wichtigsten Fragen der vorliegenden Untersuchung lauten: Warum wurden Frauen und Männer als Hexen bzw. Hexenmeister hingerichtet, und wer waren diese Menschen? Weiter interessieren uns die Fragen: Welche Gründe konnten zu einem Hexenprozess führen, und wann wurden Hexen und Hexenmeister verfolgt?

Die Einleitung gibt einen kurzen Überblick über die Geschichte des Hexenglaubens und der Hexenverfolgung in Europa. Im zweiten Kapitel werden die Quellen der Surselva beschrieben und statistisch ausgewertet. Den Schwerpunkt der Arbeit bilden jedoch die beiden folgenden Kapitel. Zunächst geht es um die Frage, welche Gründe für die Hexenverfolgung ausschlaggebend waren; anschliessend wird die Beziehung unter den Dorfbewohnern erörtert, d.h. das Verhältnis zwischen Klägern und Ange-

---

[1] Das Gebiet der Surselva weist ein Gesamtfläche von 147'000 Hektaren auf, was etwa der Grösse des Kantons Glarus entspricht.

klagten. Zum Schluss wird von den Methoden der Folter, den Bekenntnissen der Hexen und Hexenmeister unter der Folter und den Kosten eines Prozesses die Rede sein.

Die historische Tatsache der Hexenverfolgung wurde bis heute weder für die Region der Surselva noch für das übrige Graubünden grundlegend erforscht. Mit den Ereignissen in der Surselva haben sich Historiker wie Johann Andreas von Sprecher, Iso Müller und Felici Maissen kurz befasst.[1] Lothar Deplazes thematisierte die Hexenprozesse in der Gerichtsgemeinde Laax-Sevgein, wobei er sich besonders mit dem Fall der Anna Jon Donau auseinandersetzte.[2] In ihrer Heimatkundearbeit geht Anna Janki den Hexenprozessen des Jahres 1652 in der Gerichtsgemeinde Waltensburg nach.[3]

Die Geschichte Graubündens in der zweiten Hälfte des 17. Jahrhunderts – also zur Zeit der Hexenverfolgungen in der Surselva – haben die Historiker bisher vernachlässigt, so dass wir vom sozialen Leben und von der wirtschaftlichen Situation dieser Zeit wenig wissen. Dafür wurde der Erforschung der politischen Geschichte der ersten Jahrzehnte des 17. Jahrhunderts viel Platz eingeräumt, wie Silvio Färber meint: «Keine Epoche der Bündner Geschichte ist so gründlich durchleuchtet worden wie diejenige der grossen Parteiungen und Wirren in der ersten Hälfte des 17. Jahrhunderts.»[4]

Zum Schluss möchte ich den Redaktoren der «Quellen und Forschungen zur Bündner Geschichte» Silvio Margadant und Ursus Brunold vom Staatsarchiv Graubünden danken, dass sie die vorliegende Arbeit in ihre Reihe aufgenommen haben.

Bonaduz, im Juni 2001   Hubert Giger

---

[1] JOHANN ANDREAS VON SPRECHER: Kulturgeschichte der Drei Bünde im 18. Jahrhundert, bearb. und neu hrsg. von RUDOLF JENNY, 3.Aufl. Chur 1976, S. 320-330; 622-626. ISO MÜLLER: Zum bündnerischen Hexenwahn des 17. Jahrhunderts, in: BM 1955, S. 33-41. FELICI MAISSEN: Die Drei Bünde in der zweiten Hälfte des 17. Jahrhunderts in politischer, kirchengeschichtlicher und volkskundlicher Schau. Erster Teil: Die Zeit der Unruhen von der Religionspazifikation 1647 bis 1657, Aarau 1966, S. 402-413.
[2] LOTHAR DEPLAZES: Die Laaxer Hexenprozesse 1654-1732. Sozial- und kulturgeschichtliche Aspekte, in: Laax, eine Bündner Gemeinde, Laax 1978, S. 59-69.
[3] ANNA JANKI: Über Hexenkult und Hexenprozesse in der Gerichtsgemeinde Waltensburg im 17. Jahrhundert, mit besonderer Berücksichtigung der Prozesse des Jahres 1652, unveröffentl. Heimatkundearbeit am Bündner Lehrerseminar in Chur 1980, 75 Seiten.
[4] SILVIO FÄRBER: Der bündnerische Herrenstand im 17. Jahrhundert. Politische, soziale und wirtschaftliche Aspekte seiner Vorherrschaft, Zürich 1983, S. 154.

«Eine Zauberin sollst du nicht am Leben lassen.»
(Exodus 22,18)

1. Einleitung

Der Hexenglaube, der sich in der christlichen Welt des ausgehenden Mittelalters und der Frühen Neuzeit ausbreitete, nahm – im Gegensatz zum Glauben an Zauberei und Hexerei früherer Jahrhunderte – eine neue, schreckliche Dimension an: Unzählige Menschen wurden systematisch verfolgt und ebenso systematisch hingerichtet. Die «Angst im Abendland»[1] hatte einen Höhepunkt erreicht. Es galt, dem «Fürsten dieser Welt»[2], dem Teufel, und seinen Helfershelfern entschiedener und mit aller Härte entgegenzutreten.

1.1. Überblick über Entstehung und Verlauf der Hexenverfolgungen ausserhalb Graubündens

1.1.1. Von den Anfängen bis ins 16. Jahrhundert

Die Völker des Altertums kannten Hexen und Zauberer. Gute und böse Geister spielten eine entscheidende Rolle im Alltag der Menschen. Mehrere Götter bestimmten und formten das Leben des Einzelnen und des Volkes. Bereits in frühgermanischer Zeit war die Hexe[3] gefürchtet, weil ihr nachgesagt wurde, dass sie «Wetter machen» und Stürme und Hagel verursachen könne.

---

[1] Vgl. dazu die Studie von JEAN DELUMEAU: Angst im Abendland. Die Geschichte kollektiver Ängste im Europa des 14. bis 18. Jahrhunderts, Bd. 1 und 2, Hamburg 1985.

[2] Im Neuen Testament ist der Teufel der Gegenspieler Gottes und Verführer der Menschheit.

[3] Das Wort «Hexe», das eine Zauberin bezeichnete, die schädigen und in der Nacht fahren konnte, war erst seit dem 13. Jahrhundert im schweizerisch-alemannischen Sprachraum gebräuchlich, WALTRAUT JILG: «Hexe» und «Hexerei» als kultur- und religionsgeschichtliches Phänomen, in: Teufelsglaube und Hexenprozesse, hrsg. von GEORG SCHWAIGER, München 1988, S. 41.

Das Christentum setzte sich zum Ziel, den «Aberglauben» der Heiden zu bekämpfen. Die Kirchenväter verwarfen in ihren Schriften nicht-christliche Lehren. Augustinus (354-430) führte den Glauben an die Macht von Dämonen und den Teufelspakt in die Theologie ein. Diese Neuerung hatte schwerwiegende Folgen, weil der Einfluss von Augustinus im Laufe des Mittelalters immer stärker wurde.[1] Der Scholastiker Thomas von Aquin (1225-1274) nahm die augustinische These vom Teufelspakt auf und systematisierte die theoretischen Grundlagen für die Lehre von Teufelsbündnis und Satanskult. Hiermit trug er Wesentliches zur Entwicklung des spätmittelalterlichen und frühneuzeitlichen Hexenwahns und der Einrichtung der Inquisition bei.[2]

Die christlichen Kaiser des 4. Jahrhunderts (Konstantin d.Gr., Theodosius I. d.Gr.), später Justinian I. (Kaiser von Ostrom 527-565), die Frankenkönige Childerich III. und Chlodwig[3], Karl der Grosse (768-814) und sein Enkel Karl der Kahle (843-877) bestraften die Beschäftigung mit Magie. Im Frühmittelalter verhielt sich die Kirche jedoch noch nicht so unbarmherzig den Hexen und Zauberern gegenüber wie das Spätmittelalter und die beginnende Neuzeit.[4] Die Todesstrafe wurde selten verhängt. Meistens wurden den Magiern und Zauberern Geldbussen auferlegt; im schlimmsten Falle mussten sie mit der Exkommunikation rechnen.

Vom 12. Jahrhundert an kam es zu entscheidenden Veränderungen. In Südfrankreich waren Ketzerbewegungen (Albigenser und Waldenser) entstanden, die sich von der katholischen Kirche abwandten. Papst Innozenz III. (1198-1216) liess die Albigenser verfolgen. Da der Kampf gegen die Häretiker schwach und unwirksam blieb, entzog Papst Gregor IX. im Jahre 1231 den Bischöfen die *Inquisition* und übertrug sie dem Dominikanerorden, der sich

---

[1] JILG: «Hexe» und «Hexerei» als kultur- und religionsgeschichtliches Phänomen, S. 54 und ebenfalls ROLAND GÖTZ: Der Dämonenpakt bei Augustinus, in: Teufelsglaube und Hexenprozesse, S. 57-84.

[2] Lexikon des Mittelalters, IV. Bd., Sp. 2201ff. (Art. Hexen, Hexerei von CHRISTOPH DAXELMÜLLER).

[3] Nachdem Chlodwig 496/497 die Alemannen besiegt hatte, trat er zum katholischen Glauben über. Während seiner Regierungszeit wurden die Bischöfe den fränkischen Adligen gleichgestellt und übernahmen Aufgaben in der Verwaltung.

[4] DELUMEAU: Angst im Abendland, Bd. 2, S. 511.

mit grossem Eifer seiner Aufgabe widmete.[1] Diese Mönche konnten schalten und walten, wie sie wollten: «Es gab nun eine Instanz, die direkt dem Papst unterstand und auch über die Köpfe der übrigen geistlichen hohen Würdenträger hinweg verfügen konnte.»[2]

Durch *Denunziation* wurden untergetauchte und vermeintliche Ketzer ausfindig gemacht. Leute, welche die Mitglieder dieser Sekten – diese hatten sich bis nach Nordfrankreich und Deutschland ausgebreitet – verschonten oder aufnahmen, mussten mit schweren Strafen rechnen. Bei der Auswahl der Zeugen liessen es die Inquisitoren an der nötigen Sorgfalt fehlen.[3] Wenn die Zeugenaussagen gegen die Häretiker nicht genügten, wurde die *Folter*[4] angewandt, die 1252 von Papst Innozenz IV. eingeführt wurde. Mittlerweile war die Auffassung durchgedrungen, dass sowohl Zauberei als auch Ketzerei auf das Wirken des Teufels hin geschehe. Die Inquisition hatte noch nicht in ganz Europa Fuss gefasst, als den Ketzern bereits vorgeworfen wurde, dass sie den Teufel verehrten. Immer neue Beschuldigungen kamen hinzu: Pakt mit dem Teufel, Unzucht mit dem Teufel, sexuelle Orgien, grauenhafte Götzendienste, Schadenzauber usw.[5] Der Papst lehnte zuerst eine Anwendung der Inquisition auf das Hexenwesen ab. Die alten Canones des Kirchenrechts (vor allem der «Canon Episcopi») bezweifelten die Existenz von Hexen und verboten ihre Verfolgung.[6] Der Druck von Seiten der Geistlichkeit, vor allem der Dominikaner, wuchs jedoch, bis Rom nachgeben musste. Im Jahre 1326 erliess Papst Johannes XXII. nach Anhörung von Bischöfen, Superioren und Theologen die Bulle «Super illius specula». Von diesem Zeitpunkt an wurde die *Hexerei der*

---

[1] MANFRED HAMMES: Hexenwahn und Hexenprozesse, Frankfurt a.M. 1985, S. 25ff.

[2] GUIDO BADER: Die Hexenprozesse in der Schweiz, Zürich 1945, S. 21.

[3] Dies gilt auch für die Hexenprozesse!

[4] Nach dem alten (römischen) Kirchenrecht war ein Geständnis nur dann gültig, wenn es ohne Anwendung von Gewalt abgelegt wurde, BADER, ebenda S. 11.

[5] HANS-PETER KNEUBÜHLER: Die Überwindung von Hexenwahn und Hexenprozess, Diessenhofen 1977, S. 5ff.

[6] Der Scholastiker Thomas von Aquin (1225-1274) meinte in bezug auf Dämonen, dass böse Geister mit einem Menschen Geschlechtsverkehr haben können, HUGH REDWALD TREVOR-ROPER: Der europäische Hexenwahn des 16. und 17. Jahrhunderts, in: Religion, Reformation und sozialer Umbruch, Frankfurt a.M. 1970, S. 100 und 107.

Ketzerei gleichgesetzt. Somit erhielten die Inquisitoren auch die Befugnis, Hexen und Hexenmeister zu verfolgen.[1]

Gegen Ende des 14. und im Laufe des 15. Jahrhunderts nahm die Anzahl der Hexenprozesse zu. Immer mehr Traktate gegen die Hexen und ihre Künste wurden geschrieben. Das erste dämonologische Werk, das die Rolle der Frau in der Hexerei betonte, war der «Formicarius». Der Verfasser dieser Schrift, die zwischen 1435 und 1437 entstand, war Johannes Nider, Prior des Dominikanerklosters in Basel.[2] Konzilien und Synoden förderten die Hexenverfolgung. Um die Mitte des 15. Jahrhunderts wurde die Inquisition auch in Deutschland aktiv: Papst Innozenz VIII. forderte in seiner Bulle «Summis desiderantes» von 1484 die Landesfürsten auf, die Inquisitoren in ihrer Aufgabe zu unterstützen. Nun führten die weltlichen Gerichte im gleichen Masse wie die geistlichen Hexenprozesse durch.[3]

Der Hexenhammer, «Malleus maleficarum» (1486)[4], der päpstlichen Inquisitoren Jakob Sprenger und Heinrich Institoris (beide Dominikanermönche) knüpfte an die genannte Hexenbulle Papst Innozenz' VIII. an und wurde das Nachschlagewerk für die Richter schlechthin. In den Mittelpunkt der Hexenideologie wurde der Teufel gestellt. Der «Hexenhammer» konzentrierte seine Beschuldigungen auf die *Frau*, die – als das schwache Geschlecht – sich dem Teufel leicht hingebe und als dessen Agentin die Menschheit in die Verdammnis ziehe.[5]

---

[1] DELUMEAU: Angst im Abendland, Bd. 2, S. 513. Die Vorwürfe, die gegen Ketzer und Hexen erhoben wurden, gingen ebenfalls an die Adresse der Juden, TREVOR-ROPER, ebenda S. 112f. So wurden die angeblichen Versammlungen der Hexen mit denen der Juden verglichen und daher als Sabbat bezeichnet. Siehe CARLO GINZBURG: Hexensabbat. Entzifferung einer nächtlichen Geschichte, Berlin 1990.

[2] DELUMEAU, ebenda S. 514ff.

[3] KNEUBÜHLER: Die Überwindung von Hexenwahn und Hexenprozess, S. 8f.

[4] Der «Hexenhammer» erreichte von 1487 bis 1520 14 Auflagen, mehr als jede andere Veröffentlichung zur Dämonologie zuvor und nachher, DELUMEAU: Angst im Abendland, Bd. 2, S. 517. Zur Verbreitung des «Hexenhammer» trug nicht zuletzt die Erfindung der Buchdruckerkunst bei.

[5] KNEUBÜHLER, ebenda S. 9. Vgl. auch zum «Hexenhammer» und seiner Wirkungsgeschichte HANS-JÖRG NESNER: «Hexenbulle» (1484) und «Hexenhammer» (1487), in: Teufelsglaube und Hexenprozesse, hrsg. von GEORG SCHWAIGER, München 1987, S. 85-102.

Im Gegensatz zu früheren Ketzerprozessen sollte es keine Gnade mehr geben für reuige und geständige Personen. Dem «Hexenhammer» folgten zahlreiche Abhandlungen zur Dämonologie. In Spanien entstanden während des 15. und frühen 16. Jahrhunderts bedeutende Werke über die Dämonenlehre. Für diese Werke zeigten auch andere Länder grosses Interesse.[1] «Um 1490 war nach zwei Jahrhunderten langer Forschung die neue, positive Lehre von der Hexerei in ihrer endgültigen Form aufgestellt. Von nun an sollte es nur noch eine Frage sein, wie man diese Doktrin anwandte, das heisst wie Hexen, deren Wesen man definiert hatte, aufzuspüren und zu vernichten seien.»[2]

Richard van Dülmen meint, dass fast alle Menschen im 16. Jahrhundert an Hexen und Hexerei glaubten.[3]

In der Schweiz fanden die frühesten nachweisbaren Hexenprozesse im Obersimmental (Berner Oberland) statt. Sie begannen um 1400.[4] Der oben erwähnte Dominikaner Johannes Nider hat diese Prozesse in seinem «Formicarius» wiedergegeben. Das Wort «Hexerei» wurde zum ersten Mal 1419 in einem Prozess in Luzern verwendet. Um 1420 setzte eine grosse Hexenverfolgung im Wallis ein. Etwa gleichzeitig begannen die Hexenprozesse in den Diözesen Lausanne, Genf sowie in Neuenburg, die von dominikanischen Inquisitoren geleitet wurden. Die Verfolgung von Hexen und Hexenmeistern war regional unterschiedlich. In Luzern wurden fast nur Frauen angeklagt (sie wurden vor allem des Schadenzaubers schuldig gesprochen), während die Prozesse in der Diözese Lausanne stark an Inquisitionsprozesse erinnerten (am Anfang wurden viele Männer angeklagt). Die Prozesse im 15. Jahrhundert stehen im engen Zusammenhang mit der Inquisition in der Diözese Como und der Verfolgung der in die Westschweiz eingedrungenen Waldenser. Je mehr der Ketzerprozess vom Hexenprozess abgelöst wurde, desto mehr übernahmen die weltlichen Behörden das Gerichtsverfahren. In der Nordwest- und Zentral-

---

[1] TREVOR-ROPER: Der europäische Hexenwahn des 16. und 17. Jahrhunderts, S. 113.
[2] TREVOR-ROPER, ebenda S. 97.
[3] RICHARD VAN DÜLMEN: Kultur und Alltag in der Frühen Neuzeit. Religion, Magie, Aufklärung 16.-18. Jh., Bd. 3, 2. Auflage München 1999.
[4] ARNO BORST: Anfänge des Hexenwahns in den Alpen, in: Ketzer, Zauberer, Hexen. Die Anfänge der europäischen Hexenverfolgungen, S. 43-67.

schweiz hatten die weltlichen Richter schon von Anfang an die Hexenprozesse geleitet.[1]

1.1.2. Vom 16. Jahrhundert bis Ende des 18. Jahrhunderts

Im Verlaufe des 16. und 17. Jahrhunderts artete der Hexenglaube in Hysterie und Massenverfolgungen aus. Den katholischen Predigern des Mittelalters folgten die protestantischen, die im Zuge der Reformation den Hexenwahn um die Mitte des 16. Jahrhunderts – nach einer zeitweiligen «Beruhigung» – wieder aufleben liessen.[2] Seit 1580 versuchte die Gegenreformation, verlorene Gebiete wieder zurückzuerobern. Gemäss Trevor-Roper war die Wiederbelebung des Hexenglaubens im 16. Jahrhundert das «Ergebnis des zwischen ihnen (Katholiken und Protestanten, d.Verf.) ausgetragenen Konflikts».[3]

Inzwischen war die Lehre über Hexen und Hexerei zu einem Begriff geworden. Seit dem 16. Jahrhunderte gehörte z.B. die Teilnahme am Hexensabbat zum festen Bestandteil des Hexenwesens.

In der ersten Hälfte des 16. Jahrhunderts waren vor allem die Gebiete der Alpen und die Pyrenäen von Hexenverfolgungen betroffen. Dann konzentrierten sich die Hexenprozesse bis ins 17. Jahrhundert hinein auf die Schweiz, die Freigrafschaft Burgund (Franche-Comté), Süddeutschland[4], das Elsass, Lothringen, Luxemburg und die Niederlande.[5]

---

[1] BADER: Die Hexenprozesse in der Schweiz, S. 207-219.
[2] Luther und Calvin standen den Hexen feindselig gegenüber; nur Zwingli glaubte nicht an Hexen, TREVOR-ROPER: Der europäische Hexenwahn des 16. und 17. Jahrhunderts, S. 134f.
[3] TREVOR-ROPER, ebenda S. 136.
[4] Das heutige Baden-Württemberg war eine der am stärksten vom Hexenwahn betroffenen Regionen. In der Zeit zwischen 1560 und 1670 wurden 3229 Personen als Hexen und Hexer hingerichtet, DELUMEAU: Angst im Abendland, Bd. 2, S. 517.
[5] DELUMEAU, ebenda S. 518.

In der Schweiz[1] fanden besonders ab Mitte des 16. Jahrhunderts mehrere Hexenprozesse statt. Viele Hinrichtungen erfolgten in Zürich, Luzern, Unterwalden, Freiburg, Solothurn, Basel, Aargau, Waadt, Neuenburg und Genf.[2]

Zwischen 1560 und 1630 erreichte die Jagd auf Hexen und Hexenmeister in Europa ihren *Höhepunkt*. Allein im Waadtland wurden innerhalb von 40 Jahren (1581-1620) 970 Menschen wegen Hexerei hingerichtet.[3] Trevor-Roper meint: «Zu Beginn des 17. Jahrhunderts sind die Hexen-Gelehrten regelrecht hysterisch geworden. Ihre Handbücher sind zu enzyklopädischem Umfang angeschwollen[4] und von geradezu irrsinniger Pedanterie erfüllt. Sie verlangen und erreichen bisweilen auch radikale Säuberungen. Um 1630 hat das Massaker alle zuvor aufgestellten Höchstleistungen überboten.»[5]

England verzeichnete vor allem unter der Herrschaft Elisabeths I. (1558-1603) grosse Verfolgungen. In Schottland forderte der Hexenwahn nach dem Sieg der Reformation (von 1560-1730) mehr als 1300 Opfer. Dänemark und auch Siebenbürgen wurden in diesen Zeiten vom Hexenwahn heimgesucht.[6]

Später schien die Hexenverfolgung allmählich abzuklingen, obwohl in einigen Gegenden immer noch Frauen, Männer und Kinder gefoltert und hinge-

---

[1] Ein vollständiger Überblick ist nicht möglich, da die Geschichte des Hexenglaubens in der Schweiz noch nicht umfassend behandelt worden ist. Guido Bader berücksichtigt die ganze Schweiz, sofern «Nachrichten» vorliegen, doch ist seine Statistik zum Teil überholt, wie Delumeaus Zahlen beweisen. DELUMEAU, Angst im Abendland, Bd. 2, S. 517-518.

[2] DELUMEAU, ebenda und BADER: Die Hexenprozesse in der Schweiz, S. 207-219.

[3] PETER KAMBER: Die Hexenverfolgung im Waadtland (1581-1620), unveröffentl. Lizentiatsarbeit Universität Zürich 1980, S. 14.

[4] Anhand von DELUMEAU: Angst im Abendland, Bd. 2, S. 371 und S. 615 sei hier auf die wichtigsten Handbücher, die gegen Ende des 16. und zu Beginn des 17. Jahrhunderts entstanden sind, hingewiesen:

   1580: Jean Bodin: De la démonologie des sorciers
   1595: Nicolasy: Demonolatriae libri tres
   1608: William Perkins: A Discourse of the Damned Art of Witchcraft
   1611: Martinus del Rio: Controverses et recherches magiques
   1635: Benedikt Carpzov: Practica rerum criminalium (TREVOR-ROPER in: Der europäische Hexenwahn des 16. und 17. Jahrhunderts, S. 151, nennt dieses Buch den «lutherischen Hexenhammer»).

[5] TREVOR-ROPER: Der europäische Hexenwahn des 16. und 17. Jahrhunderts, S. 101.

[6] DELUMEAU, ebenda S. 519.

richet wurden. In der Schweiz waren vorwiegend noch Hexenverfolgungen in Unterwalden, Luzern, Zug, Freiburg, Appenzell, Waadt und Graubünden im Gange.[1] Während der zweiten Hälfte des 17. Jahrhunderts wurden Hexenprozesse auch in Schweden und Polen geführt.[2]

Im 18. Jahrhundert sollten die Scheiterhaufen zum letzten Mal brennen. Die letzten Hexen wurden hingerichtet: in Frankreich 1745, in Deutschland (Kempten) 1775, in der Schweiz 1782 (Anna Göldin war die erste und letzte Hexe, die im Kanton Glarus mit dem Tode bestraft wurde) und in Polen 1793.[3]

Wie stand es denn im Abendland mit *Gegnern der Hexenverfolgungen*? Wer den Kampf gegen den Hexenwahn aufzunehmen wagte, musste damit rechnen, selber in einen Hexenprozess verwickelt zu werden. So gab es wenige Männer, die Widerstand leisteten. Einer davon war der Arzt Johannes Weyer (1516-1588). Sein Werk «Über die Blendwerke der Dämonen, Zaubereien und Giftmischereien» (1563) kam rasch auf den Index der verbotenen Bücher. Der katholische Priester und Theologieprofessor Cornelius Loos (ca.1546-1595) trat gegen die Hexenverbrennungen auf, worauf er zweimal ins Gefängnis gesperrt wurde. Der hoch angesehene Jesuit und Professor der Universität Ingolstadt Adam Tanner (1572-1632) rügte die Art der Prozesse, insbesondere die Folter. Er hatte keinen Erfolg. Ein anderer Jesuit, Friedrich von Spee (1591-1635), wandte sich in seinem Buch «Cautio criminalis» (1631/1632) auch gegen die Folter. Darauf ergriffen einige katholische und evangelische Fürsten Massnahmen zur Eindämmung der Hexenprozesse. Der entscheidende Durchbruch zur Abschaffung der Folter und der Hexenprozesse gelang jedoch erst dem Juristen und Philosophen Christian Thomasius (1655-1728). Dieser setzte sich für religiöse Toleranz und gegen die unmenschlichen Strafprozessgesetze ein. Unter anderem bestritt er, dass der Teufel körperliche Gestalt annehmen und dass Menschen mit dem Teufel einen Pakt abschliessen können.[4]

---

[1] BADER: Die Hexenprozesse in der Schweiz, S. 211-218.
[2] DELUMEAU: Angst im Abendland.
[3] GABRIELE BECKER, SILVIA BOVENSCHEN, HELMUT BRACKERT u.a.: Aus der Zeit der Verzweiflung. Zur Genese und Aktualität des Hexenbildes, Frankfurt a.M. 1977, S. 323.
[4] Zum Thema Kritik am Hexenglauben: Teufelsglaube und Hexenprozesse, hrsg. von GEORG SCHWAIGER, 2. Auflage München 1988; TREVOR-ROPER: Der europäische Hexenwahn des 16.

Dies sind einige wenige prominente Gegner des Hexenwahns. Meistens konnten auch sie wenig ausrichten. Verschiedene Gründe sind dafür verantwortlich: Fast alle Gegner der Hexenprozesse glaubten selber an die Existenz von Hexen, sie lehnten nur die Vorgehensweise, wie solche Personen bekämpft wurden, ab. Die Gegenseite hatte mit vielen Schriften zur Dämonologie ihre Argumente systematisch verbreitet[1], ausserdem machten äussere Bedingungen (Naturkatastrophen, Krieg, Krankheiten usw.) eine effektvolle Bekämpfung der Hexenverfolgung nahezu unmöglich. Den Säuberungsaktionen, die während über drei Jahrhunderten gegen angebliche Hexen und Hexenmeister geführt wurden, fielen Tausende von Menschen – vor allem Frauen – zum Opfer. Die griechisch-orthodoxe Kirche entwarf keine systematische Dämonenlehre und kannte deshalb keinen Hexenglauben.

---

und 17. Jahrhunderts, S. 157; WOLFGANG ZIEGELER: Möglichkeiten der Kritik am Hexen- und Zauberwesen im ausgehenden Mittelalter, Köln 1973; HANS-PETER KNEUBÜHLER: Die Überwindung von Hexenwahn und Hexenprozess, Diessenhofen 1977. Kneubühler behandelt das Spätmittelalter und die Frühe Neuzeit.
[1] ZIEGELER, ebenda S. 8.

1.2. Übersicht über die Hexenverfolgung in den Drei Bünden

1.2.1. Das Aufkommen der Verfolgung

Eine abschliessende Darstellung der Geschichte des Hexenwesens in Graubünden ist erst möglich, wenn eine systematische Analyse sämtlicher vorhandenen Quellen vorliegt. In jenen Regionen, in welchen die Prozessakten fehlen, wurden diese entweder absichtlich vernichtet oder das Opfer der Flammen.

Aus dem 15. Jahrhundert sind uns drei Fälle überliefert, in denen von Zauberei oder Hexerei die Rede ist. Diese drei Fälle unterscheiden sich jedoch von den Hexenprozessen, die um die Mitte des 17. Jahrhunderts in der Surselva eingeleitet wurden.

Der erste bekannte Hexenprozess in Graubünden datiert in das Jahr 1434. Damals wurden in *Thusis* gegen das Gebot Bischofs Johannes IV. von Chur, der den Hexenglauben energisch bekämpfte, mehrere «Hexen und Unholden» verbrannt. Andere Personen, die ebenfalls der Hexerei bezichtigt wurden, mussten ausser Landes fliehen, ihr Hab und Gut wurde konfisziert. Gegen diese Greueltat der Thusner und Heinzenberger verhängte der Bischof von Chur den Bann und ordnete die Schliessung der Kirchen an. Am 21. Januar 1434 versprachen die Thusner und Heinzenberger dem Stellvertreter des Bischofs von Chur, Heinrich Egghard, die Anerkennung der geistlichen Jurisdiktion. Sie gelobten, künftig «niemant mer umb solich sach verbrennen noch in dehaines weges es strauffen», sondern der Hexerei verdächtigte Personen dem Bischof oder seinem Stellvertreter zum Entscheide zu überlassen. Sie verpflichteten sich, die Vertriebenen wieder aufzunehmen und Genugtuung zu leisten. Darauf wurde das Interdikt aufgehoben.[1]

Parallel zu Thusis lief im Januar 1434 auch ein Prozess in *Lostallo*. Die angeklagten vier Brüder de Andrea von Cabbiolo und deren Mutter waren von der Gemeinde Lostallo der Hexerei bezichtigt und von dazu gewählten Geschworenen untersucht und verfolgt worden. Die Beklagten behaupteten, die Verfolgung und die Schädigung an Gütern und Dingen, die sie von Seiten der Gemeinde wegen dieser Sache erdulden mussten, seien «contra ius sancte matris ecclesie et contra mentem et precepta domini episcopi

---

[1] Bischöfliches Archiv Chur, Urkunde sub dato, Text unten S. 174f. Nr. 1. Vgl. auch JOHANN GEORG MAYER: Geschichte des Bistums Chur, 1. Bd., Stans 1907, S. 445.

Curiensis», also gegen das Kirchenrecht und die Gebote des Bischofs von Chur.[1] Wie in Thusis ging die Gemeinde Lostallo gegen ihre der Hexerei verdächtigten Einwohner vor, ohne an ein geistliches oder weltliches Gericht zu gelangen. Dank dem Gebot des Bischofs von Chur kam es schliesslich zu einem schiedsgerichtlichen Vergleich, in dem beide Parteien gleichberechtigt ihre Sache verfechten konnten. Am 16. Januar 1434, sechs Tage nach der Einigung der Parteien auf das Schiedsgericht von vier Leuten, darunter dem Priester Lorenzo von Lostallo, wurde folgendes beschlossen: Die Gemeinde Lostallo verpflichtete sich, den Angeklagten innert vierzehn Tagen die Summe von 40 Pfund neuer Denare zu entrichten oder ebensoviel an Gemeinland nach Schätzung der Schiedsrichter zu geben. Im Gegenzug sollten die Brüder de Andrea der Gemeinde und den Geschworenen das erduldete Unrecht vergeben. Die Kautionssumme von 50 Golddukaten, auf welche die Parteien sich zum Schiedsspruch verpflichteten, solle je zur Hälfte an den Bischof von Chur und die Kirche in Lostallo zu zahlen sein.[2] Der vorliegende Fall ist auch deshalb von Interesse, weil er vor einem Schiedsgericht geschlichtet wurde.

Ein dritter Fall von Hexerei betrifft unser Untersuchungsgebiet, die Surselva, und ist 1448 aus *Safien* urkundlich bezeugt. Die Safier hatten den Eheleuten Buchli wegen Zauberei den Prozess gemacht, sie verbrannt und deren Vermögen eingezogen. Tönz Buchli, der Sohn der Hingerichteten, verklagte nun die Gemeinde beim geistlichen Gericht in Chur. Der geistliche Richter erkannte am 12. April 1448, dass der weltliche Anteil dieser Klage, nämlich die Einziehung des Vermögens, vor den Freiherrn Georg von Rhäzüns als Herrn von Safien gehöre. Weil aber die Gemeinde sich durch die Hinrichtung des Ehepaars einen Übergriff auf die dem Bischof von Chur zuständigen Rechte habe zuschulden kommen lassen, solle sie vom Bischof eine Busse erhalten und den Ablass begehren. Am 20. Mai 1448 auferlegte Bischof Heinrich von Konstanz als Administrator des Bistums Chur der Gemeinde folgende Busse, die innerhalb eines Monats einzulösen sei: Sie soll 1. einen Umgang in ihrer Pfarrkirche halten, 2. eine Wallfahrt nach Cazis machen, an der aus jeder Haushaltung mindestens eine Person teilnehmen muss, 3. ein Jahr lang in der Pfarrkirche in Safien tags und nachts Licht vor dem Allerheiligsten Altarsakrament brennen

---

[1] Gemeindearchiv Lostallo, Urkunde Nr. 6 vom 10. Januar 1434.
[2] Gemeindearchiv Lostallo, Urkunde Nr. 7. Vgl. dazu GERTRUD HOFER-WILD: Herrschaft und Hoheitsrechte der Sax im Misox, Poschiavo 1949, S. 99ff.

lassen. Die Söhne der hingerichteten Eheleute klagten erneut vor dem geistlichen Richter, weil die Gemeinde die ihr auferlegte Busse nicht erfüllt hatte. Der Richter beschloss jedoch am 12. September 1450, dass es genug geschehen und die Gemeinde absolviert sei. Ungeachtet dieses Urteils des geistlichen Gerichts und eines ähnlichen der Richter des Grauen Bundes strengten die Söhne und Brüder der Hingerichteten eine Revision des Prozesses an. Die Gemeinde wandte sich daher an den Generalvikar des Bischofs Ortlieb v. Brandis von Chur, der am 17. Dezember 1460 die Absolution der Gemeinde bestätigte.[1]

Bei diesen drei Fällen spielte der Streit um das Vermögen der hingerichteten Personen eine wichtigere Rolle als der Zaubereiverdacht. Möglich ist, dass diese Personen unter dem Vorwand der Zauberei und Hexerei verfolgt wurden, um an ihr Vermögen zu gelangen. Diese Prozesse unterscheiden sich grundsätzlich von denjenigen des 17. Jahrhunderts, weil die Angeklagten oder deren Verwandten Einsprache erheben konnten oder weil der Bischof im Falle von Thusis gegen die Thusner und Heinzenberger vorgehen konnte. Gut 200 Jahre später wäre dies nicht mehr möglich gewesen: 1. Die Geistlichkeit legte keinen Protest gegen die Durchführung von Hexenprozessen ein – im Gegenteil! 2. Jemand, der es gewagt hätte, gegen ein Urteil Einsprache zu erheben, hätte selber damit rechnen müssen, in einen Hexenprozess verwickelt zu werden. Ein Grund dürfte sein, dass die Hexenlehre um 1434 respektive um 1448 in Graubünden noch kaum Anhänger gefunden hatte. Die wichtigsten Werke über Dämonologie waren noch nicht geschrieben – der Hexenhammer z.B. wurde 1486 veröffentlicht. Ein bedeutendes Werk lag allerdings bereits vor, der «Formicarius» des Dominikaners Johannes Nider. Er verfasste sein Werk zwischen 1435 und 1437, zur Zeit des Baslers Konzils (1431-1449). Der Autor versuchte als einer der ersten zu beweisen, dass die Frau mehr als der Mann den Verführungskünsten des Teufels ausgesetzt sei. Am Konzil von Basel wurden auch Nachrichten und Meinungen über die Inquisition und Zauberei ausgetauscht; es ist möglich, dass die Hexenprozesse von 1434 in Thusis von solchen Gesprächen beeinflusst wurden.

Bemerkenswert an diesen drei Fällen aus dem 15. Jahrhundert ist, dass Zauberei und Hexerei bereits thematisiert werden. Erst gegen Ende des 16.

---

[1] LORENZ JOOS: Die Kirchlein des Safientals, in: BM 1936, S. 10f. aufgrund von Urkundenregesten von Johann Ulrich von Salis-Seewis (+1817) im StAGR B 1790; die Originalurkunden im Gemeindearchiv Safien sind nicht mehr vorhanden.

Jahrhunderts beginnen systematische Hexenverfolgungen, die in den Drei Bünden nach den Bündner Wirren und dem Dreissigjährigen Krieg (1618-1648) ihren Höhepunkt erreichen.

Gleich wie im 15. sind auch in der ersten Hälfte des 16. Jahrhunderts in den Drei Bünden nur vereinzelte Fälle bekannt. Aus den Generalrechnungsbüchern des Churer Offizialats geht hervor, dass der Propst des Kollegiatsstifts San Vittore, Johannes de Salvagno, als Kommissar zur «Ausmerzung der häretischen Laster» im Misox verpflichtet wurde, zum St. Gallusfest (16. Oktober) 1520 30 Rheinische Gulden aus den Gütern der *verbrannten oder anders verurteilten Häretiker* als Anteil für den Bischof zu zahlen und ihre Güter in Bargeld umzuwandeln.[1] In diesem Zusammenhang erhielten drei Jahre später *fünf der Hexerei angeklagte Frauen aus Verdabbio* die Absolution dafür, dass sie aus Angst vor der Folter, die nicht angewendet wurde, in ihren Prozessen gestanden hatten, dass sie Hexen seien. Auf dem Hexentanz hätten sie andere gesehen, die dort Häretisches begangen hätten, diese auch ungerechterweise angeklagt, damit diese gefangengesetzt und unschuldig bestraft würden, obwohl sie keine Hexen waren, niemals beim Hexentanz dabei waren und sie dort niemand gesehen hat. Nachdem diese fünf Frauen das getane Unrecht bedauert und das Geständnis widerrufen hatten, wurden sie freigesprochen, mussten aber dem bischöflichen Fiskal, dem Verwalter der geistlichen Gelder, je fünf Rheinische Gulden zahlen.[2] Auch dieser Fall unterscheidet sich von

---

[1] Bischöfliches Archiv Chur, Debitorium generale, Bd. 1, S. 1117: «Roveredo et Misochum. Dominus Johannes de Salvagnio prepositus ecclesie collegiate sanctorum Johannis et Victoris vallis Misoltzine commissarius extirpacionis heretice pravitatis tenetur ad festum sancti Galli de anno etc. XX° (=1520) triginta florenos Renenses ex bonis chereticorum per generalem inquisicionem combustorum aut alias condemnatorum pro rata Reverendissimi concernenti uti commissarius exolvere et bona chereticorum huiusmodi ad paratam pecuniam transmutare iuxta mentem domini gratiosi etc. propriam litteratoriam exhibitionem dicti prepositi. Actum prima januarii anno XX° . Dedit 30 florenos Renenses minus 20 cr. 14.»

[2] Bischöfliches Archiv Chur, Debitorium generale, Bd. 1, S. 1121: «Roveredum. Elisabeth uxor Tognini murarii in Verdabio, Barbara uxor quondam Donati Machoni, Margaretha, uxor Taschii, Maxina de Valdorto et Dominica uxor Ufelii quondam Remelete, omnes habitantes in territorio et sub cura animarum domini presbiteri Johannis de Sacco, curati in Verdabio vallis Misoltzine, tenetur quelibet prescriptarum quinque mulierum quinque fl. R. ad sigillum pro absolucione super eo quod anno (15)20 tempore inquisicionis hereticorum ipsius vallis suspecte et accusate de heresi strigoniatus inquisite metu forsan tormentorum minime tamen illatorum nec tormentis afflicte confesse fuerunt (ut in earum processibus) se esse strigas et in ludo peroloti plures vidisse hereticalia inibi comississe,

einem «typischen» Hexenprozess des 17. Jahrhunderts, wo eine Frau, die bekannte, am Hexentanz teilgenommen zu haben, zum Tode verurteilt wurde! Die Entscheidung, Gnade walten zu lassen, wenn ein Angeklagter seine Schuld eingestand, erinnert an die früheren Ketzerprozesse.

Aus dem Jahre 1537 ist ein Geständnis überliefert, worin eine Ursula Stecher von Jenins im Gefängnis in Maienfeld bekannte, ihren zweiten Mann vergiftet, verschiedene Diebstähle begangen sowie Zauberei getrieben zu haben.[1]

Am 1. Februar 1540 befasste sich der Bundstag der Drei Bünde in Chur unter anderem mit der Frage der Verbrennung von Hexen im Veltlin. Daselbst wurden bereits in den 1480er Jahren und dann wieder 1505 Inquisitions- und Hexenprozesse durchgeführt.[2]

An der Versammlung der Häupter der Drei Bünde vom 11. Januar 1541 in Chur bildete die Hexerei erneut ein Gesprächsthema. Es wurde beschlossen, gegen Hexenwerk vorzugehen, dies jedoch mit der Einschränkung, Gnade walten zu lassen, wenn die Verdächtigen ihr Unrecht einsahen und Busse leisteten:

> Zum sechsten der håxen und unhuldinen halb, dieselbig uncristenlich ordnung abzestellen, ist beraten und beschlossen, wo man dieselbigen befindt, die sol man stråffen und verbrennen, welche nit abston wellendt. Und welche aber abstůndent und sich gegen Got bekeren weltendt und jrem bichtvatter bichten, die selbigen sol man liberiren on alle costung; doch in all wegen unsren herrn

---

eas quoque accusasse innocenter quatenus caperentur et innocenter punirentur licet eedem strige non fuerit in ludo peroloti numquam extiterint neminem(?) inibi viderint mentientes plures suspectas reddentes ad suplicia trahi fecerint. Sic comissa perperam et confessionem revocantes petierunt se ordinarie absolvi ab excessibus et erroribus procurante domino presbitero Johanne de Sacco prefato terminumque solucionis ad festum sancti Martini anno (15)23 salva gratia impetranda(?) obtinuerunt. Actum per nuncium(?) eiusdem curati die 25 julii anno etc. (15)23. Debent 25 f. R. Joannes Petrii de Piperolis ex Roveredo in nudinis Pauli conversionis anno (15)24 et solvit totum.»

[1] Staatsarchiv Graubünden, Bd. V/2. Landesakten der Drei Bünde, hrsg. und bearb. von RUDOLF JENNY, Chur 1974, S. 89.

[2] Materialien zur Standes- und Landesgeschichte Gem. III Bünde (Graubünden) 1464-1803, hrsg. von FRITZ JECKLIN, 1. Teil: Regesten, Basel 1907, Nr. 564. Zu den Hexenprozessen im Veltin GAUDENZIO OLGIATI: Lo sterminio delle streghe nella Valle Poschiavo, Poschiavo 1955, S. 10 und LUIGI DI BERNARDI: Storie di streghe in Valtellina, Valchiavenna, Val Poschiavo, Sondrio 1996.

den Dryen Pünthen vorbehalten, sǒliches zǔ mindren oder zǔ meren, alwegen nach unsrer herren erkantnuß, als ain jeder bot witter waist darvon zǔ sagen.»[1]

Gegen Ende des 16. Jahrhunderts wird die systematische Verfolgung von Hexen und Zauberern aus den Quellen deutlicher ersichtlich. Während der *Gegenreformation* unter dem Kardinal und Erzbischof von Mailand Carlo Borromeo kamen in den 80er Jahren des 16. Jahrhunderts «Hexen» und «Hexenmeister» im Misox und im Calancatal ums Leben.[2] Borromeo befand sich 1580 in Disentis, und zehn Jahre später, 1590, wurden dort 14 Frauen als Hexen[3] hingerichtet. Es ist nicht auszuschliessen, dass der Kardinal einen Einfluss auf die ersten Hexenverfolgungen in der Gerichtsgemeinde Disentis ausübte (vgl. über seine Rolle im Misox und im Calancatal in Kapitel 3.1.).

Im Zusammenhang mit der Verfolgung im oberen Veltlin verfügte der Bundstag 1597, dass Hexen nach kaiserlichem Recht bestraft werden. Überdies haben die Schulmeister das Volk beten zu lehren, und «böse» Leute, d.h. solche, die der Hexerei verdächtigt wurden, müssen ein Zeichen am Kleid tragen.[4]

Gemäss der Chronik des Schulmeisters und Malers Hans Ardüser (1557-1614) kam es 1598 im Rheinwald zur Hinrichtung von zwei alten Frauen auf dem Scheiterhaufen. Diese wurden beschuldigt, Hexenwerk betrieben zu haben. Aus dem gleichen Grund wurden ein 90jähriger Mann und «ein jungs meitli» enthauptet.[5]

Dieselbe Chronik berichtet von einem Vorfall in Thusis im Jahre 1601:

«By uns in Pündten alhier zuo Tusis hat ein junger man von Caz(is) 2 wybsbilder daselbst, muoter und tochter, für unholden dargäben. Die tochter, Anna Fluri, hat sich mit grosser marter des folterseils excusiert; ir muoter

---

[1] Materialien zur Standes- und Landesgeschichte Gem. III Bünde (Graubünden) 1464-1803, hrsg. von FRITZ JECKLIN, 2. Teil: Texte, Basel 1909, Nr. 215.

[2] WERNER KUNDERT: Die Hexenprozesse im Puschlav 1631-1753. Nach den Arbeiten von Bundesrichter Gaudenzio Olgiati, in: Zeitschrift für Schweizerisches Recht, Bd. 104, 1985, S. 310.

[3] HANS ARDÜSER's Rätische Chronik (1572-1614), hrsg. von J. BOTT, Chur 1877, S. 114: «Zuo Disentis wurden 14 wyber von häxenwärchs wägen verbrent.»

[4] StAGR, AB IV 4/4, Dekrete Veltlin. FERDINAND SPRECHER: Der letzte Hexenprozess in Graubünden, in: BM 1936, S. 322f., Text unten im Anhang S. 175f. Nr. 2.

[5] HANS ARDÜSER's Rätische Chronik, S. 145: «Im Rynwalt in Pündten sind 2 alte wyber ouch von hexen werchs wägen läbendig verbrennt sampt ein man by 90 jahren alt und gar ein jungs meittli, sind gemelter ursach halben enthoptet worden.»

aber, Barbla, by 60 jahren alt, ward frytag, den 17 juli, irer vergicht nach
verurttlett, lebendig zuo verbrennen, doch durch der geistlichen fürbitt, 7
predicantten, 3 mässpriesteren, ist si mit enthoptung iustificiert und nach
dem verbrent worden. Sy hat sich dultig, demüettig und cristlich erzeiget, bis
an ir end, sich gott bevelchende und mit guottem vertruwen zuo gott gestorben. Man hat wyter process gehebt zu 2 wybren, so ouch mit sondrer marter
examiniert wurdent. Die ein, gar alt, war dultig, die andere hat lut geweinet,
sind aber beitsammen unschuldig erfunden.»[1]

Eine andere Chronik, nämlich jene des reformierten Pfarrers Bartholomäus Anhorn d. Ä. von Fläsch (1566-1640) berichtet, dass ein Georg
Schaderer aus dem Montafon im Oktober 1604 in Maienfeld ins Gefängnis
gesteckt und verhört worden sei wegen Sodomie, Zauberei und Diebstahl.
Auch er wurde enthauptet und anschliessend verbrannt:

«Er hatt sich gar christenlich zum abscheid gerüst mitt erkantnus und reüwen
über seine sünd, mit ernstlichem gebätt zu gott, mit einem waren glouben
und vertruwen an sein barmhertzigkeit.»[2]

Nach der gleichen Quelle starb 1612 sogar ein «capuciner mönch zu
Under Calva im Engadin», weil er ungebührliche Worte gegen die Planta
geschrieben und «sigel gebrucht, gestolen, zouberey getriben» hatte. Der
Kapuziner soll mit dem Schwert hingerichtet worden sein.[3]

Weiter ist aus der Chronik von Hans Ardüser zu erfahren, dass 1613 im
Misox und Calanca etwa 30 Frauen und etliche Männer, die der Hexerei
bezichtigt wurden, lebendig verbrannt wurden.[4]

In der ersten Hälfte des 17. Jahrhunderts wurden die Drei Bünde von
Religionsunruhen und Krieg, den *Bündner Wirren (1618-1639)*, erschüt-
tert. Die Bevölkerung litt schwer an Hungersnot, Krankheiten und Pestepi-
demien. Um 1630 begann die Hexenverfolgung im Puschlav. Dort standen
zwischen 1630 und 1633 53 Personen wegen Hexerei vor dem Richter.[5]
Um diese Zeit sollen auch die Behörden des Bergells gegen Hexen vorge-
gangen sein. Gemäss Georg Pool wurde die erste Frau im Bergell jedoch

---

[1] ARDÜSER, ebenda S. 174.
[2] BARTHOLOMÄUS ANHORN's Chronik der Stadt Maienfeld, 3. Bd., S. 338.
[3] ANHORN, ebenda S. 421.
[4] HANS ARDÜSER's Rätische Chronik, S. 252: «In Masax und Calanca sind ob 30 wyber und
etlich man von häxery läbendig verbrennt worden.» Für das 17. Jh. vgl. [EMILIO MOTTA],
Streghe in Mesolcina, in: Bollettino storico della Svizzera italiana 27 (1905), S. 136-140.
[5] KUNDERT, ebenda S. 315.

erst 1647 der Hexerei verdächtigt.[1] Während den Bündner Wirren kam es in den übrigen Gebieten der Drei Bünde nur vereinzelt zu Hexenprozessen.

1.2.2. Der Höhepunkt der Verfolgung

Um die Mitte des 17. Jahrhunderts wurde nahezu das gesamte Gebiet der Drei Bünde vom Hexenwahn erfasst.[2] In den meisten Gerichtsgemeinden befasste sich die Obrigkeit mit den «Agenten des Teufels». Auch in der Surselva wurden die ersten Hexenprozesse eingeleitet. Die Aktionen begannen in Vals. Bis zum Jahre 1652 wurden dort mehrere Personen wegen Hexerei gefangengenommen und 23 hingerichtet.[3] Bereits in jenem Jahr forderte der Hexenwahn auch in den anderen Gerichtsgemeinden der Surselva zahlreiche Opfer: In Waltensburg mussten zehn Menschen wegen Hexerei sterben, in Ilanz und Obersaxen wurden je zwei Frauen hingerichtet. In den fünfziger Jahren wütete der Hexenwahn vor allem im Zehngerichtenbund: 1652 im Hochgericht Klosters[4], 1654 im Hochgericht Schiers-Seewis im Vorderprättigau, 1655 in der Gerichtsgemeinde Castels und 1656/57 im Schanfigg. Im Jahre 1655 wurden allein in den Gemeinden Schiers und Seewis 34 sowie in Castels 24 Personen hingerichtet.

---

[1] FERDINAND SPRECHER: Der letzte Hexenprozess in Graubünden, S. 323, behauptet, dass Hexenverfolgungen im Bergell bereits um 1630 stattgefunden hätten. Anderer Ansicht ist GEORG POOL: Das Sündenregister einer Bergeller Hexe. Ein Beitrag zur Geschichte der Hexenverfolgung im Bergell, in: BM 1991, S. 311-320. Nach Pool dauerten die Hexenprozesse im Bergell von 1654-1680. Mindestens 46 Prozesse fanden statt. Eine Frau starb auf dem Scheiterhaufen, und 32 Personen wurden durch das Schwert hingerichtet.

[2] Die hier aufgeführten Daten sollen Zeiten grösserer Verfolgungen (die bisweilen Massencharakter annahmen) in Erinnerung rufen. So fiel z.B. der Höhepunkt der Hexen- und Hexerverfolgung im Puschlav in die 1670er Jahre, aber es wurden auch Personen zwischen 1647 und 1664, 1681 und 1700, 1705 und 1709 und 1752/53 wegen Hexcrei bestraft, KUNDERT: Die Hexenprozesse im Puschlav 1631-1753, S. 315f.

[3] Bis zum 3. April 1652 fanden 23 Hexen und Hexer in Vals den Tod («(...)so biß dato umb 23 hingerichte personen ob R (Gulden) 600 belauft habent (...)»), wie dem Bericht betreffend Zahlung des Scharfrichters (Kreisarchiv Lugnez, Vella, I B, Hexenprozesse) entnommen werden kann.

[4] Im hinteren Prättigau kam es zwischen 1652 und 1702 immer wieder zu Hexenverfolgungen. SCHMID/SPRECHER: Zur Geschichte der Hexenverfolgungen in Graubünden, S. 189.

Nach einer Schätzung sollen im Prättigau bis 1660 über hundert Menschen zum Tode verurteilt und hingerichtet worden sein.[1]

Aus der Gerichtsgemeinde Stalla-Avers sind 1653/54 zwei Prozesse gegen fünf Frauen aus Marmorera und Bivio überliefert.[2]

Auch vor Kindern machte der Hexenwahn nicht Halt. 1654 wurden in Vals 15 Kinder der Hexerei beschuldigt und der Inquisition in Mailand übergeben (nähere Angaben dazu siehe Kap. 2.2.).

Ein Jahr später beschäftigte sich der Bundstag erneut mit Hexerei. In einer Kriminalverordnung wurden Richtlinien erlassen, wie die Obrigkeit gegen Hexen vorzugehen habe (Kap.1.3.2.).

Von 1663 bis 1669 fanden einige Hexenprozesse im Münstertal statt. Wieviele Personen der Hexerei verdächtigt wurden, lässt sich nicht sagen.[3]

In den 70er Jahren des 17. Jahrhunderts kam es vor allem im Puschlav und in Disentis zu grossen Hexenverfolgungen. Von 1672-1676 standen 124 Personen – meistens Frauen und Mädchen – im Puschlav vor Gericht. Dies entsprach 4_-5 % der Bevölkerung.[4] Die Gerichtsgemeinde Disentis ging im Jahre 1675 gegen 38 Hexen und Hexenmeister vor, von denen mindestens 31 den Tod fanden.[5]

---

[1] Zu diesem Abschnitt siehe SPRECHER/JENNY: Kulturgeschichte der Drei Bünde im 18. Jahrhundert, S. 320-327 und 622-626; SCHMID/SPRECHER: Zur Geschichte der Hexenverfolgungen in Graubünden, S. 73-252. Behandelt werden der Heinzenberg, das Prättigau und das Schanfigg sowie die Gruob, deren Hexenprozesse aber nur aufgrund einer Abschrift aus dem Jahre 1828 untersucht wurden; FERDINAND SPRECHER: Der letzte Hexenprozess in Graubünden, S. 323f.

[2] Vgl. MORITZ VÖGELI: Die Bivianer Hexenprozessprotokolle von 1653/54 (Seminararbeit bei Hans Stricker, Universität Zürich, WS 1984/85; Exemplar in der Handbibliothek des StAGR). Die Akten sind teilweise publiziert in: Rätoromanische Chrestomathie, hrsg. von CASPAR DECURTINS, Bd. X, S. 1-18; Originalakten im StAGR D V/5, Nr. 4 g.

[3] DIETER KATTENBUSCH: Anno 1663. Ady 5 nouember (...).Protokoll eines Hexenprozesses im Münstertal, in: Annalas da la Societad Retorumantscha 107 (1994), S. 340-356. Über das Ausmass der Hexenverfolgung im Unterengadin wissen wir nicht Bescheid. Die einzige Frau, die in dieser Region als Hexe hingerichtet wurde, war Anna Töna von Tschlin, siehe: JON MATHIEU: Bauern und Bären. Eine Geschichte des Unterengadins von 1650 bis 1800, Chur 1987, S. 291f. Mathieu meint allerdings, dass sie nicht die erste und einzige «Hexe» sei, die gefangengenommen wurde; aber weitere Hexenprozessakten sind nicht überliefert.

[4] 60 von diesen 124 Personen wurden mit dem Tode bestraft, SPRECHER/JENNY: Kulturgeschichte der Drei Bünde im 18. Jahrhundert, S. 328. - KUNDERT: Die Hexenprozesse im Puschlav 1631-1753, S. 316, kommt für die Jahre 1671 bis 1678 auf eine Zahl von 53 Hingerichteten bei 191 Angeklagten.

[5] StAGR AB IV/6, Bd. 40, Kopialbuch von Breil/Brigels, S. 359.

Gegen Ende des 17. Jahrhunderts sollte es in den Drei Bünden wieder zu mehreren Hexenprozessen kommen, so 1695 und 1696 am Heinzenberg und im Bergell, 1696 und 1697/98 in Safien, 1698-1703 im Oberhalbstein[1], 1690-1720 im Prättigau, 1699 in der Gerichtsgemeinde Langwies und im Lugnez, 1699 und 1700 in der Gruob.[2]

1.2.3. Die letzten Prozesse im 18. Jahrhundert

Die Hexenverfolgung in Graubünden setzte sich bis weit ins 18. Jahrhundert hinein fort. Im Jahre 1702 kam es zu einer Massenhinrichtung von Hexen und Hexenmeistern in Klosters.[3]

1714 wurde das 16-jährige Mädchen Cilly Caminada in Sarn (Gerichtsgemeinde Heinzenberg) als Hexe angeklagt, gefoltert und enthauptet. Ungefähr eine Woche später hielt Pfarrer Andreas Gillardon in Thusis eine «Hexenpredigt», in der er die Leute aufforderte, wachsam zu sein, Hexen und Hexer aufzuspüren und zu bestrafen.[4] *1716* erschien die *Malefizordnung* der Drei Bünde, welche die Gerichtsgemeinden ermahnte, ihre Gerichte mit unbescholtenen Leuten zu besetzen, die Verbrechen zu untersuchen und gerechte Urteile zu sprechen. In den Prozessen sollten ehrliche und gut beleumundete Personen als Zeugen auftreten. Die Suggestivfragen an eine Hexe oder einen Hexenmeister blieben jedoch die gleichen wie früher.[5]

Im Jahre 1718 wurden zwei Hexen in Waltensburg vor den Richter geführt. 1732 beschuldigten einige Zeugen eine Frau von Sevgein der Zauberei und Hexerei.

---

[1] Die Gerichtsprotokolle des Oberhalbsteins enthalten wenig Notizen zu Hexenprozessen, deren Mehrzahl in die Jahre 1698-1703 fiel. Zu dieser Zeit waren die meisten Angeklagten geflohen und wurden in Abwesenheit (in contumaciam) verbannt. Vgl. MENA GRISCH, Treis fragmaints da protocol digl criminal da Surses, in: Annalas 56 (1942), S.188-214.

[2] SPRECHER/JENNY, ebenda S. 328ff. - SCHMID/SPRECHER: Zur Geschichte der Hexenverfolgungen in Graubünden, S. 73-252.- SPRECHER: Der letzte Hexenprozess in Graubünden, S. 324.

[3] SPRECHER, ebenda.

[4] BERGER: Aus Bündens Vergangenheit, S. 15-38. - «Predig. Gehalten zu Thusis/ den 4. Junii/ Anno 1714 (...)». Chur 1714 (Gedruckt bey Andreas Pfeffer).

[5] Kurtze denen allgemeinen Rechten und Landsbräuchen gemäss aus Hoch-Oberkeitlichem Special-Befelch eingerichtete Malefiz-Ordnung, Chur 1716. Nähere Angaben zu dieser Kriminalverordnung Kap. 1.3.2.

Im Puschlav machte ein fünfzehnjähriges Mädchen im Januar 1753 die Aussage, dass sie von der sechzigjährigen Maria Cozza in die Hexenkünste eingeweiht worden sei.[1] Am 29. März wurde Maria hingerichtet. Einen Monat später liess die Obrigkeit eine Witwe, die 67 Jahre alt war, verhaften. Die Richter einigten sich, dass die alte Frau nicht vollständig gefoltert werden könne, und verwiesen sie des Landes.[2]

1779 wurde Maria Ursula Padrutt von Tinizong gefangengenommen und gefoltert. Da sie aber auf ihrer Unschuld beharrte, musste sie Tinizong verlassen und nach Chiavenna ziehen. Einige Dorfbewohner, die Maria feindlich gesinnt waren, veranlassten die Hexe zu diesem Schritt.[3]

Zusammenfassend kann man sagen, dass jedes Tal der Drei Bünde vom Hexenwahn erfasst wurde. In den meisten Gerichtsgemeinden wurden Hexenprozesse durchgeführt. Gegen Hexerei ging die Obrigkeit mit aller Härte vor – abgesehen von wenigen Ausnahmen wie in Davos oder in Chur.[4]

Fast sämtliche Theologen des Mittelalters und der Neuzeit waren dem Dämonenglauben verfallen, auch in Graubünden. Zwei Beispiele mögen dies zeigen. Zum einen der Pfarrer Bartholomäus Anhorn der Jüngere (1616-1700) von Fläsch. Sein Buch «Magiologia. Christliche Warnung für (=vor) dem Aberglauben und Zauberey» wurde 1674 in Basel gedruckt. Darin verdammt Anhorn u.a. das Tanzen an sich und kommt dann auf den Hexentanz zu sprechen:

---

[1] Entscheidend an diesem Prozess war, dass das Mädchen im Streit ihren Dienst bei Maria Cozza aufgab und dass auch dessen Eltern mit der alten Frau wegen eines Grundstückes stritten, KUNDERT: Die Hexenprozesse im Puschlav 1631 - 1753, S. 332.

[2] KUNDERT, ebenda S. 330-333. - SPRECHER: Der letzte Hexenprozess in Graubünden, S. 324 spricht vom letzten «Hexenfeuer» im Puschlav im Jahre 1760.

[3] SPRECHER, ebenda S. 325-331.

[4] Die Hexenprozesse in Davos wurden nicht zu Ende geführt, A. LAELY: Das Hexenwesen in Alt-Davos, in: Davoser Revue 1942, S. 188-195. Gemäss MATHIS BERGER, Der neuentdeckte Churer Hexenprozess vom Jahre 1652, Schriftenreihe der Neuen Bündner Zeitung 1971, wurden in Davos vier Frauen vor Gericht zitiert, nachdem sie von Hexen in Klosters denunziert worden waren. Das Gericht konnte diesen Frauen Diebstahl, Vergehen gegen die Sittenmandate, Verleumdung und Unzucht nachweisen, aber nicht Hexenwerk, und musste sie freilassen. In Chur wurden die drei Frauen Maurer (Mutter und zwei Töchter) 1652 vor Gericht gestellt. Sie widerstanden der Folter und kamen frei.

«Auf den schändtlichen Tanz folgen bey den Teufflischen Hexenversammlun-
gen die schändtlichen Vermischungen der Teufflen mit ihren Bräuten auf das
aller abschewlichest und unflätigest.»[1]

Auf ähnliche Art und Weise verurteilte ein anderer Pfarrer, Nicolin
Sererhard (1689-1756), Hexen und Hexenwerk. Er veröffentlichte 1742
seine «Einfalte Delineation», eine Landesbeschreibung der Drei Bünde.
Gemäss der Meinung des Historikers Friedrich Pieth steckte Nicolin
Sererhard «noch völlig im Aberglauben des 17. Jahrhunderts».[2] In der
«Einfalten Delineation» ist die Angst vor Dämonen der Nacht, der Gebir-
ge, der Bergseen und Berghöhlen, insbesondere die Furcht vor Schaden-
zauber spürbar:

«(...)wollte Gott, (...) es wären keine Hexen (...). Da man jährlich bald von einem bald von andern Orten her von seltsammen zauberischen, unheilbaren
Vergiftungen, Beschädigungen und Lähmungen an Menschen und Viech, die
von den so genannten Hexen herrühren sollen, etwas hören muss, und wie gefährlich zu Verführung junger Leuthen, was für ein anstekende Pest diese Teufels Brut seye, belehren auch manche traurige Exempel. In Wahrheit, christliche Oberkeiten würden sehr wohl thun, wann sie ihr angegürtetes Schwerdt
schärfer wieder solche perniciose gefährliche Leuth schneiden liessen, als ge-
schiehet, es wurde zum Abbruch des Reichs des Satans und Beförderung der
Ehren Gottes gereichen.»[3]

---

[1] BARTHOLOMÄUS ANHORN: Magiologia. Christliche Warnung für dem Aberglauben und
Zauberey, Basel 1674, S. 650f.
[2] PIETH: Bündnergeschichte, S. 291.
[3] NICOLIN SERERHARD: Einfalte Delineation aller Gemeinden gemeiner dreyen Bünden, neu
bearbeitet von OSKAR VASELLA, hrsg. von WALTER KERN, Chur 1944, S. 170.

1.3. Kriminalgerichte und Kriminalverordnungen

1.3.1 Die Organisation der Gerichtsgemeinden[1]

Während des Höhepunktes der Hexenverfolgungen im 17. Jahrhundert war Graubünden, d.h. die Drei Bünde (Oberer oder Grauer Bund, Gotteshausbund und Zehngerichtenbund) rechtlich-politisch unterteilt in Hochgerichte und Gerichtsgemeinden. Seit den Ilanzer Artikeln (1524/1526) war die Souveränität der Gerichtsgemeinden im Bundesbrief verankert. Der Graue Bund bestand aus acht Hochgerichten mit 21 Gerichtsgemeinden, der Gotteshausbund aus elf Hochgerichten mit 17 Gerichtsgemeinden und der Zehngerichtenbund aus sieben Hochgerichten mit zehn bzw. 14 Gerichtsgemeinden.

Die Surselva bildete einen Teil des Grauen Bundes. Zur Surselva gehörten neben den damaligen vier Hochgerichten Disentis, Lugnez, Gruob und Waltensburg auch die Gerichtsgemeinden Hohentrins, Flims und Safien. Die beigefügte Tabelle[2] soll verdeutlichen, mit welchen 12 Gerichtsgemeinden wir es im einzelnen zu tun haben.

Die Gerichtsgemeinden werden der Reihe nach behandelt, wie sie auf folgender Tabelle dargestellt sind:

Hochgericht	***Gerichtsgemeinde***	*Nachbarschaften*
Disentis	Disentis	Breil, Disentis, Medel, Sumvitg, Trun, Tujetsch
Lugnez	Lugnez	Camuns,Cumbel, Degen, Duvin, Lumbrein, Morissen, Peiden, St.Martin, Surcasti, Surcuolm, Tersnaus, Uors, Vignogn, Vella, Vrin
	Vals	Vals

---

[1] Für die nachfolgenden Ausführungen vgl. JOSEPH DESAX: Organisation der Kriminalgerichte im Gebiete des Grauen Bundes, Chur 1920; ROBERT SCHWARZ: Die Gerichtsorganisation des Kantons Graubünden von 1803 bis zur Gegenwart, Chur 1947; ANTON BAUMGÄRTNER: Die Geltung der peinlichen Gerichtsordnung Kaiser Karls V. in Gemeinen III Bünden, Bern 1929.

[2] Nach PIETH: Bündnergeschichte, S. 114.

Hochgericht	Gerichtsgemeinde	Nachbarschaften
Gruob	Gruob	Castrisch, Falera, Flond, Ilanz, Ladir, Luven, Riein, Ruschein, Schnaus, Strada, Valendas, Versam,
	Schluein	Schluein
	Tenna	Tenna
Waltensburg	Waltensburg	Andiast, Pigniu, Rueun, Schlans, Siat, Waltensburg
	Laax	Sevgein, Laax
	Obersaxen	Obersaxen
Rhäzüns[1]	Hohentrins	Tamins (mit Reichenau), Trin
	Flims	Flims (mit Fidaz)
Thusis[2]	Safien	Safien

Die Hochgerichte waren an sich keine Gerichte (ausser wenn ein Hochgericht räumlich mit einer Gerichtsgemeinde zusammenfiel, z.B. Disentis), sondern Verwaltungseinheiten, die für politische und militärische Entscheide zuständig waren. Die Gesetzgebung lag fast ausschliesslich in den Händen der Gerichtsgemeinden.[3] Nur in Zivilfällen konnte die höhere Instanz ein Wort mitreden, d.h. im Grauen Bund war es möglich, bei einem Zivilprozess an ein Appellationsgericht zu gelangen, das über die Gerichte der Gerichtsgemeinden hinweg entscheiden konnte.

Im folgenden Teil beschränken wir uns auf die hohe Gerichtsbarkeit, das Blut- oder Kriminalgericht. Die Hexenprozesse, die unter die Gewalt der hohen Gerichtsbarkeit fielen, wurden auch Malefizgerichte genannt. Jede Gerichtsgemeinde konnte Strafprozesse durchführen.

An den Landsgemeinden, die jedes Jahr stattfanden, wurden die Richter gewählt. Für jede Gerichtsgemeinde der Surselva wurden zwischen 12 und 18 Richter bestimmt. Diese waren sowohl bei Kriminal- wie bei Zivilfällen anwesend. Ein Ammann leitete das Kriminalgericht und verkündete das

---

[1] Zum Hochgericht Rhäzüns gehörte auch die Gerichtsgemeinde Rhäzüns, die aber nicht zum Gebiet der Surselva gehört.

[2] Zum Hochgericht Thusis gehörten auch die Gerichtsgemeinden Thusis, Heinzenberg und Tschappina.

[3] Wir berücksichtigen für diese Arbeit nur die Gerichtsgemeinden, in denen Hexenprozesse stattfanden; in Schluein, Tenna und Flims fanden keine Prozesse statt.

Urteil. Der Ammann hatte kein Stimmrecht, er durfte jedoch Vorschläge und Anträge vorbringen. Bei den Kriminalfällen nahm jeweils noch der «Zusatz», d.h. eine bestimmte Anzahl Richter aus den benachbarten Gerichtsgemeinden, an den Prozessen teil.[1] Die Mitglieder dieses Zusatzes hatten eine beratende Funktion, weshalb sie auch «Berater» genannt wurden, während die Richter das Urteil sprechen mussten. An wichtigen Gerichten durften auch die Männer, die polizeiliche Aufgaben zu erfüllen hatten, nicht fehlen: der Weibel und der Säckelmeister sowie die Wächter (Gaumer). Der Weibel nahm die verdächtigten Personen gefangen. Der Säckelmeister trat als öffentlicher Ankläger auf, d.h. er klagte die Personen im Namen der Gemeinde an. Der Prozess gegen John Valentin John Marti von Vrin von 1699 beginnt mit den Worten:

> «Hat allso der bemelter herr seckelmeister in namen der gmeindt ein process formierth und darüber ein klag fieren lassen durch sein mit recht erlaubten fürsprecher herr landtamen Johan Schmith hin wider John Valentin John Marty von Wrin (...).»[2]

Der Säckelmeister war einer der angesehensten Beamten und wurde – wie das übrige Gerichtspersonal – vom Volk gewählt. Der Wächter bewachte sowohl die Richter vor möglichen Angriffen als auch die Gefangenen. Bei den Kriminalgerichten mussten alle Beteiligten anwesend sein. Diese Gerichte wurden in der Regel im Frühling oder Herbst abgehalten – wie es dem Brauch und der Gewohnheit entsprach. Sie fanden in geschlossenen Lokalitäten statt. Nachdem der Säckelmeister die Anklage verlesen hatte, konnte die betreffende Person zu den Anklagepunkten Stellung nehmen. Die Aufgaben der Verteidigung übernahmen in der Regel ein Landammann, ein Ammann, ein Säckelmeister oder mehrere Beamte zusammen. Bei dem obenerwähnten Gion Valentin Gion Marti waren es ein Landammann und ein Säckelmeister:

> «Da stuonden in daß recht herr landtamen Morezi Arpagauß alß beystandt samt herrn seckelmeister Christoffell Casanova als vogt des vorbedachten beklagten, so wollen auch die persohn selbst, und gabent antworth durch ihr mit recht erlaubten fürsprecher herr landtamen Marty von Mundth, es be-

---

[1] Die Richter wurden meistens aus den benachbarten Gerichtsgemeinden angefordert, die früher der gleichen Feudalherrschaft angehört hatten, die Gebiete der Gerichtsgemeinden Gruob, Flims und Laax beispielsweise gehörten zur Herrschaft von Sax; Laax und Schluein unterstanden den Grafen von Werdenberg-Sargans.

[2] Lugnez 1699, John Valentin John Marti von Vrin. Vgl. Anhang Nr. 18 S. 242.

frembde ihnen sehr, der gefierte klag auff ein so einfeltige, weiche und unverständige persohn.»[1]

Den Verteidigern kam jedoch nur eine formelle Funktion zu; gemäss den Akten konnten sie die Richter nicht zugunsten der Angeklagten umstimmen. Während der Hexenverfolgungen galt der Grundsatz «im Zweifel für den Angeklagten» nicht. Jede verdächtigte Person, die vor Gericht erscheinen musste, wurde mit dem Tod bestraft, ausser wenn sie der Folter widerstehen konnte. Gegen die Angeklagten traten die Zeugen, die «Kundschaften», auf. Bei den Hexenprozessen waren auch Kinder als Zeugen zugelassen. Weil die Hexen und Hexenmeister die Vorwürfe und Verdächtigungen abstritten, wurden sie gefoltert. Die Folter wurde vor allem in der Nacht durchgeführt. Nach dem Bekenntnis verlas der Gerichtsschreiber das Urteil. Die Hexen und Hexenmeister wurden in den Drei Bünden – abgesehen von wenigen Ausnahmen – durch das Schwert hingerichtet. Dieses Werk vollbrachte der Scharfrichter, der von der Stadt Chur bestellt wurde.

Nun wollen wir auf die Organisation der Kriminalgerichte in den einzelnen Gerichtsgemeinden eingehen und beginnen mit der Gerichtsgemeinde *Disentis*.

1495 bestätigte Kaiser Maximilian dem Abt von Disentis den Blutbann, also die gerichtliche Gewalt des Abtes über Leben und Tod seiner Gotteshausleute. Diese übertrug er später dem Landammann, dem «mistral». An der Landsgemeinde kniete der mistral vor dem Abt nieder. Dieser überreichte ihm das Schwert als Symbol seiner Gewalt über Leben und Tod und den Herrscherstab. Bis 1472 bestimmte der Abt des Klosters Disentis den Landammann. Dann wurde dieses Gesetz geändert. Der Abt konnte der Landsgemeinde fortan nur noch vier Männer vorschlagen, und einer dieser Männer wurde zum Landammann gewählt. Die Kriminalgerichte, d.h. auch die Hexenprozesse der Gerichtsgemeinde Disentis, fanden in Disentis statt. Neben dem Ammann sassen vierzig Männer im Gericht: 15 Richter (die auch einem Zivil- und Ehegericht vorsassen), der Zusatz, der Landammann, der Bannerherr, der Weibel der Gerichtsgemeinde, der Säckelmeister und der Gerichtsschreiber. Das Gericht Disentis war in vier Höfe geteilt. Disentis und Tujetsch bildeten je einen Hof, Trun und

---

[1] Lugnez 1699, John Valentin John Marti von Vrin, Anklage. Vgl. Anhang Nr. 18 S. 242.

Sumvitg sowie Medel und Breil je zusammen einen Hof. Tujetsch konnte drei Richter stellen, die übrigen Höfe jeweils vier; dies ergibt zusammen 15 Richter. Jeder Hof konnte auch eine bestimmte Anzahl Berater (Zusatz) für ein Kriminalgericht bestimmen.

Die Hexenprozesse des *Lugnez* fanden in Vella statt. An der Landsgemeinde wurde der Ammann gewählt. Im Kriminalgericht sassen neben dem Ammann 33 Männer: 18 Richter und 15 Berater (sieben aus dem Lugnez, zwei aus Vals, drei aus der Gruob und drei aus Flims). Bei den Beratern aus den benachbarten Gerichtsgemeinden Vals, Gruob und Flims handelte es sich um den Zusatz. Hinsichtlich der Kriminalgerichtsbarkeit war die Gerichtsgemeinde Vals der Gerichtsgemeinde Lugnez unterstellt. Vals unternahm immer wieder Versuche, selbständig zu werden, jedoch ohne Erfolg.

Zum Kriminalgericht der *Gruob* versammelten sich jeweils 24 Männer: 18 Richter und je drei Berater aus dem Lugnez und aus Flims.

In *Waltensburg* bestand das Gericht aus 19 Rechtssprechern. Das Gericht von Disentis konnte einen Zusatz von vier Richtern nach Waltensburg schicken. Der Ammann wurde ebenfalls aus einem Vierervorschlag des Abtes des Klosters Disentis gewählt.[1]

In *Laax* standen dem Ammann in wichtigen Fällen zwölf Richter aus der Gerichtsgemeinde sowie der Zusatz, das waren mindestens drei Richter aus dem benachbarten Schluein, zur Seite. Das Gericht Laax umfasste neben dem Gebiet von Laax auch die Gemeinde Sevgein. Laax stellte bei den Hexenprozessen acht Richter, Sevgein vier. Während Sevgein auf die Kriminalgerichte verzichtete, gab es während zwei Jahrhunderten Streit darüber, wo die Zivil- und Ehegerichte stattfinden sollten.

Die Gerichtsgemeinde *Obersaxen* entstand, als die einzelnen Hofmarkgenossenschaften im Mittelalter unter einem Gericht zusammengefasst wurden. Obwohl Obersaxen seit 1424 den Freiherren von Rhäzüns gehörte, besass es als Walsersiedlung weitgehende Freiheitsrechte. Wie in den anderen Gerichtsgemeinden führte ein Ammann den Vorsitz im Zivil-, Ehe- und Kriminalgericht. Bei den Hexenprozessen von 1652 und 1653

---

[1] Diese Bestimmungen galten seit 1472. In jenem Jahr erwarb das Kloster Disentis die Herrschaft Jörgenberg (die spätere Gerichtsgemeinde Waltensburg) von Graf Eitelfritz II. v. Zollern, Herrn von Rhäzüns. Das Kloster kam durch diesen Kauf in den Besitz einiger Rechte; der Abt konnte vier Männer für das Amt des Ammanns vorschlagen und durfte bei den Kriminalfällen einen Zusatz von Disentis nach Waltensburg schicken.

wählte der Herr von Rhäzüns den Ammann aus einem Dreiervorschlag des Volkes. Weiter wurden 14 Richter und ein Zusatz, nämlich zwei Richter aus dem Gericht Rhäzüns, für diese Fälle bestimmt.

Die Kriminalprozesse der Gerichtsgemeinde *Hohentrins* fanden in Trin statt. Seit 1615 bestimmte die Gerichtsgemeinde selber den Ammann. Neben 12 Richtern dieser Gerichtsgemeinde wurde bei den Kriminalfällen wie Hexenprozessen ein Zusatz aus Rhäzüns und Tamins beigezogen.

Safien war eine selbständige Gerichtsgemeinde, was die niedere Gerichtsbarkeit anbelangte. Die höhere Gerichtsbarkeit, d.h. der Entscheid über Leben und Tod, lag in den Händen eines Vogtes. Bis um 1696 herrschten die Grafen von Trivulzio über das Safiental und stellten den Vogt. Ein Ammann, den die Gerichtsgemeinde Safien selber wählen konnte, leitete die Kriminalgerichte zusammen mit 12 Richtern und einem Zusatz aus dem Rheinwald.

1.3.2. Die Kriminalverordnungen

In den Drei Bünden lagen keine allgemeingültigen Straf- und Prozessgesetze vor. Eine Vereinheitlichung des Zivil- und Strafrechtes kam erst im 19. Jahrhundert zustande. Die Obrigkeit einer Gerichtsgemeinde verfügte über grosse Kompetenzen. Bei einem Kriminalgericht entschieden die Gerichtsgemeinden über Leben und Tod: «Der eigene Galgen war das Symbol ihrer obersten Gewalt.»[1]

Die Strafprozessordnung, die seit dem 16. Jahrhundert in den Drei Bünden bekannt war und bei den Kriminalprozessen als Richtlinie diente, war die sogenannte Carolina, die Peinliche Halsgerichtsordnung des Kaisers Karl V. von 1532.[2] Die Carolina ist u.a. eine Anleitung zur Führung eines Prozesses, sie umschreibt die Aufgaben und Kompetenzen der Richter und Gerichtsschreiber und bestimmt, wer in den Zeugenstand treten darf. Weiter zählt die Carolina die einzelnen Vergehen und Strafen auf und bestimmt, was mit dem Hab und Gut eines Verurteilten geschehen soll.

---

[1] PETER LIVER: Die Bündner Gemeinde, in: BM 1947, S. 7.
[2] Kayser Karl des Fünften und des Heil. Römischen Reichs Peinliche Halsgerichts-Ordnung nebst denen darzu gehörigen Vorreden, gedruckt in Göttingen 1777. Wir können auch annehmen, dass einzelne Richter Traktate über Hexerei, wie z.B. den Hexenhammer, kannten.

Die Worte «Hexen» oder «Hexerei» benutzte Karl V. noch nicht; es ist von «Zauberey» die Rede. Unter der Ziffer LII. heisst es: «So die gefragte Person Zauberey bekennet.» Bei diesem Vergehen sollen die Richter nach «Ursachen und Umständen» fragen. Die Carolina lehnt Suggestivfragen ab, d.h. Fragen, mit denen eine Antwort bewusst beeinflusst wird:

> «LVI. Keinem Gefangenen die Umstände der Missethat vorzusagen, sonderen ihn die ganz von ihm selbst sagen lassen.»

Weiter rät die Carolina, auf gründliche Zeugenaussagen zu achten und nicht auf Gerüchte einzugehen:

> «LXV. Die Zeugen sollen sagen von ihrem selbst eigen wahren Wissen, mit Anzeigung ihres Wissen gründlicher Ursach. So sie aber von fremden hören sagen würden, das soll nicht gnugsam geacht werden.»

Wenn jedoch einer Person nachgewiesen werden kann, dass sie jemandem durch Zauberei Schaden zugefügt hat, soll sie mit dem Tode durch Verbrennen bestraft werden.

Während des 16. Jahrhunderts blieben die Drei Bünde weitgehend vom Hexenwahn verschont. Erst am Ende jenes Jahrhunderts gingen die Behörden des Misox und des Calancatals gegen Protestanten vor, die von Italien her in die Täler Südbündens geflohen waren. Diese Personen wurden zum Teil als Hexen und Hexenmeister hingerichtet.[1] Im Jahre 1597 verfügte der Bundstag, dass Hexen nach kaiserlichem Recht bestraft werden sollten, das heisst – nach Empfehlung der Carolina – auf dem Scheiterhaufen sterben mussten.

Als der Hexenwahn um die Mitte des 17. Jahrhunderts fast alle Gebiete der Drei Bünde erfasst hatte, sah sich die Obrigkeit erneut veranlasst, einzuschreiten. Am 7. November 1655 versammelten sich die Häupter und einige Ratsgesandte der Drei Bünde in Chur. Der Beitag stellte fest, dass

> «in vill underschidenlichen gmeinden unser Dry Pündten landen die zauber- und hexerey so starch eingerisen, daß nicht ohne ursach aller ohrten unnd enden solch verderblich wesen auß zu reüten besten fleiß anzuwenden nit solle underlassen werden».

Es sei jedoch notwendig, mit aller Sorgfalt vorzugehen, denn die Richter in vielen Gemeinden würden willkürlich verfahren:

---

[1] WERNER KUNDERT: Die Hexenprozesse im Puschlav 1631-1753, S. 310.

«Da aber man hört, daß in diesen sachen an villen orthen sehr gefarliche proceduren verüebt und gebraucht werden, wordurch auch ehrlichen persohnen zu kurtz und unrecht beschehen könten (...)»,

beschloss der Beitag, je drei gelehrte und erfahrene Personen aus jedem Bund zu berufen, die eine Kriminalverordnung ausarbeiten sollten.[1] Das Resultat wurde im gleichen Jahr bekanntgegeben. Die Kriminalverordnung umfasste sechs Punkte:

1. Die Behörden können verdächtige Personen gefangennehmen und vor Gericht stellen.
2. Jemand, der von zwei oder drei Personen angeklagt oder verdächtigt wird, soll auch vor Gericht gestellt werden.
3. Eine Person, die «einess ehrlichen lebenss, handelss und wandelss oder herkommenss were», darf nur angeklagt werden, wenn mindestens fünf Zeugen gegen sie aussagen.
4. Vor und nach der Marter dürfen die Angeklagten nur von Personen der Obrigkeit befragt werden; es dürfen keine Suggestivfragen gestellt werden.
5. Die Folter soll sorgfältig angewandt werden («dz man mit der marter alle fürsichtigkeit gebrauche, damit selbe nit zu hoch überspannet und einem oder dem anderen durch die grosse strengke zu kurz beschehe»), ausser:
6. Wenn man ein «Zeichen»[2] findet, dann soll man die Folter «strenger» anwenden.[3]

Im Februar 1659 schickte die Grafschaft Chiavenna eine Delegation an den Bundstag der Drei Bünde. Chiavenna hatte Bedenken gegen den dritten Abschnitt der Kriminalverordnung und bat, diesen genauer zu formulieren, «damit ehrliche lüth nicht übereillet und auch die gerechtigkeit ihren lauf habe». Der Bundstag beauftragte die drei Häupter der Drei Bünde und drei Ratsherren mit dieser Aufgabe. Der dritte Abschnitt wurde durch den Zusatz ergänzt, dass die Zeugenaussagen übereinstimmen – sowohl was den Ort, die Zeit und den Namen betrifft:

«Es were dann sach, dz sie von 5, 6 und 7 ohrts, der zeit, nammens und zunammens halber gleich übereinstimmenden persohnen angegeben wurde.[4]

Im gleichen Jahr hatte auch das Gericht Lugnez eine Strafprozessordnung geschaffen, die «Fuorma da menar il dreig souenter il [criminal]

---

[1] StAGR, B 2001/1, S. 114. Vgl. Anhang Nr. 4 S. 181f.
[2] Gemeint ist eine Narbe, ein Muttermal, ein Flecken usw.
[3] StAGR, B 2001/1, S. 114ff.
[4] StAGR, AB IV 1/30, Bundstagsprotokolle 1659-1661, S. 20f. Vgl. Anhang Nr.7 S. 185.

dreig de la reschiun, sco ei sa meina enten il niess Comin da Lomneza 1659».[1]

Die Drei Bünde beschäftigten sich auch noch im 18. Jahrhundert mit Hexerei. 1716 wurde die «Malefizordnung»[2] erlassen. Diese stützte sich zum Teil auf die Bestimmungen der Carolina. Die Drei Bünde ermahnten die Gerichtsgemeinden, ihre Gerichte mit unbescholtenen Leuten zu besetzen, die Verbrechen zu untersuchen und gerechte Urteile zu sprechen.[3] Unter den sieben Hauptverbrechen sind auch die Zauberei und das Hexenwerk[4] aufgeführt. Die Zeugen sollten ehrliche und gut beleumundete Personen sein; sie sollen mit den Angeklagten nicht verfeindet und älter als 16 Jahre sein. Gerade dieser Abschnitt über die Zeugen wollte gegen den Missbrauch beim Vorgehen gegen Hexen und Hexenmeister ankämpfen, wo jedermann als Zeuge zugelassen wurde – auch Jugendliche! Suggestivfragen waren gemäss der Malefiz-Ordung von 1716 weiterhin erlaubt. Die Praxis der Denunziation (siehe Kapitel 4. 1.) wurde jedoch abgelehnt,

> «dann der Teuffel die Hexen öffters selbsten betreugt und verblendt, daß sie meinen, diesen oder jene an Hexen-Däntzen gesehen zuhaben, da doch die Erfahrung vielfaltig gezeiget, daß es nicht wahr war».

Diese Bestimmung war in dem Sinne revolutionär, weil sie versuchte, dem Missbrauch der Denunziation einen Riegel zu schieben. Vor allem diese, aber auch einige anderen Bestimmungen der Malefiz-Ordnung haben wohl auch dazu beigetragen, dass Hexenprozesse nach und nach ein-

---

[1] DESAX: Organisation der Kriminalgerichte im Gebiete des Grauen Bundes, S. 18. Der Text dieser Kriminalordnung ist veröffentlicht in: Rätoromanische Chrestomathie, hrsg. von CASPAR DECURTINS, I. Bd., S. 80-89.

[2] Kurcze denen allgemeinen Rechten und Landsbräuchen gemäss aus Hoch-Oberkeitlichem Special-Befelch eingerichtete Malefiz-Ordnung. Chur 1716, 13 Seiten.

[3] «Die Ehrsamen Gmeinden sollen sich möglichst befleissen, Ihre Oberkeiten und Gricht mit Gottsförchtigen weisen und gewissenhafften Leuten zusetzen, damit den schwären Eyden gemäß die edle Gerechtigkeit desto besser verwaltet, allwegen die Gebühr beobachtet, die Mißbräuch verhütet, das Gute geflantzet und das Böse gestrafft werde. Wann nun einer Oberkeit etwas zu Ohren komt von der eint oder anderen Missethat und Verbrechen, so soll sie sowol nach dem Exempel als Befelch deß Obristen Richters im Himmel fleissig, behutsam und grundlich nachforschen, ob einiche Missethat oder Laster begangen, damit selbige förmlich können undersucht und abgestraft werden.» Malefiz-Ordnung, S. 1.

[4] «Zauberey ist ein Laster, in welchem die arme Menschen sich mit dem leidigen Satan verbindlich einlassen» (d.h. sie schliessen einen Pakt mit dem Teufel), Malefiz-Ordnung, S. 10.

38

gestellt oder gar nicht mehr eingeleitet wurden. Auch in bezug auf die Folter schränkte die Malefizordnung den Handlungsspielraum ein:

1. Daß ja keiner an die Folter erkennt werde, da das Verbrechen nicht eine Lebens- oder Blutstraff oder wenigstens eine Ruthen-Aushauung biß auffs Blut mit sich brächte.
2. Keiner der starck kranck.
3. Kein schwangeres Weib oder Kindbetterin.
4. Niemand, der unter 16 Jahr alt ist.
5. Daß gnugsame Indicien zur Tortur im Process vorhanden seyen (...)
6. Daß in zweiffelhafften Fall (...) sollen die Meynungen ehender in Favor deß Gefangnen eingerichtet werden.»

Weiter bestimmte die Malefiz-Ordnung, dass der Gefangene nicht derart gefoltert werden dürfe, dass er «am Leben oder Gliederen (...) Schaden leide (...)». Bei der Folter würden jedoch oft seltsame Dinge geschehen. Die Zauberer und Hexen könnten während der Folter einschlafen oder schweigen. Da habe der Teufel seine Hand im Spiel. Zuerst solle man die Kleider der Gefangenen untersuchen, weiter würde es manchmal nützen, wenn man die Hexen geisseln würde.

In Bezug auf das Urteil bestimmte die Malefiz-Ordnung folgendes: Personen über 16 Jahre sollen mit dem Schwert hingerichtet und der Körper verbrannt werden; Jugendliche zwischen 14 und 16 Jahren sollen auch durch das Schwert sterben, der Körper müsse aber den Verwandten übergeben werden, und Jugendliche unter 14 Jahren sollen «den Geistlichen ihrer Vorsorg und Gebett überlassen werden».

1731 verabschiedete die Gruob eine Strafprozessordnung, die sich an diejenige des Lugnez von 1659 anlehnte.[1]

---

[1] Fuorma dilg dreig criminal da Lgiont 1731, in: Rätoromanische Chrestomathie, hrsg. von CASPAR DECURTINS, I. Bd., S. 286-288.

2. Quellen zu den Hexenprozessen in der Surselva

Die Bestände der Urkunden, Akten und Bücher vor 1800 der Bündner Kreise und Gemeinden wurden Ende des 19. Jh. auf Anregung der Historisch-antiquarischen Gesellschaft von Graubünden durch Beauftragte des Kantons systematisch verzeichnet. Sämtliche Unterlagen sind im Staatsarchiv Graubünden in Chur auf Mikrofilm einsehbar, was die Forschungsarbeit erleichtert. Im Staatsarchiv selber liegen die Originalakten der Hexenprozesse von Obersaxen. Die übrigen Protokolle, die für die vorliegende Arbeit gebraucht wurden, befinden sich in den entsprechenden Kreis- oder Gemeindearchiven. In den Archiven der Gemeinden Schluein, Tenna, Trin und Flims sind keine Akten über Hexenprozesse überliefert.

Um einen Hexenprozess vom Anfang bis zum Ende verfolgen zu können, sind folgende Akten notwendig: Indizien, Zeugenaussagen (Kundschaften), das Bekenntnis (Confessio) und das Urteil.

Die Indizien sind Notizen, die der Gerichtsschreiber zuerst verfasste, ohne Zeugen zu befragen. Er notierte die Gerüchte meistens in Form von Stichworten oder in kurzen Sätzen. Dann wurden die Zeugen aufgeboten. Weil die Angeklagten die Vergehen, die ihnen zur Last gelegt wurden, abstritten, wurden sie dem Scharfrichter übergeben. Dieser versuchte zunächst, ein Bekenntnis zu erwirken, ohne die Folter anzuwenden (de plano). Als auch Drohungen und die Vorführung der Folterinstrumente nicht den gewünschten Zweck erreichten, wurden die Hexen und Hexenmeister gefoltert (mehr dazu im Kapitel 5.1).

Die Protokolle der Gerichtsgemeinden Gruob und Waltensburg beinhalten – im Gegensatz zu den Protokollen der anderen Gerichtsgemeinden – die *Antwort der Verteidigung*. Nachdem die Zeugen befragt wurden, schrieb der Gerichtsschreiber die Stellungnahmen der Verteidiger auf. Die Präsenz der Verteidiger war im Falle der Hexenprozesse eine rein formal-juristische Angelegenheit. Die Angeklagten stritten natürlich die Verbrechen, die ihnen zur Last gelegt wurden (bis auf wenige Ausnahmen wie Diebstähle), ab. Diese «negative Antwort» überbrachten die Verteidiger den Richtern.

Nachfolgend werden die Gerichtsgemeinden der Surselva in der Reihenfolge behandelt, wie sie auf der Tabelle Seite 30/31 aufgeführt sind.

2.1. Disentis

Weder im Kreisarchiv noch im Archiv des Klosters Disentis befinden sich Protokolle über Hexenprozesse. Sie sind vernichtet oder – was wahrscheinlicher ist – beim Dorf- und Klosterbrand von Disentis im Jahre 1799 zusammen mit allen übrigen Archivalien zerstört worden. Anhand anderer Quellen wissen wir, dass der Hexenwahn in der katholischen Gerichtsgemeinde Disentis ebenso erschreckende Ausmasse angenommen hatte wie in anderen Gegenden Graubündens. In Disentis fanden bereits am Ende des 16. Jahrhunderts die ersten Hexenprozesse statt. In seiner Chronik berichtet der Schulmeister und Maler Hans Ardüser (1557-1614) über die Ereignisse des Jahres 1590 folgendes: «Zuo Disentis wurden 14 wyber von häxenwärchs wägen verbrent.»[1]

Beinahe hundert Jahre dauerte die Hexenverfolgung in der Gerichtsgemeinde Disentis. 1623 wurden «viele» Frauen, die als Hexen angeklagt waren, im westlichen Klosterturm (Hofmeisterturm) gefangen gehalten. Dies berichtete der Abt Sebastian von Castelberg (1614-1634) an die Nuntiatur in Luzern.[2]

Ein weiterer Abt, Adalbert I. Bridler (1642-1655), sprach in seinem Rechnungsbuch (1648/49) von einer Hexe. Aufschlussreicher bezüglich der Hexenverfolgungen in der Gerichtsgemeinde Disentis sind die Notizen des Landammanns Ludwig de Latour.[3] Im *Kopialbuch von Breil/Brigels*[4] berichtet de Latour von einem Massenprozess, bei dem mehrere Personen innerhalb kurzer Zeit zum Tode verurteilt wurden:

Vom 13. Mai bis 15. Juli 1675 wurden 38 Personen gefangengehalten. Die beiden Landammänner Ludwig und sein Sohn Caspar de Latour leiteten die Hexenprozesse. Unter Ludwig de Latour (13. Mai bis 3. Juni) wurden acht Personen wegen Hexerei «verbrannt». Der Scharfrichter schlug

---

[1] HANS ARDÜSER'S Rätische Chronik (1572-1614), hrsg. von J.BOTT, Chur 1877, S. 114.

[2] MÜLLER: Zum bündnerischen Hexenwahn, S. 33.

[3] Im Protokoll von 1671 über die Hexe Maria Joss Jon Ping von Waltensburg steht einmal «Duwig de la Torre», dann «Ludovico von la Torr» oder auch Landrichter «Dowig de Thuor». Es handelt sich immer um denselben Ludwig de Latour. – Zu den Landrichtern des Oberen Bundes siehe FÄRBER: Der bündnerische Herrenstand im 17. Jahrhundert, S. 98-106 und Handbuch der Bündnergeschichte, Bd. 4: Quellen und Materialien, Chur 2000, S. 284-315: Die Bundeshäupter des Freistaats Gemeiner Drei Bünde (1424-1799).

[4] StAGR AB IV/6, Bd. 40, S. 359. Landammann Ludwig de Latour führte den Vorsitz bei den Hexenprozessen 1652 und 1671/72 in Waltensburg.

diesen Personen zuerst den Kopf ab, erst dann wurde die Leiche verbrannt![1]

Unter Caspar de Latour wurden folgende Urteile gefällt:

- 20 Personen wegen Hexerei hingerichtet
- ein Mann gehängt
- ein Mann verbannt
- zwei Frauen im Gefängnis verstorben
- vier Personen freigelassen
- eine Frau und ein Mann weiterhin gefangengehalten.[2]

Die Notizen Latours lassen einige Fragen offen. War der Mann, der erhängt wurde, auch ein Hexenmeister, oder war er anderer Verbrechen angeklagt und nur zusammen mit Hexen und Hexenmeistern hingerichtet
worden? Dass ein Mann wegen Hexerei erhängt wurde, begegnet uns in
keinen anderen Quellen der Hexenprozesse in der Surselva. Es bleiben
auch weitere Fragen unbeantwortet: Weswegen wurde ein Mann «nur»
verbannt? Warum starben zwei Frauen im Gefängnis? Was geschah mit
der Frau und dem Mann, die weiterhin gefangengehalten wurden (die gleiche Frage stellt sich für die Quelle aus dem Jahre 1623)? Wurden vier Personen freigelassen, weil sie der Folter getrotzt hatten? Ein Vergleich mit
Urteilen der anderen Gerichtsgemeinden ergibt, dass eine angeklagte Person nur freikam, wenn sie unter der Folter das Hexenwerk nicht gestand.
Von all den Hexen und Hexenmeistern der Gerichtsgemeinde Disentis
kennen wir weder Namen noch Herkunft. Es gibt auch keine Zeugenaussagen, die etwas über Angeklagte und Ankläger erahnen liessen.

---

[1] Dies war die übliche Praxis in den Gerichtsgemeinden Bündens im 17. Jahrhundert. Eine
Ausnahme bildet eine Frau aus dem Bergell, die 1655 lebend verbrannt wurde, siehe:
POOL: Sündenregister einer Bergeller Hexe, S. 313. Allgemein zu den Hinrichtungen
RICHARD VAN DÜLMEN, Theater des Schreckens, S. 121-144.

[2] Das Kopialbuch von Breil/Brigels, StAGR AB IV/6, Bd. 40, S. 359, beschreibt kurz die
Urteile: «Adi auff pfünst montag anno 1674 bin ich Duig de Thuor, dz 5 mall landaman
zu Tisentiss erwhelt worden. Anno 75 ist dz cariminal gricht zu Tisentis angangen. Sindt
von dz 13 tag mayen biss auf pfünstag wegen hexerey verbrendt worden personen 8. Am
pfünst montag anno 1675 hab ich die landtamenschaft dem sohn Caspar übergeben: und
sindt widerumb von pfünsten biss auff den 15ten jullj gesagtes jahr verbrandt personen
20, und ein man gehänckt und ein man auss den landt verwissen, auch 2 weibern im der
gefängnus gestorben, 4 personen ledig gelassen, ein man und ein fraw in verhaft gehalten.»

2.2. Lugnez und Vals

Das Lugnez (romanisch: Lumnezia) mit Vals werden hier zusammen behandelt, weil die Protokolle der Gerichtsgemeinden Lugnez und Vals im *Kreisarchiv Lugnez in Vella* aufbewahrt werden. Die Hexenprozessakten sind bruchstückhaft vorhanden: Es liegen wenige Zeugenaussagen und einige Bekenntnisse vor. Die Urteile am Ende der Prozesse fehlen, mit einer Ausnahme. Die Akten stammen aus den Jahren *1651 bis 1699*.

Der Hexenwahn, der sich um 1650 in der ganzen Surselva ausbreitete, forderte die ersten Opfer in der Gerichtsgemeinde Vals. Aus einer Notiz des Scharfrichters wissen wir, dass bis zum 3. April 1652 23 Personen hingerichtet wurden: «(...) so biß dato umb 23 hingerichte personen ob R (Gulden) 600 belaufft hobent (...)».[1] Am 29. Dezember 1652 schrieben der Landammann und der Rat des Lugnez an die Glaubenskongregation in Rom, dass die Gerichtsgemeinde von Hexerei «verseucht» sei.[2] Diese Angaben werden von unseren Quellen bestätigt. Aus den Indizien gegen die erste Hexe der Gerichtsgemeinde Gruob, Anna Jon Biat, vom November 1652 geht hervor, dass es zu diesem Zeitpunkt bereits Hexenprozesse im Lugnez gegeben hatte. Anna wurde auch von einigen vorher hingerichteten Hexen aus dem Lugnez denunziert:

> «Item so sein sie nach lut dargeben etlichen personen in Langnez oder Waltenspurg, wellhe ihre bekantnus bis auf den tot bestetet, in den hexentänzen gewesen.»[3]

Bei der Gerichtsgemeinde Disentis sind wir aus Quellen zweiter Hand angewiesen, bei den folgenden Gerichtsgemeinden jedoch nicht. Wir verfügen über Protokolle, die nähere Angaben über die Hexenprozesse liefern. Diese Angaben sollen jeweils in Form einer Tabelle übersichtlich dargestellt werden.

---

[1] Bericht betreffend Zahlung des Scharfrichters im Kreisarchiv Lugnez, Vella.
[2] MAISSEN: Die Drei Bünde in der zweiten Hälfte des 17. Jahrhunderts, S. 409.
[3] Gruob 1652, A.J. Biat von Ilanz, Indizien.

Dauer des Verfahrens	Name	Wohnort	Vorhandene Quellen
1651 (12. - 26.6.)	Frenna Rüödy	Vals	Zeugenaussagen, Bekenntnis, Todesurteil
(? - 9.11.)	Ammann Jöry Berni	Vals	Zeugenaussagen
1652 (? - 6.3.)	Anna Jöhri Peng	Vals	Bekenntnis
(? - 14.3.)	Cathrina des Balzer Pedrot	Feistenberg[1]	Bekenntnis
1654	Hexenprozesse gegen Kinder aus Vals, welche der Inquisition in Mailand übergeben wurden (nähere Angaben siehe unten).		
1654 (? - 19.3.)	Frenna Riteman	Vals	Bekenntnis
1655 (22.5.-9.6.)	Maria Schnider	Vals	Zeugenaussagen und Bekenntnis
(? - 9.6.)	Lenna Joss	Vals	Bekenntnis
1660 (12.4. - ?)	Jöry Walcher/ Kinder[2]	Vals	Indizien
1663 (? - 30.5. - ?)	Peter Lorenz	Vals	Anklageerhebung
(? - 30.5. - ?)	Maria Gander	Vals	Anklageerhebung
(? - 6.6. - ?)	Maria Lorenz	Vals	Anklageerhebung
(? - 6.6. - ?)	Elsi Schwarz	Vals	Anklageerhebung
(? - 7.6.; 11.7. - ?)	Paul Jochen[3]	Vals	Anklageerhebung
1673 (?- 26.2.)	Urschla Hans Plasch	Tersnaus	Zeugenaussagen

---

[1] Feistenberg, Fraktion der Gemeinde St. Martin, ist heute nicht mehr bewohnt.

[2] Ob diese Kinder in Hexenprozesse verwickelt wurden, lässt sich nicht sagen.

[3] Paul Jochen war zunächst geflohen und wurde «in cantomatzio» verbannt. Am 11. Juni fand er sich vor Gericht ein. Was schliesslich mit ihm geschehen ist, steht nicht in den Akten.

Dauer des Ver- fahrens	Name	Wohnort	Vorhandene Schrift- quellen
1699 (? - 9.2.)	Jon Valentin John Marty	Vrin	Zeugenaussagen, Bekenntnis, Todesur- teil
(? - 17.2.)	Maria Jory	Pitasch	Zeugenaussagen, Bekenntnis
(? - 28.2.)	Turte Jacob Barbla	Vrin	Bekenntnis
(? - 4.3.)	Barbla Hans Flurin	unbekannt	Zeugenaussagen
(? - 4.3.)	Margareta Risch Padruth	Vignogn	Bekenntnis
(? - 13.3.)	Dorothe Tumasch Tuisch	Camuns	Bekenntnis
(? - 14.3.)	Jellgia Tumasch Tuisch	Camuns	Bekenntnis
(? - 17.3.)	Meingia John Jacob Josch	Vella	Bekenntnis
(? - 24.3.)	Trina Risch Martin Caluster	Degen	Bekenntnis
(? - 1.4.)	Barbla Jon Luzi	Duvin	Bekenntnis
(? - 9.4.)	Maria des Meisters Tieny	Planezas[1]	Bekenntnis
(? - 10.4.)	Anna Loretz	Vals	Bekenntnis
(? - 26.5.)	Maria des Meisters John	Camuns	Bekenntnis
(? - 27.5.)	Thieny Marty Flury	Vrin	Bekenntnis
(? - 4.6.)	Maria John Dunau	Cumbel	Bekenntnis
(? - 19.6.)	Peter Lorenz	Vals	Bekenntnis
(? - 20. 6.)	Maria Lorenz	Vals	Bekenntnis
(ohne Datum)	Frena des Marty d'Ott	Lumbrein	Indizien
(ohne Datum)	Catharina Christ Tomasch	Silgin	Indizien

Aufgrund einer Liste von Personen, die andere denunziert hatten, wissen wir überdies, dass folgende Frauen als Hexen hingerichtet wurden:

Christina Jöhry Clau, Christina des Christ Jon Balzer, Christina Jon Clau, Barbla Jon Clau und Barida Weibel Paul.[2] In den Akten steht nicht, woher diese Frauen stammten.

---

[1] Planezzas, Gem. Uors-Peiden.

[2] Auf dieser Liste wurden die Namen von 31 Personen notiert, die unter der Folter andere Hexen und Hexenmeister denunziert hatten. Nur bei den erwähnten fünf Frauen steht jedoch das Todesurteil mit dem Vermerk: «Welche ist hingerichtet worden.» Trotzdem dürfen wir behaupten, dass alle oder die meisten dieser Personen sterben mussten, denn wer andere denunzierte, gestand ja selber, dass sie/er am Hexentanz gewesen sei bzw. eine Hexe/ein Hexenmeister sei. In den Akten ist z.B. vermerkt: «Item so hatt Christina John Clau (...) bekhendt, dz die Christina Fluri deß mesners fraue seige zu Curtinatsch und Plaun Tgiern an tantz gesin.»

Diese Liste enthält überdies die Namen von folgenden Personen, die der Hexerei verdächtigt wurden: Säckelmeister Balzer von Vrin, Anna Paul Jacob Weibel von Cumbel, Christina Margreta von Duvin, Sollomea Pedroth Martin von Vignogn, Julscha Jöhry von Pitasch, Gada Pedroth von Vrin, Margreta Durisch von Lumbrein und Christina Weibel Paul von Vella.

Was mit diesen Personen geschehen ist, wissen wir nicht. Auffallend ist, dass Leute aus mehreren Ortschaften beschuldigt wurden.

Weiter gibt es Zeugenaussagen über Barbla Hanss Flurin (Wohnort unbekannt). Dann wurden auch die Namen von Catrina deß Jöhri von Pitasch[1], Dorothe Padroth von Feistenberg, einer gewissen Julscha von Silgin und einem Pelican, der einen Teil der Vorwürfe gestand, notiert.

An dieser Stelle wollen wir noch ausführlicher auf die Ereignisse betreffend die Kinder aus Vals eingehen.

Im Jahre 1654 wurden *15 Kinder (zehn Mädchen und fünf Knaben) der Inquisition in Mailand* übergeben.[2] Die Inquistion sollte die Kinder im katholischen Glauben unterweisen lassen. Der deutsche Historiker Rainer Decker spricht von «einer Aktion zur Rettung von 15 Kindern aus dem schweizerischen Graubünden vor den Scheiterhaufen der staatlichen Justiz».[3] Der päpstliche Nuntius in Luzern teilte den Kardinälen und dem Papst Innozenz X. am 9. April 1654 mit, dass die Obrigkeit der Drei Bünde viele Jungen und Mädchen im Alter zwischen etwa acht und zwölf Jahren als angebliche Hexen zum Tode verurteilen wolle. Der Nuntius schlug

---

[1] Auf einem losen Blatt steht nur: «Confehsion (...) der Catrina deß Jöhri von Pitasch und ihr mueter Julscha von Selgin dohter, so au deß Nolger Pedrot von Feystenberg dohter: frauw alß sye bekhennt etc.»

[2] Bei den Kindern handelte es sich um: Mauritius Schnider, Valentinus Schnider, Josephus Martini Philippi, Petrus Tönz, Petrus Peng, Anna Martini Jelge oder Philippi, Anna Peng, Anna Tönz, Maria Peng, Maria Schuster, Catharina Rieder, Maria Stoffel, Maria Schnider, Maria Franck, Anna Schlosser, siehe: RAINER DECKER: «Ihre Prozessführung verstösst auch gegen das Naturrecht», in: BM 1999, S. 182.

[3] Rainer Decker hatte Zugang zum Archiv der «Congregatio pro Doctrina Fidei» im Vatikan. Ob die katholische Kirche in erster Linie die Kinder «retten» wollte, darf bezweifelt werden. Vielmehr ging es der Kirchenleitung im Zuge der Gegenreformation und der tridentinischen Reform um die Wiedererstarkung der Macht. Dafür spricht die Tatsache, dass Rom 1657 seine Hexenprozess-Instruktion, die bisher nur in Handbüchern für Inquisitoren greifbar war, drucken liess. DECKER, S. 187.

46

vor, diese Kinder dem Inquisitor in Mailand zu übergeben («und angesichts ihrer Armut auch zu versorgen»). Mit dieser Massnahme wollte die katholische Kirche vermutlich auch die Strafbestimmungen der Peinlichen Halsgerichtsordnung des Kaisers Karl V. von 1532, der «Constitutio Criminalis Carolina», befolgen. Gemäss der Carolina war es verboten, Kinder unter 16 Jahren hinzurichten.[1] Einige Mütter und Väter der Kinder aus Vals waren wahrscheinlich als Hexen bzw. Hexenmeister umgebracht worden. Im Jahre 1655 wurden die zehn Mädchen und die fünf Knaben nach Mailand gebracht. Darauf beschloss Papst Alexander VII., der Nachfolger von Papst Innozenz X., die Kinder «unterweisen» zu lassen (pueros instruendos), damit sie das Glaubensbekenntnis ablegen könnten. Später sollten sie bei «rechtschaffenen Männern und ehrbaren Frauen» in Mailand untergebracht werden, um sich ihren Lebensunterhalt selber zu verdienen.

Iso Müller und Felici Maissen waren bereits früher in ihren Untersuchungen auf diese Ereignisse gestossen. Iso Müller zitierte ein Schreiben aus der Biblioteca Vaticana, in dem von 15 Kindern aus dem Lugnez die Rede ist. Die Kinder wurden der Hexerei verdächtigt und im Sommer 1654 dem Inquisitor in Mailand übergeben.[2] Felici Maissen stützte sich auf die Schreiben der zwei Missionspriester Antonio Maria Laus und Taddeo Bolsone im Misox. Im März 1654 hatten diese an die Glaubenskongregation in Rom geschrieben, dass es im Valsertal mehrere verhexte Kinder im Alter zwischen 9 und 14 Jahren gebe.[3]

Dompropst Christoph Mohr von Chur teilte am 7. Januar 1655 der Propagandakongregation in Rom mit, dass in Vals mehr als fünfzig Personen der Hexerei verfallen seien. Darunter sollen sich über dreissig Jugendliche im Alter zwischen sieben bis zwölf Jahren befunden haben. Mit diesen Kindern habe sich die Inquisition in Como befasst, d.h. sie wurden im katholischen Glauben unterwiesen.[4]

---

[1] Die «Carolina» war das erste allgemeine deutsche Strafgesetzbuch (verbunden mit einer Strafprozessordnung), das bis Ende des 18. Jh. allgemein gültig war. Die Behörden der Surselva hielten sich jedoch nicht immer an die Bestimmungen der Carolina. Barbla Christ Waulser von Waltensburg wurde als 13-jähriges Mädchen hingerichtet.

[2] MÜLLER: Zum bündnerischen Hexenwahn des 17. Jahrhunderts, S. 34.

[3] MAISSEN: Die Drei Bünde in der zweiten Hälfte des 17. Jahrhunderts, S. 409.

[4] MÜLLER, ebenda S. 34. Der Brief von C. Mohr liegt im Archiv der Propaganda fide in Rom.

Um 1655/56 sollen in Vals vierzig Personen gefangengenommen und anschliessend enthauptet worden sein. Unter diesen Personen seien auch Kinder gewesen, schrieb ein Priester aus dem Misox. [1]

Die Berichte des Dompropstes von Chur und der Priester aus dem Misox stimmen zum Teil überein. Bei beiden wird erwähnt, dass ungefähr vierzig oder fünfzig Personen um 1655 in Vals gefangengenommen wurden, darunter auch Kinder. Die Frage ist, ob diese Kinder hingerichtet oder ob sie ebenfalls zur religiösen Unterweisung nach Oberitalien geschickt wurden. Möglich ist auch, dass es sich bei diesen Berichten um die 15 erwähnten Kinder handelt, welche der Inquisition in Mailand übergeben wurden.

2.3. Ilanz und die Gruob

Die Akten der Hexenprozesse in der Gerichtsgemeinde Gruob liegen im *Stadtarchiv in Ilanz*. Kriminal- und Zivilgerichtsprotokolle von 1600 bis 1780 wurden zwar gesammelt, aber weder nach chronologischen noch nach inhaltlichen Aspekten klassifiziert. Für die Gerichtsgemeinde Gruob liegen Akten von Hexenprozessen für die Zeit von *1652 bis 1700* vor:

Dauer des Verfahrens	Name	Wohnort	Vorhandene Quellen
1652 (11.11.- ?)	Anna Jon Biat	Ilanz	Indizien, Zeugenaussagen, Bekenntnis
(16.11.- ?)	Barbla Claudi	Ilanz	Indizien, Bekenntnis
1661 (29.1. -?)	Dorothe des Meisters Claus	Ilanz	Indizien, in Abwesenheit[2] verbannt
(6.2.- ?)	Menga Duff	Falera	Indizien, keine weiteren Angaben

---

[1] MAISSEN, ebenda S. 408ff. Der Verfasser des Berichtes von 1655/56 an die Glaubenskongregation in Rom ist nicht bekannt. Möglicherweise handelte es sich um Antonio Maria Laus oder Taddeo Bolsone.

[2] Dorothe Claus wurde von ihrem Sohn und einigen Männern aus dem Gefängnis befreit und konnte fliehen. Über dieses Ereignis gibt es Zeugenaussagen.

Dauer des Verfahrens	Name	Wohnort	Vorhandene Quellen
1667 (11.1.- 7.2.)	Urschla Jon Tenna	Sagogn	Indizien, Zeugenaussagen, Freispruch
1680 (8.11.-23.11.)	Baltzer Fopper	Schnaus	Indizien, Zeugenaussagen, das Urteil lautet auf Verbannung[1]
1699 (17.10.-3.11.)	Martin J. M. Nut	Castrisch	Indizien, Zeugenaussagen, Todesurteil
(23.10.-2.11.)	Menga J. M. Nut	Castrisch	Indizien, Zeugenaussagen, Bekenntnis, Todesurteil
(1.11.-21.11.)	Uri Jon Martin Nut[2]	Castrisch	Indizien, Zeugenaussagen, Bekenntnis, Todesurteil
(16.11.- 29.11.)	Urschla J. J. Pitschen	Castrisch	Indizien, Zeugenaussagen, Todesurteil
(20.11.-?)	Urschla Fopere	Schnaus	Zeugenaussagen
(27.11.-?)	Urschla Tokin	unbekannt	Zeugenaussagen
(28.11.-?)	Maria Fopere	Schnaus	Zeugenaussagen
(29.11.-?)	Onna Tokin	(Flond?)	Zeugenaussagen, in Abwesenheit verbannt[3]
1700 (? - 16.1.)	Christina L. Balzer	Castrisch[5]	Indizien, Zeugenaussagen, Bekenntnis, Todesurteil
(22.1.- 10.2.)	Barbla J.J. Pitschen	Castrisch	Zeugenaussagen, Bekenntnis, Todesurteil
(3.2. - ?)	Barbla Schwizere[4]	Pitasch	Indizien, Zeugenaussagen, Bekenntnis, Todesurteil

---

[1] Wie Urschla Jon Tenna konnte Baltzer Fopper der Folter standhalten. Er gestand nur einige Diebstähle.

[2] In den Quellen heisst es auch Uri/Urich (=Ulrich) bzw. Frena Canuth, Tochter des Uri.

[3] Über Onna Tokin wurden Zeugen wieder am 8. Januar 1700 befragt.

[4] Schwizere war ihr Mädchenname, sie heisst an anderer Stelle: Barbla Jon Calgier, d.h. Tochter des Jon Calgier. Vgl. auch Christina Loreng Balzer (des L.B.), die nur einmal unter ihrem Mädchennamen Christina Mezwach vermerkt ist.

[5] Die ersten Zeugenaussagen zu Christina sind vom 29. November 1699.

Dauer des Verfahrens	Name	Wohnort	Vorhandene Quellen
1700 (5.2. - ?)	Christ Mathiu	Castrisch	Indizien, Zeugenaussagen, während der Folter verstorben
(15.2./25.5.)	Maria Jon Padrut	Luven	Zeugenaussagen, das Urteil lautet auf Verbannung
(25.5.)	Trina Birtin	Ilanz	Zeugenaussagen, das Urteil lautet auf Verbannung[1]
(29.5.)	Onna des Jon Fellis	unbekannt	Zeugenaussagen

Über die folgenden Personen sind nur einige Zeugenaussagen vorhanden: Frena Jon Martin Nut, Onna Balzer Josch, Weibel Jon Foper, Josch Balzer Josch, Onna Casper Cauluster, Barbla Narozen, Barbla d'Loreng Balzer, Jelli (da Tschopina), Anna Lgüzi. Aufgrund der Namen «Jon Martin Nut», «Jon Foper», «d'Loreng Balzer» können wir annehmen, dass die betreffenden Personen in Castrisch wohnten.

Neben diesen Quellen interessiert uns ein Brief vom 21.2.1655, den die Gerichtsgemeinde Hohentrins an die Nachbargemeinde Gruob übermittelte. Darin wird mitgeteilt, dass zwei Hexen von Trin Frauen von Sagogn, Ilanz und Falera, die auf dem Hexensabbat dabei waren, denunzierten. Obwohl im Gemeindearchiv Trin keine Protokolle über Hexenprozesse überliefert sind, ist dieser Brief von 1655 ein Beleg dafür, dass es auch in Hohentrins zu Hexenverfolgungen gekommen ist.

Die Kriminalakten der Gruob enthalten neben Hexenprozessen auch Prozesse wegen Schlägereien, Diebstahl, Mord, Unzucht usw.

Im *Staatsarchiv Graubünden in Chur* befindet sich ein Manuskript aus dem Jahre 1828 mit dem Titel: «Mercwürdigkeiten aus dem Archiv Gruob. Hexerei- und andere Criminal Prozessen».[2] Diese in schöner Hand-

---

[1] Trina Birtin und Maria Jon Padrut wurden verbannt, weil sie der «Hurerei» - aber nicht der Hexerei! - für schuldig befunden wurden.

[2] StAGR B 1788. Bei SPRECHER/JENNY: Kulturgeschichte der Drei Bünde im 18. Jahrhundert, S. 624 ist nur die Abschrift des Jahres 1828 als Quelle für die Hexenprozesse der Gruob erwähnt. In diesem Zusammenhang spricht Sprecher von «massenhaften

schrift abgefasste Kopie wies bei einem Vergleich mit den Originalprotokollen aus der zweiten Hälfte des 17. Jahrhunderts einige Unterschiede auf: 1. Es wurde nicht vorlagengetreu abgeschrieben, d.h. die Orthographie wurde modernisiert. 2. In einigen Fällen wurden Zeugenaussagen weggelassen.

Der Schreiber von 1828 zeichnete 10 Hexenprozesse auf. Ihm müssen mehr Quellen zur Verfügung gestanden haben als uns. Erwähnenswert ist eine Liste mit Namen von 68 Personen, die – nach der Abschrift des Jahres 1828 – zusätzlich neben den hingerichteten oder verbannten Hexen und Hexern 1699 und 1700 vor Gericht erscheinen mussten. In Zeugenaussagen kommen einige «Hexen» und «Hexenmeister» vor, die auf dieser Liste enthalten sind. So können wir – auch wenn viele Quellen aus dem 17. Jahrhundert verloren gegangen sind – vermuten, dass viel mehr Personen in Hexenprozesse verwickelt waren, als uns heute bekannt sind.

2.4. Waltensburg

Im Vergleich zu den übrigen Gerichtsgemeinden der Surselva enthält das *Gemeindearchiv Waltensburg* am meisten Hexenprozessakten. Die Protokolle wurden chronologisch geordnet. Die Hexenprozesse begannen im Jahre *1652*. Die letzte Hexe der Gerichtsgemeinde Waltensburg stand im Februar und März *1718* vor Gericht.

Dauer des Verfahrens	Name	Wohnort	Vorhandene Quellen
1652 (11.9.-8.10.)	Thrina Joss Jon Ping	Waltensburg	Indizien, Zeugenaussagen, Bekenntnis, Todesurteil
(11.9.-9.10.)	Thrina Chatz	Rueun	Indizien, Zeugenaussagen, Bekenntnis, Todesurteil

Hexenverfolgungen» in der Surselva in den Jahren 1699-1704 (S. 328). Zwischen 1701 und 1703 sind uns jedoch keine Prozesse bekannt!

Dauer des Ver- fahrens	Name	Wohnort	Vorhandene Quellen
1652 (30.9.-11.10.)	Anna Christ Lutzy	Rueun	Indizien, Zeugenaus- sagen., Bekenntnis, Todesurteil
(1.10.-11.10.)	Julscha dilg Durig	Siat	Indizien, Zeugenaus- sagen., Bekenntnis, Todesurteil
(8.10.-18.10.)	Jon Padrut	Rueun	Indizien, Zeugenaus- sagen., Bekenntnis, Todesurteil
(8.10.-18.10.)	Barbla Jon Chasper	Rueun	Indizien, Zeugenaus- sagen., Bekenntnis, Todesurteil
(9.10.-14.10.)	Barbla Jeri Henny		Indizien, Zeugenaus- sagen, Freispruch
(9.10.-18.10.)	Barbla Christ Waulser	Waltensburg	Indizien, Todesurteil
(9.10.-?)	Nesa Sallaman	Waltensburg	Zeugenaussagen, verbannt mit Busse
(3.11.-10.11.)	Anna Jon Padrut	Rueun	Indizien, Bekenntnis, Todesurteil
(3.11.-10.11.)	Anna Jöry Jon Gletzy	Siat	Indizien, Bekenntnis, Todesurteil
(6.11.-13-11.)	Mengia Jon Calluster	Siat	Zeugenaussagen, Freispruch
(6.11.-?)	Brida Jon Chasper	Rueun	Freispruch (schwanger)
(9.11.-13.11.)	Stina Meningla	Schlans	Indizien, Todesurteil
1653 (18.7.-8.8.)	Brida Jon Chasper[1]	Rueun	Zeugenaussagen, Freispruch
1671 (8.11.-24.11.)	Maria Joss Jon Ping	Waltensburg	Indizien, Zeugenaus- sagen, Bekenntnis, Todesurteil

---

[1] Brida Jon Chasper wurde acht Monate später erneut gefangengenommen. Sie konnte der Folter widerstehen und musste freigelassen werden. Im November 1652 wurde sie nicht gefoltert, weil dies gemäss der «Carolina» verboten war, BADER: Die Hexenprozesse in der Schweiz, S. 50.

Dauer des Verfahrens	Name	Wohnort	Vorhandene Quellen
1672 (2.2.-13.2.)	Mengia Fritli Pitschen	Andiast	Indizien, Zeugenaussagen, Bekenntnis, Todesurteil
(3.2.-27.2.)	Anna Conzin	Waltensburg	Indizien, Zeugenaussagen, kein Urteil vorhanden
1681 August	Stina Tomasch Loreng	Rueun	Gerichtskosten, kein Urteil vorhanden
1718 (11.2.-4.3.)	Regla Conzin	Waltensburg	Indizien, Zeugenaussagen, verbannt/Busse
(24.2.-3.3.)	Anna dilg Ambrosi	Rueun	Indizien, Zeugenaussagen, Freispruch/ Busse

Überdies befindet sich im Gemeindearchiv von Waltensburg ein Buch mit Gerichtsprotokollen der Jahre 1650 bis 1753. Die Hexenprozesse des Jahres 1652 sind nur kurz notiert, es fehlen Zeugenaussagen und Bekenntnisse. Die Prozesse der Jahre 1671, 1672 und 1681 werden hier gar nicht erwähnt. Dafür wurde das Verfahren gegen Anna dilg Ambrosi und Regla Conzin 1718 ausführlich protokolliert. Neben Indizien und Zeugenaussagen wurden die Verhöre (die Fragen der Richter und die Antworten der Hexen) aufgeschrieben. Das Buch bildet eine nützliche Ergänzung zu den Akten.

Am Anfang der Hexenprozessprotokolle finden wir zwei Daten, was auf die Einführung des Gregorianischen Kalenders (1582) zurückzuführen ist. Die Katholiken übernahmen diesen Kalender seit 1624, die Reformierten benutzten ihn definitiv erst ab 1810/11.[1] Der Gerichtsschreiber notierte das julianische und das gregorianische Datum, z.B. den Beginn der Hexenprozesse am 11./21. September 1652. Der Einfachheit halber geben wir nur das gregorianische Datum an.

---

[1] MAISSEN: Die Drei Bünde in der zweiten Hälfte des 17. Jahrhunderts, S. 110 und 113.

2.5. Laax-Sevgein

Von Hexenverfolgung in der Gerichtsgemeinde Laax-Sevgein legt das «Protocollum Criminalischer sachen, so anno 54 angefangen» Zeugnis ab. Das Buch liegt im *Gemeindearchiv Laax*. Der erste Hexenprozess fand im Jahre *1654* statt. Noch 80 Jahre später, nämlich *1732*, wurde eine Frau wegen Hexerei angeklagt.

Nur von den ersten beiden Hexen Urschla Delbin und Anna Jon Donau ist das Bekenntnis und das Urteil überliefert. Über das Schicksal der anderen elf Frauen wissen wir nichts. Vermutlich wurden sie freigelassen – zumindest liegen keine Bekenntnisse über Hexenwerk vor.

Bemerkenswert am «Protocollum Criminalischer sachen» ist, dass ein und derselbe Schreiber die Protokolle von 1654, 1657 und 1672 verfasst hat. Bei den Aufzeichnungen des Jahres 1672 hat er jeweils von einem bis zum nächsten Fall einige Seiten leer gelassen. Dies könnte ein Hinweis darauf sein, dass Zeugen zu diesen neun Frauen nahezu gleichzeitig einvernommen wurden. Der Schreiber wollte vielleicht Platz für die Bekenntnisse lassen. Warum es nicht zum Bekenntnis kam, lässt sich nur vermuten. Vielleicht hatten die Obrigkeiten von Laax und Sevgein Bedenken, dass der Hexenwahn ungeahnte Auswirkungen haben könnte, denn diese Frauen würden schliesslich auch andere Personen denunzieren.

Überdies besitzen wir einige lose Akten mit Zeugenaussagen über Anna Jon dil Christ vom 3. März 1661 und über Julscha Jöri Frawi vom 4. März 1661. Anna Jon dil Christ war bereits von den Richtern am 25. Februar, 1. und 2. März «de plano» (ohne Folter) befragt worden. Offenbar wurden die Prozesse eingestellt und 11 Jahre! später wieder aufgerollt – wir wissen nicht, warum. Unter den obengenannten Akten befindet sich auch eine Rechnung mit den Kosten des Prozesses gegen Anna Jon Donau.[1]

---

[1] Gemeindearchiv Laax, Alter Archivbestand vor 1799. B. Akten, Gerichtsakten 1653-1687, Pli I, Dokumente 1-21.

Dauer des Verfahrens	Name	Wohnort	Vorhandene Quellen
1654 (4.2.-12.2.)	Urschla Delbin	Schluein	Indizien, Zeugenaussagen, Bekenntnis, Todesurteil
1657 (27.11.-10.12.)	Anna Jon Donau	Laax	Indizien, Zeugenaussagen, Bekenntnis, Todesurteil
	Barbla Jon Donau	Laax	Zeugenaussagen
1661 (25.2.-3-3-)	Anna Jon dil Christ	Laax	Zeugenaussagen und Teilbekenntnis
(25.2.-?)	Julscha Jeri Fravi	Laax	Zeugenaussagen
1672	Julscha Jöri Frawi	Laax	Zeugenaussagen
	Anna Jon dil Christ	Laax	Zeugenaussagen
	Julscha dil Stoffel	Laax	Zeugenaussagen
	Margreta Risch Pitschen	Laax	Zeugenaussagen
	Trina Curau Caliesch	Sevgein	Zeugenaussagen
	Menga Christ Fluri	Sevgein	Zeugenaussagen
(8.3.-?)	Menga Jon Christ Mathiass	Laax	Zeugenaussagen
	Thrina Statthalter Risch	Sevgein	Zeugenaussagen
	Anna Fluri	Sevgein	Zeugenaussagen
1732 (8.3.-?)	Trina Flury Capitschen	Sevgein	Zeugenaussagen

2.6. Obersaxen

Die Akten der Hexenprozesse in der Gerichtsgemeinde Obersaxen befinden sich im *Staatsarchiv Graubünden in Chur*, wohin sie wahrscheinlich 1931 im Zusammenhang mit der Rückführung der Akten der Herrschaft Rhäzüns gelangten.[1] In den Jahren *1652* und *1653* wurden in Obersaxen ausschliesslich Frauen wegen Hexerei verfolgt. Folgende Quellen liegen vor:

---

[1] Vgl. RUDOLF JENNY. Das Staatsarchiv Graubünden in landesgeschichtlicher Schau, 2. Aufl. Chur 1974, S. 435.

Dauer des Ver-fahrens	Name	Wohnort	Quellen
1652 (26.6.- 19.7.)	Urschla Wagauw	Obersaxen	Indizien, Zeugenaussagen, Bekenntnis, Todesurteil[1]
(1.7.-19.7.)	Elscha Mierer	Obersaxen	Indizien, Zeugenaussagen, Bekenntnis, Todesurteil
(15.7.-16.7.)	Brida Ragall	Obersaxen	Zeugenaussagen
1653 (? – 5.4.)	Anna Bringazi	Obersaxen	Bekenntnis, Todesurteil
(? – 5.4.)	Maria Caminada	Obersaxen	im Gefängnis verstorben

Ferner erfahren wir aus einer Notiz vom 5. April 1653, dass das Gericht beschlossen habe, den toten Körper der Maria Caminada zu verbrennen und die Asche zu vergraben.

2.7. Hohentrins

Ein Brief, den die Gerichtsgemeinde Hohentrins am 21. Februar 1655 an die Richter der Gerichtsgemeinde Gruob sandte, berichtet von zwei Hexen. Anna Büllger und Thrina Kropffin hätten Frauen von Sagogn, Ilanz und Falera als Hexen denunziert.

Dauer des Verfahrens	Name	Wohnort	Quellen
1655 (?- 15.2.)	Anna Büllger		Bekenntnis
(?- 19.2.)	Thrina Kropffin		Bekenntnis

---

[1] StAGR A II LA 1, sub dato.

2.8. Safien

Die Protokolle der Hexenprozesse in der Gerichtsgemeinde Safien liegen im *Gemeindearchiv Safien*. Die losen Akten sind weder chronologisch noch nach anderen Gesichtspunkten geordnet. Die Akten über Hexenprozesse in der Gemeinde Safien im 17. Jahrhundert unterscheiden sich in einigen Punkten von jenen in den anderen Gerichtsgemeinden der Surselva:

1. Mit Ausnahme von zwei Fällen sind die Akten unvollständig überliefert. Nur in den Prozessen gegen Thrina Gartmann (1697-1698) und Christen Detli (1696) sind Indizien, Zeugenaussagen, das Geständnis und das Urteil vorhanden. Die Indizien und Zeugenaussagen wurden meist kurz gefasst. Der Prozess gegen Cathrina Gartmann dauerte fast ein Jahr. Ein Vergleich mit anderen Gerichtsgemeinden zeigt, dass ein Hexenprozess üblicherweise einige Tage bis höchstens vier Wochen dauerte.

2. Die Akten über Hexenprozesse in der Gerichtsgemeinde Safien geben nur drei Urteile wieder, die beiden oben erwähnten und jenes über Greda Büleri von 1657. Aufgrund der anderen vorhandenen Quellen wissen wir jedoch, dass der Hexenwahn mehr Opfer forderte. Bei den Indizien zu den sechs Männern, die 1658 geflohen waren, steht jeweils der Vermerk, dass sie von hingerichteten Personen von Safien denunziert worden seien.[1] Überdies beschrieb Eduard Juon die Prozesse gegen Maria und Anna Juoni, die am 22. Februar 1658 das Hexenwerk gestanden – die Akten zu diesen Hexenprozessen fehlen allerdings![2]

3. Auf einem Blatt notierte der Gerichtsschreiber meistens mehrere Personen, die aufgrund von Gerüchten oder anderen Hinweisen eines Vergehens beschuldigt wurden. Ungefähr ein Viertel der Akten ist jedoch durchgestrichen worden. Aus einer Bemerkung des Gerichtsschreibers geht hervor, dass die Zeugenaussagen als «Gedächtnis» aufbewahrt wur-

---

[1] Bei Christen Bremmen z.B. heisst es: «8. So hat ein arme malificantin oder hingrichte person, welche in unsser ehrsamen gmeint Safien ist iustificyrt und grechts fertiget worden, die hat die planno (zunächst ohne gefoltert zu werden, d. Verf.) oder an der thurtur, nemlich näbent und an der marter bekent und bestätiget, wie dz gmelter Christen Bremmen eineß mols uff Gläß by dem Schwäbel brunen gnambt uef an einem häxen thantz gwössen und dem sälbigen bygwonnet seige (...).»

[2] EDUARD JUON: Zwei Bündner Frauenschicksale im 17. Jahrhundert, in: BM 1928, S. 397-408.

den. Dies würde erklären, warum die Behörden sich dreimal (1663, 1668 und 1674) mit dem Fall von Urschla, der Tochter des Weibels Christen, beschäftigten und warum es nach der Aufnahme der Indizien gegen Thrina Gartmann (3. März 1697) fast ein Jahr dauerte, ehe dieser Prozess sein Ende fand (26. Januar 1698). Ein Hexenprozess wurde meist sogleich angestrengt, wenn eine Person denunziert worden war und wenn sie des Schadenzaubers beschuldigt wurde (siehe Kap. 4.3.).

4. Die Gerichtsgemeinde Safien stand während der Hexenverfolgung in engem Kontakt mit den Behörden der Gerichtsgemeinden Tschappina, Heinzenberg, Thusis und Schams. Vor allem der Gerichtsschreiber Melchior Gartmann war ein eifriger Beamter; er erkundigte sich bei den benachbarten Gemeinden, ob die hingerichteten Hexen und Hexenmeister Personen von Safien denunziert hatten (näheres im Kap. 4. 1. über die Denunziation).

Ein erster Fall von Zauberei im Safiental ist uns bereits aus der Mitte des 15. Jahrhunderts bekannt. In erster Linie ging es um einen Streit zwischen der Gemeinde und dem Bischof von Chur. Das Ehepaar Buchli wurde wegen Zauberei zum Tode verurteilt, verbrannt und sein Vermögen eingezogen. Einer ihrer Söhne verklagte die Gemeinde, die das Vermögen seiner Eltern eingezogen hatte, beim geistlichen Gericht in Chur (Einzelheiten siehe Kap. 1.2.). [1]

Die juristische Abwicklung dieses Falls hat wenig mit den Hexenprozessen des 17. Jahrhunderts gemeinsam. Das Ehepaar wurde zwar wegen «Zauberei» hingerichtet. Möglich ist auch, dass der Mann und die Frau unter dem Vorwand der Zauberei sterben mussten, damit die Gemeinde das Vermögen der beiden konfiszieren konnte. Der Streit zwischen den Söhnen und Brüdern der Eheleute und der Gemeinde Safien dauerte zwölf lange Jahre. Bemerkenswert ist, dass Geistliche gegen ein Urteil in einem Zaubereiprozess vorgingen, was bei den Hexenprozessen des 17. Jahrhunderts nicht vorkam! Jemand, der wagte, gegen ein Urteil in einem Hexenprozess vorzugehen, musste selber damit rechnen, der Hexerei beschuldigt zu werden. Im 15. Jahrhundert, als sich die Beschuldigungen wegen Zauberei und Hexerei erst allmählich auf die Frauen konzentrierten, waren die frühmittelalterlichen Vorschriften des Kirchenrechts, des «Canon episco-

---

[1] LORENZ JOOS: Die Kirchlein des Safientals, in: BM 1936, S. 10f.

pi», noch massgebend. Demgemäss galten Zauberei und Hexerei als Einbildung, und die Kirche liess Personen, die solcher Praktiken beschuldigt wurden, noch milde bestrafen.

Im 17. Jahrhundert brach der Hexenwahn mit aller Gewalt über das Safiental herein. Gemäss den vorliegenden Akten beschäftigte sich die Obrigkeit 1619 mit dem Fall von Christen Mass, der der Hexerei verdächtigt wurde. Das Gericht beschloss, «maleficische kundschaften» zu befragen. Christen Mass war jedoch von Freunden gewarnt worden und ergriff die Flucht. Das Gericht behandelte den Fall dieses Mannes erneut im Jahre 1624, dessen Hab und Gut wurde konfisziert, er selber auf ewig des Landes verwiesen. Dieser Fall löste noch keine weiteren Hexenverfolgungen aus.

Der Höhepunkt wurde in den fünfziger Jahren des 17. Jahrhunderts erreicht, ähnlich wie in anderen Gerichtsgemeinden der Surselva. Es scheint, dass vor 1655 keine Hinrichtungen stattfanden. Am 22. August 1655 teilten die Behörden von Schams den Safiern mit, dass einige Hexen, die 1653 hingerichtet worden seien, Personen von Safien denunziert hätten, wobei sie keine Namen nannten. Nun machten sich die Behörden von Safien ihrerseits auf die Suche nach Hexen und Hexenmeistern – und sie wurden fündig. Am 12. September 1657 legte Greda Büleri ein Geständnis ab (das Todesurteil fehlt). Der Prozess kostete 133 Gulden und 6 Batzen. Im gleichen Jahr sammelte der Gerichtsschreiber Melchior Gartmann vom 31. August bis 19. November Zeugenaussagen über mehrere Personen. Zwei davon wurden später hingerichtet: die «alte» Maria Luxi und Anna Mureri. Auffallend an diesen Zeugenaussagen ist, dass fast alle während der Zeit, als Gerda Büleri im Gefängnis sass, zustandekamen. Die drei Frauen, die sterben mussten, hatten u.a. sechs Männer denunziert, die 1658 flohen, darunter der «alte» Christen Gartmann.

Zwischen 1660 und 1680 wurden weitere Personen der Hexerei verdächtigt. Aus den Akten lässt sich nicht ersehen, was die Behörden konkret unternahmen. Gegen Ende des 17. Jahrhunderts kam es in Safien wiederum zu Hexenprozessen, die wahrscheinlich von den Hexenverfolgungen am benachbarten Heinzenberg (1695 und 1696) ausgelöst wurden. Christen Detli musste 1697 sterben, Thrina Gartmann 1698. Cathrina Gartmann wurde 1698 wegen Ehebruch, Hurerei und Blutschande für eine Stunde in die Halsketten gelegt und dann freigelassen.

In der nachfolgenden Tabelle haben wir Zeugenaussagen über Personen, deren Namen zwar einmal in den Akten genannt wurden, doch den Betroffenen nicht zum Verhängnis gerieten, der Übersichtlichkeit halber weggelassen.

Dauer des Verfahrens	Name	Wohnort	Quellen
1619 (8.2.- 1624 (10.3.- 13.3)	Christen Mass		Notiz, dass Christen 1619 geflohen sei. 1624 wurde sein Hab und Gut konfisziert und er auf ewig verbannt.
1651 (15.10.- ?) (15.12.- ?)	Lienhart Zinsli Christen Gredig		Zeugenaussagen Zeugenaussagen Zeugenaussagen
1653 (14.3.-?)	Christen Gartmann		Zeugenaussagen
1656 (23.4.-?)	Alexander Hunger		
1657 (?- 19.8.) (31.8.- 19.11) (Oktober)	Greda Büleri Anna Schuchter Maria Luxi Maria Schuchter Anna Mureri Anna Gredig Christen Gartmann Christen Bremmen Christen Gredig Anna Luxi	Büel	Bekenntnis inkl. einer Rechnung vom 2.9. Zeugenaussagen gegen diese Personen. Anna Mureri soll ein Bekenntnis abgelegt haben. In einer Zeugenaussage steht die Bemerkung: «Laut der Anna Hänna Mureri confehsion.» Bekenntnis inkl. der Notiz, dass die alte Frau kurz nach der ersten Folter gestorben sei
1658 (21.6.-?) (? - 22.2.)	Christen Gredig Christen Bremmen Christen Bandel Christen Gartmann Philipp Gartmann Lienhart Zinsli Maria Juoni Anna Juoni	Hof Bäch Gün Safien Platz Thal(kirch) Bäch	Indizien mit dem jeweiligen Vermerk, dass jeder der sechs Männer geflohen sei. Alle waren von hingerichteten Hexen denunziert worden. Bekenntnis Bekenntnis[1]

---

[1] Gemäss EDUARD JUON, BM 1928, S. 400, fehlt das Urteil.

Dauer des Verfahrens	Name	Wohnort	Quellen
1659 (21.6.-?) (6.6.-?)	Alexander Hunger Greda Luzi		Zwei Zeugenaussagen Indizien mit dem Hinweis, dass Greda Luzi gefangenommen worden sei. Gemäss dem Protokoll über Cathrina Gartmann wurde eine Hexe 1659 hingerichtet.
1661 (20.11.-?)	Christen Fintschen		Zeugenaussagen
1663 (16.3.-?)	Urschla, Tochter des Weibels Christen		Zeugenaussagen (fünf Jahre später wurde wieder gegen sie ermittelt)
1664 (4.12.-?)	Christen Gartmann Frona Detli		Zeugenaussagen Zeugenaussagen
1668 (18.5.-?)	Urschla, Tochter des Weibels Christen		Zeugenaussagen
1669			Gemäss Protokoll über Cathrina Gartmann wurde ein Hexenmeister 1669 hingerichtet.
1674 (7.12. - ?) (8.3. - ?)	Urschla, die Tochter des Weibels Christen Ammann Hans Gredig Maria	Camana Bündlen Rüti	Zeugenaussagen Drei Zeugenaussagen
1679	Rudolf Hänni		Zeugenaussagen
1696 (10.9.-24.9.) (ohne Tag und Monat)	Christen Detli Maria und Agta Buoleri	Safien-Platz	Indizien, Zeugenaussagen, Bekenntnis und Urteil, überdies eine Rechnung vom 3.3.1697 für die Kosten des Prozesses. Aus einer Rechnung vom 3.3.1697 geht hervor, dass die beiden Schwestern verbannt wurden

Dauer des Verfahrens	Name	Wohnort	Vorhandene Quellen
1697 – 1698 (3.3. 1697 - 26.1.1698)	Thrina Gartmann	Camana	Dieser Prozess dauerte fast ein Jahr vom Zeitpunkt, an dem Indizien aufgenommen wurden, bis zum Bekenntnis und dem Urteil, das auf Freispruch lautete! Nähere Angaben dazu Kap. 4.6.3
1699 (22.11.-?)	Greta Marelehi Valtin Gartmann		Zeugenaussagen

2.9. Zusammenfassung

In der Surselva fand ein erster Prozess, der mit Hexerei oder Zauberei in Zusammenhang stand, bereits im 15. Jahrhundert statt. Der Hexenwahn breitete sich erst um die Mitte des 17. Jahrhunderts aus, obwohl ein vereinzelter Massenprozess bereits am Ende des 16. Jahrhunderts stattfand. In der Gerichtsgemeinde Disentis sollen 1590 14 Frauen wegen Hexenwerk hingerichtet worden sein. In derselben Gerichtsgemeinde wurden fast hundert Jahren lang immer wieder Personen der Hexerei beschuldigt.

Die Hexenverfolgungen traten in Schüben auf. Um 1650 ordneten die Behörden eine systematische Verfolgung an. Bis zum 3. April 1652 waren in Vals bereits 23 Personen wegen Hexerei mit dem Tode bestraft worden. In jenem Jahr wurden die Hexenprozesse auch in Waltensburg, in der Gruob und in Obersaxen eingeleitet. In Waltensburg hatten sich 1652 innerhalb von zwei Monaten 13 Frauen und ein Mann vor dem Richter zu verantworten. Der erste und letzte Hexenmeister der Gerichtsgemeinde Waltensburg, Jon Padrut von Rueun, musste am 18. Oktober 1652 sterben. In Vals wurden – gemäss den vorliegenden Akten – von 1651 bis 1655 mindestens fünf Frauen zum Tode verurteilt; in Ilanz 1652 zwei; in Obersaxen 1652 und 1653 vier und in Laax 1654 und 1657 zwei Frauen. Auch Kinder wurden nicht verschont. Im Jahre 1654 wurden 15 Mädchen und Knaben im Alter zwischen sieben und zwölf Jahren der Inquisition zu Mailand übergeben, um sie im katholischen Glauben zu unterrichten. 1655 bekannten zwei Hexen der Gerichtsgemeinde Hohentrins das Hexenwerk. Zwei Jahre später, 1657, ging die Gerichtsgemeinde Safien gegen Hexerei vor. Innerhalb von drei Monaten notierte der Gerichtsschreiber Zeugenaussagen gegen mindestens neun Personen, zwei der angeklagten Frauen wurden hingerichtet. Diese beiden Hexen denunzierten andere Personen, unter anderem sechs Männer, die 1658 flohen. Im gleichen Jahr mussten zwei Hexen sterben.

Nach dem Ausbruch in den fünfziger Jahren wurden die Hexenprozesse in den Gerichtsgemeinden Obersaxen und Hohentrins eingestellt. Im nächsten Jahrzehnt kam es zu vereinzelten Hexenprozessen in Vals, in der Gruob und im Safiental.

In den siebziger Jahren forderte der Hexenwahn in der Surselva wieder mehrere Opfer. Am 8. November 1671 wurde Maria Joss Jon Ping von Waltensburg in die Ketten gelegt und zwei Wochen später zum Tode verurteilt. Im Februar 1672 nahmen die Behörden wieder zwei Hexen fest. Mengia Fritli Pitschen von Andiast wurde enthauptet. Anna Conzin hat wahrscheinlich der Folter standgehalten – was aber mit ihr geschehen ist, lässt sich aus den Quellen nicht entnehmen. Im Jahre 1672 scheint in den Dörfern Laax und Sevgein eine Hysterie ausgebrochen zu sein. Fünf Frauen von Laax und vier von Sevgein waren der Hexerei angeklagt. Offenbar wurden diese Prozesse nicht zu Ende geführt. Die schlimmsten Ausmasse nahm die Verfolgung in der Gerichtsgemeinde Disentis an. 1675 wurden 28 Hexen und Hexenmeister innerhalb von zwei Monaten zur Richtstätte geführt.

In den achtziger Jahren und bis um 1696 wurden die Hexenprozesse in der Surselva nahezu eingestellt. In Safien wurde ein Mann 1696 zum Tode verurteilt. Zwischen dem 9. Februar und dem 26. Mai 1699 fanden in Vella elf Hexen und Hexenmeister aus verschiedenen Dörfern des Lugnez den Tod durch das Schwert. In den Jahren 1699 und 1700 waren in der Gruob mindestens 80 Personen der Hexerei angeklagt. Vom Oktober 1699 bis zum Februar 1700 mussten in Ilanz fünf Hexen und drei Hexenmeister ihr Leben lassen. Die letzte Frau, die in der Surselva als Hexe hingerichtet wurde, war Barbla Jeri Josch Pitschen von Castrisch. Sie musste am 10. Februar 1700 in Ilanz sterben.

Im Jahre 1718 wurden in Waltensburg die letzten zwei Hexenprozesse durchgeführt. Die Richter verbannten Regla Conzin, Anna dilg Ambrosi musste freigesprochen werden.

Der *letzte Hexenprozess in der Surselva* fand *1732* in Laax statt; das Opfer war Trina Flury Capitschen von Sevgein. Da weder ein Bekenntnis noch ein Urteil vorhanden sind, dürfen wir annehmen, dass Trina dem Schwert des Scharfrichters entkommen konnte.

Gesamthaft können wir behaupten, dass in der Surselva in einem Zeitraum von 150 Jahren (1590-1732) weit über 300 Personen der Hexerei angeklagt und mindestens 120 Personen durch das Schwert hingerichtet wurden. Während der Hexenverfolgung verbannten die Richter zudem mindestens neun Personen. Die Strafe reichte von einem Jahr bis zur lebenslänglichen Verbannung. So wurde z.B. Trina Birtin von Ilanz für ein Jahr verbannt, Maria Jon Padrut von Luven für vier Jahre, Regla Conzin von Waltensburg 1718 für zwanzig Jahre (reduziert von dreissig auf zwanzig), Baltzer Fopper von Schnaus für 51 Jahre (von 71 auf 51) und Nesa Sallaman von Waltensburg lebenslänglich. Am schwersten wurde Nesa Sallaman bestraft: Sie sollte für ewig aus den Drei Bünden verbannt sein und musste ausserdem eine Busse von hundert Kronen bezahlen. Die letzte Hexe der Gerichtsgemeinde Waltensburg, Anna dilg Ambrosi von Rueun, kam 1718 mit einer Geldbusse von siebzig Gulden davon.

Auffallend an den Hexenprozessen der Surselva ist die *geringe Anzahl von Hexenmeistern* gegenüber den Hexen.[1] In der Gerichtsgemeinde Waltensburg wurde nur ein Mann auf 19 Frauen wegen Hexerei angeklagt. Vom Februar bis im Mai 1699 liess die Obrigkeit des Lugnez zwei Hexenmeister und neun Hexen hinrichten. In der Gruob standen vier Männer und mindestens 15 Frauen vor Gericht (wenn wir die Liste der 68 Personen berücksichtigen, ergibt sich: 18 Männer gegenüber 50 Frauen – dies entspricht ungefähr einem Drittel Hexenmeister). In den Gerichtsgemeinden Laax-Sevgein, Obersaxen und Hohentrins sind nachweislich keine Männer wegen Hexerei gefangengenommen worden. Nur in der Gerichtsgemeinde Safien sieht es anders aus. Gemäss den Akten wurden sogar mehr Männer als Frauen der Hexerei verdächtigt. Ein Geständnis legten jedoch fünf Frauen und ein Mann ab. Wenn wir nun die Hexenprozesse in

---

[1] Im Waadtland z.B. waren von den 970 Personen, die von 1581-1620 zum Tode verurteilt wurden, ein Drittel Hexenmeister, KAMBER: Die Hexenverfolgungen im Waadtland (1581-1620), S. 14.

bezug auf die Todesurteile untersuchen, so finden wir unter den Opfern ungefähr vier Fünftel Frauen und ein Fünftel Männer.

Ein wichtiger Aspekt der Hexenverfolgung in der Surselva ist der *Massenprozess*. Ein Prozess wurde in der Regel rasch durchgeführt und dauerte eine bis vier Wochen.[1]

Für Waltensburg lässt sich folgendes feststellen: Vom 16. September bis 13. November 1652 befasste sich die Obrigkeit mit 14 Fällen von Hexerei. Die ersten beiden Hexenprozesse von 1652 dauerten 28 Tage; die nächsten sieben Prozesse je 18 Tage und die letzten fünf nur je 10 Tage. Stina Meningla von Schlans wurde am 9. November 1652 gefangengenommen; vier Tage später wurde sie bereits zur Richtstätte geführt (parallel dazu nahmen die Notizen der Gerichtsschreiber ab). In Disentis wurden unter Landammann Ludwig de Latour vom 13. Mai bis 3. Juni 1675 acht Personen und unter Caspar de Latour vom 3. Juni bis 15. Juli 1675 21 Personen hingerichtet. In Vella, dem Gerichtsort des Lugnez, mussten vom 9. Februar bis 9. April 1699 neun Hexen und Hexenmeister sterben: im Februar 1699 fanden drei Hinrichtungen, im März sogar fünf und im April eine Hinrichtung statt. In Ilanz (Gerichtsort der Gruob) wurden vom 17. Oktober bis 29. November 1699 mindestens neun Hexenprozesse eingeleitet. Auch in Vals dürfte es zu Massenprozessen gekommen sein.

Der Hauptgrund für einen Massenprozess waren wahrscheinlich finanzielle Überlegungen. 1655 wurden im Hochgericht Castels im Prättigau 24 Hexen und Hexenmeister hingerichtet. Im gleichen Jahr teilten die Behörden dieses Hochgerichtes den Gemeinden mit, dass die Konfiskation der Güter der Hingerichteten ihnen Nutzen bringen und überdies weniger Kosten anfallen würden, wenn man gleichzeitig gegen mehrere Personen den Prozess führe.[2]

Werfen wir nun einen Blick auf die *örtliche Verteilung*. Eine Konzentration von Hexen und Hexenmeistern ergibt sich für Vals. In den 1650er Jahren waren hier mindestens 80 Personen der Hexerei verdächtigt worden. Vals war zu dieser Zeit mit ungefähr 800 Einwohnern eine grössere Ortschaft in der Surselva.[3] Warum kam es hier – im Gegensatz etwa zu Ilanz, das ungefähr gleich viele Einwohner hatte –, zu einer viel intensive-

---

[1] Zum Vergleich: Im Waadtland dauerte ein Hexenprozess einen bis zwei Monate, KAMBER, ebenda S. 120 Anm. 3.
[2] SCHMID/SPRECHER: Zur Geschichte der Hexenverfolgungen in Graubünden, S. 111.
[3] DECKER: «Ihre Prozessführung verstösst auch gegen das Naturrecht», S. 15.

ren Hexenverfolgung? Eine mögliche Erklärung ist, dass Vals damals nach Süden, d.h. nach dem Misox ausgerichtet war. Im Misox engagierten sich einige Geistliche gezielt gegen Hexen und ihre Machenschaften. Dies hatte folgenschwere Auswirkungen für den Nachbarn im Norden. Ob die Personen in Vals auch aus religiösen Gründen (Reformierte, die hierher geflohen waren?) verfolgt wurden oder ob es sich um eine gezielte Aktion zwecks Ausschaltung einiger Familien (deren Kinder der Inquisition übergeben wurden) handelte, können wir nicht beantworten.

In der Gerichtsgemeinde Gruob stammen in den Jahren 1699 und 1700 von den sieben zum Tode verurteilten Personen sechs aus der Ortschaft Castrisch und nur eine aus Pitasch. In Castrisch spielte die *Verwandtschaft* eine entscheidende Rolle: Von den sieben Angeklagten kamen sechs aus zwei Familien (Familie Jon Martin Nut und Familie Jeri Josch Pitschen). In der Gerichtsgemeinde Waltensburg blieben nur die Dorfbewohner von Pigniu/Panix von Hexenprozessen verschont. Von den zwanzig Personen, gegen die in Waltensburg prozessiert wurde, hatten acht im katholischen Rueun und sechs im reformierten Waltensburg gewohnt. Auch in diesen beiden Dörfern lassen sich verwandtschaftliche Bindungen nachweisen (für Waltensburg: Thrina Joss Jon Ping war die Mutter von Maria und die Grossmutter von Barbla Christ Waulser. Für Rueun: Barbla und Brida Jon Chasper waren Schwestern, und Anna Jon Padrut war die Tochter von Jon Padrut). Aufgrund des schlechten Leumunds haftete auch an den Verwandten einer verurteilten Person ein Makel.

Für die Gerichtsgemeinde Laax-Sevgein ergibt sich eine Verteilung von sieben Frauen auf Laax und fünf auf Sevgein. Im Lugnez wurden Hexen und Hexenmeister aus 12 Dörfern (von ca. 20) gefangengenommen. In Safien stammten die sechs Männer, die 1658 vor den Richtern flohen, aus fünf verschiedenen Höfen. Aus der örtlichen Verteilung lässt sich der Schluss ziehen, dass Frauen und Männer aus verschiedenen Dörfern wegen Hexenwerk verurteilt wurden.[1]

Zum Schluss stellt sich noch die Frage nach dem *Alter* der Hexen und Hexenmeister. Leider haben wir nur wenige Angaben über das Alter der Personen, die vor Gericht standen. Die Frauen, die der Folter standhielten, dürften (aufgrund ihrer guten physischen und psychischen Konstitution)

---

[1] Vgl. auch MONTER: Witchcraft in France and Switzerland, S. 65 zu den Hexenprozessen in Genf 1577-1625: «Absolutely no rural hamlet (Dorf) belonging to the Republic was free from witch trials during this period, and most had several.»

eher jung gewesen sein. Die ersten beiden Frauen, die in den Gerichtsgemeinden Waltensburg, Laax und Obersaxen der Hexerei angeklagt wurden, hatten wahrscheinlich bereits ein Alter von 60 Jahren erreicht. Die
erste bekannte Hexe der Gerichtsgemeinde Vals, Frenna Rüödy, war sogar
75 Jahre alt! Alte Menschen waren auch Martin und Uri Jon Martin Nut
sowie Barbla Jeri Josch Pitschen und Christina Loreng Balzer (alle von
Castrisch); dann Anna Jöry Jon Gletzy von Siat, Stina Meningla von
Schlans, Maria Luxi (sie wurde die «Alte» genannt) und Christen Gartmann von Safien (er floh 1658) sowie Frenna Reitemann von Vals. Wir
dürfen behaupten, dass einige Personen, die vor Gericht gestellt wurden,
älter als sechzig waren. Alte Menschen wurden immer wieder Opfer von
Hexenprozessen, dies beweisen auch die Prozesse im Schanfigg in der
Gerichtgemeinde Langwies 1669. Die meisten der 17 Personen, die in
jenem Jahr der Hexerei beschuldigt wurden, waren «hochbejahrte» Leute.[1]
Manche Hexen und Hexenmeister lebten allein oder waren Witwen
bzw. Witwer.

Im nächsten Kapitel beschäftigen wir uns mit der Frage nach den Ursachen und Gründen für die Ausbreitung des Hexenwahns auf alle Gerichtsgemeinden der Surselva um 1650.

---

[1] SCHMID/SPRECHER: Zur Geschichte der Hexenverfolgungen in Graubünden, S.50.

3. Nährboden für den Hexenwahn: «Äussere» Ursachen

Bevor wir auf das Dorf und das Verhalten seiner Bewohner zur Zeit des Hexenwahns zu sprechen kommen, suchen wir nach Gründen, die einen Einfluss auf die Hexenverfolgung in einer Gerichtsgemeinde bzw. in den Dörfern gehabt haben. Solche «äussere» Ursachen waren z.B. Kriege, Krankheiten, Hungersnöte und Naturgewalten. Im Zusammenhang damit standen die mahnenden Worte der Obrigkeit, die dem Volk einen zornigen Gott vor Augen führte. Auf die Macht des Teufels und seiner Agenten, der Hexen, wurde in Predigten und Schriften aufmerksam gemacht.

Für die folgenden Ausführungen gilt es, die Publikationen über Hexen und Hexenzauber – vor allem den «Hexenhammer» – im Auge zu behalten, bildeten sie doch das geistig-geistliche Fundament der Hexenverfolgung.

3.1. Die Inquisition in den Südtälern Graubündens

Die Waldenser fanden auf der Flucht vor der Inquisition Zuflucht in den Alpen. In Italien wütete die Inquisition nahezu während des ganzen 15. Jahrhunderts gegen die Waldenser. In den unzugänglichen Bergen konnten viele dieser «Ketzer» den Verfolgern entkommen.[1] Diese blieben ihnen jedoch auch in den nächsten Jahrhunderten auf den Fersen, wie Delumeau schreibt:

«In den lombardischen Alpen fand eine systematische Verfolgung der Helfershelfer des Teufels Ende des 16. und Anfang des 17. Jahrhunderts statt, weil Mailand damals zwei besonders eifrige Bischöfe hatte: Carlo und Federigo Borromeo.»[2] Der erste dieser «eifrigen» Bischöfe, *Kardinal Carlo Borromeo* (1538-1584), setzte sich im Zuge der tridentinischen Reform (Konzil von Trient 1545-1563) stark für die Reorganisation und Stärkung der katholischen Kirche ein.

---

[1] MARTIN ERBSTÖSSER: Ketzer im Mittelalter, Stuttgart 1984, S. 215.

[2] DELUMEAU: Angst im Abendland, Bd. 2, S. 555. Federigo Borromeo wurde im Jahre 1654 Nachfolger des päpstlichen Diplomaten in der Schweiz, wo er nicht einmal ein ganzes Jahr als Nuntius tätig war, MAISSEN: Die Drei Bünde in der zweiten Hälfte des 17. Jahrhunderts, S. 137 und 282.

Borromeos Einfluss erstreckte sich von seiner Diözese Mailand bis in die Schweiz hinein. Auf Bitten der sieben katholischen Orte wurde er 1560 zum «Protector Helvetiae» ernannt. «Dem Veltlin und Graubünden galt von 1570 an die besondere Fürsorge des einflussmächtigen Mailänder Erzbischofs.»[1] Im Jahre 1581 besuchte Carlo Borromeo das Kloster Disentis, ein Jahr später traf er im Veltlin ein. 1583 erschien der Kardinal in Begleitung eines Jesuiten, eines Franziskaners und eines Kanonikers im Misox.[2]

Im 16. Jahrhundert waren etliche Protestanten von Norditalien aus in die italienischsprechenden Täler der Drei Bünde geflohen. Ein ehemaliger päpstlicher Legat und Bischof von Capodistria, Pier Paolo Vergerio, trug Entscheidendes bei zur Verbreitung der Reformation im Bergell und im Puschlav.[3] Im Zeichen der Gegenreformation bekämpfte Carlo Borromeo die Reformierten. Nach seinem Besuch im Misox hatte er den jesuitischen Rechtsgelehrten Franz Borsatto beauftragt, gegen die Protestanten vorzugehen. Diese wurden unter dem Vorwand der Ketzerei und Hexerei verfolgt. Im Calancatal blieb nach der «erfolgreichen Mission» Borsattos von den fünfzig protestantischen Familien nicht eine einzige mehr übrig.[4] Im Zusammenhang mit diesen Verfolgungen der achtziger Jahre des 16. Jahrhunderts im Misox und im Calancatal erliess der bündnerische Bundstag 1597 ein Dekret gegen Hexen.

Die Rolle von Kardinal Carlo Borromeo im Misox und im Calancatal im Zusammenhang mit der Hexenverfolgung ist umstritten. Einig sind sich die Forscher nur darüber, dass in den 1580er Jahren, also zu dem Zeitpunkt, als Carlo Borromeo die Gegenreformation in diesen Tälern leitete, vermeintliche Hexen und Hexenmeister vor Gericht standen.[5] Ohne Zwei-

---

[1] PIETH: Bündnergeschichte, S. 172.

[2] PIETH, ebenda.

[3] KUNDERT: Die Hexenprozesse im Puschlav 1631-1753, S. 310.

[4] SPRECHER: Der letzte Hexenprozess in Graubünden, S. 321f. Er nimmt hier Bezug auf CARL CAMENISCH: Carlo Borromeo und die Gegenreformation im Veltlin mit besonderer Berücksichtigung der Landesschule in Sondrio, Chur 1901, S. 133.

[5] CARL CAMENISCH, Carlo Borromeo und die Gegenreformation im Veltlin, wurde 23 Jahre später vom Benediktinerpater FRIDOLIN SEGMÜLLER, S. Carolus Borromaeus vindicatus, Einsiedeln 1924, S. 5-22, heftig angegriffen. Im Gegensatz zu Carl Camenisch, der Borromeo als den Urheber der Hexenprozesse im Hochgericht Misox sah (bes. S. 108-137), vertrat Segmüller die These, dass «der hl. Karl nicht der Urheber der Hexenprozesse von 1583 im Misoxer Tal, ja (...) nicht einmal direkt daran beteiligt» (S. 7)

fel hat die Inquisition in Norditalien die Hexenverfolgung in den italienischsprechenden Regionen der Drei Bünde beeinflusst. Zauberei und Hexerei waren zu einem Begriff geworden. Hexen und Hexenmeister wurden seit Ende des 16. Jahrhunderts im Süden Graubündens immer wieder verfolgt, so 1613 im Misox[1], 1630 im Bergell und 1633 im Puschlav. Im übrigen Graubünden begann die Hexenjagd später. Vermutlich hat die Hexenverfolgung in den Südtälern der Drei Bünde jedoch auch das Volk und die Obrigkeit der Surselva diesbezüglich sensibilisiert. Das Misox und das Calancatal gehörten – wie die Surselva – zum Grauen oder Oberen Bund. Während der tridentinischen Reformbestrebungen[2] wurden in Disentis (1623) Frauen wegen Hexerei gefangengehalten. Das Konzil von Trient hatte sich unter anderem zum Ziel gesetzt, das Volk und die Geistlichkeit im Glauben zu stärken und dementsprechend zu disziplinieren. War die Gefangennahme der Frauen in Disentis ein Schritt in diese Richtung?

Die Hexenprozesse in der Surselva begannen um die Mitte des 17. Jahrhunderts in Vals. Quellen dieser ersten Prozesse sind nicht mehr vorhanden. Die Ereignisse im Misox könnten durchaus einen Einfluss auf die Hexenverfolgung im Valsertal ausgeübt haben. Eine nicht unwesentliche Rolle spielte die geographische Lage. Von Ilanz her führte die kürzeste

---

gewesen sei. Später übernahm dann auch Emil Camenisch vorwiegend die Aussagen von Carl Camenisch (EMIL CAMENISCH, Geschichte der Reformation und Gegenreformation in den italienischen Südtälern Graubündens und den ehemaligen Untertanenlanden Chiavenna, Veltlin und Bormio, Chur 1950, bes. Kap. IV, S. 125-171). Vgl. des weiteren: FERDINAND SPRECHER: Der letzte Hexenprozess in Graubünden, S. 321ff., Anm. 2. Sprecher bezeichnete die Hexenverfolgung im Misox als eine «Protestantenverfolgung im Dienste der Gegenreformation» unter Carlo Borromeo. - Nach Ansicht von Albert Fischer hatte Borsatto die vor dem weltlichen Kriminalgericht des Tales im Schnellverfahren stattfindenden Prozesse weder gebilligt noch gewollt. «Doch das Malum bestand darin, dass die Kirche diesem ungerechtfertigten Treiben vor Ort (...) nicht wirkungsvoll genug entgegentrat, obwohl die Kurie eine Hexenprozessordnung erlassen hatte.» ALBERT FISCHER: Reformatio und Restitutio. Das Bistum Chur im Zeitalter der tridentinischen Glaubenserneuerung, Zürich 2000, S. 167 Anm. 246.

[1] Im Misox fanden die letzten Hexenprozesse wahrscheinlich um 1669/1670 statt, BADER: Die Hexenprozesse in der Schweiz, S. 177.

[2] ISO MÜLLER: Der Kampf um die tridentinische Reform in Disentis von ca. 1600-1623, ZSKG 42 (1948). S. 23-65. Papst Pius IV. leitete das Konzil von Trient. Die katholische Kirche und das Papsttum wurden gestärkt. Durch Schulen, Predigten und Seelsorge sollte der Katholizismus erneuert werden. Diese Aufgabe wurde vor allem den Kapuzinern übertragen.

(Handels)Route nach dem Süden über den Valserberg.[1] Neben den Waren konnten auch Nachrichten über Hexerei ausgetauscht werden. Vals orientierte sich erst vollständig nach Norden um, als die Fahrstrasse 1880 eröffnet wurde. Demnach hätte der Hexenwahn um 1640-1650 zum Teil vom Süden nach Norden übergegriffen. Um 1654 wurden sowohl im Misox als auch in Vals Menschen wegen Hexerei verfolgt.[2] In den 1690er Jahren breitete sich der Hexenwahn von Osten nach Westen aus: Heinzenberg (1696) – Safiental (1696/97) – Lugnez (1699) und Gruob (1699/1700).

3.2. Die Bündner Wirren (1618-1639)

Im ausgehenden 16. Jahrhundert hatten die Streitigkeiten und die Unruhen zwischen Katholiken und Protestanten in Graubünden zugenommen. Wegen seiner Pässe und wichtigen Verbindungsstrassen, namentlich durch das Veltlin, welches das spanische Mailand mit dem Tirol und Österreich verband, gerieten die Drei Bünde bald in die Interessenpolitik der Grossmächte. Graubünden wurde vom Dreissigjährigen Krieg (1618-1648) von allen schweizerischen Gebieten am schwersten betroffen. Das Untertanenland Veltlin war immer wieder Angriffen von allen Seiten ausgesetzt. Im Sommer 1620 drangen spanische Truppen zum ersten Mal ins Misox ein. 1622 fiel nahezu das ganze Gebiet des Zehngerichtenbundes (acht von zehn Gerichten) an Österreich. Im Winter 1622/23 wurden sowohl die bündnerische Bevölkerung wie die fremden Truppen von einer *Hungersnot* heimgesucht.[3] Damit verbunden griffen Epidemien um sich, die viele Menschenleben forderten.

---

[1] MARTIN BUNDI: Zur Besiedlungs- und Wirtschaftsgeschichte Graubündens im Mittelalter, Chur 1982, S. 315.

[2] 1654 wurden «verhexte» Kinder sowohl in Vals wie im Misox aufgespürt. Im März dieses Jahres machten die zwei Misoxer Missionspriester Antonio Laus und Taddeo Bolsone die Glaubenskongregation in Rom darauf aufmerksam, dass es in Vals Kinder im Alter zwischen 9 und 14 Jahren gebe, die sich dem Hexenwerk hingeben würden. Im gleichen Jahr berichtete Laus von 14 verhexten Frauen, Männern und Kindern im Misox, in: MAISSEN: Die Drei Bünde in der zweiten Hälfte des 17. Jahrhunderts, S. 409ff. Für weitere Ausführungen siehe Kapitel 2.2. und 3.3.

[3] PIETH: Bündnergeschichte S. 211f.

1629 schleppten österreichische und spanische Streitkräfte die *Pest*[1] in die Drei Bünde ein. Chur wurde bereits im Herbst 1628 von ihr befallen, und noch im selben Jahr soll mehr als die Hälfte der Einwohner von der Krankheit dahingerafft worden sein. Im Spätherbst des Jahres 1630 verbot die Obrigkeit der Stadt Chur wegen der Pest das Tanzen, Spielen und Musizieren. Schwer getroffen waren das Oberhalbstein und das Prättigau, während z.B. das Oberengadin vom Schlimmsten verschont blieb. Aus der Surselva liegen wenig Zahlen vor. Am stärksten scheinen Trin, Flims, Breil und Schlans gelitten zu haben. In Trin forderte die Pest 1629 und 1630 300 Menschenleben (einen Drittel der Einwohner); in Flims 582, in Breil 1631 130 und im gleichen Jahr in Schlans 78 Opfer (ca. zwei Drittel der Einwohner). 1635 erreichte die Pestwelle Tujetsch (70 Personen starben), und von dort griff sie nach Segnas und Disentis über. Gemäss Alexander Pfister starben zwischen 1629 und 1635 in Graubünden 22'000 Personen an der Pest.[2] Dem Wüten der Pest waren die Menschen schutzlos ausgeliefert. Die wenigen Ärzte standen dieser Krankheit machtlos gegenüber. Johann Andreas von Sprecher ist der Meinung, dass die Pest keine Hexenverfolgungen auslöste: «Auch von Tumulten gegen Hexen und Hexenmeister, deren Beschwörungen man ja damals so geneigt war, Unheil aller Art beizumessen, wissen weder geschriebene noch mündliche Traditionen zu erzählen.»[3]

Für die Surselva lässt sich kein direkter Zusammenhang zwischen den Jahren der Pest und der Hexenverfolgung nachweisen. Anders sieht es jedoch in den Südtälern von Graubünden aus. Im Bergell kam es 1630 zu Hexenverfolgungen (hier wütete die Pest 1628-1630). Im Puschlav wurden während der Pest von 1630/31, bei der angeblich 1200 Personen starben, Hexenprozesse durchgeführt.

---

[1] JOHANN ANDREAS VON SPRECHER: Die Pest in Graubünden während der Kriege und Unruhen 1628-1635, BM 1942, S. 21-32 und S. 58-64. Die Beulenpest (rom. las biergnas) kam vom Orient her nach Ungarn und wurde durch die kaiserlichen Truppen nach den Schauplätzen des Dreissigjährigen Krieges eingeschleppt. Symptome: Schlafsucht, Ausbruch von Beulen unter den Armen, Erbrechen einer schwärzlichgrünen Masse, Wahnsinn, unlöschbarer Durst, schwarze Flecken über den ganzen Leib (S. 23).

[2] ALEXANDER PFISTER: Sur la carschen e digren della populaziun el Grischun, Annalas dalla Società Retorumantscha 28 (1914), S. 35-98. Vgl. dazu auch MÜLLER: Geschichte der Abtei Disentis, S. 104.

[3] SPRECHER: Die Pest in Graubünden während der Kriege und Unruhen 1628-1635, S. 26.

1639 erreichten die Drei Bünde im Mailändischen Kapitulat ein Über-
einkommen mit Spanien. Damit endeten die Bündner Wirren. Dank der
finanziellen Unterstützung der eidgenössischen Städte konnten sich die
acht Gerichte des Zehngerichtenbundes und das Unterengadin bis zum Jahre 1652 von Österreich loskaufen. Die Schulden lasteten jedoch noch eine
lange Zeit auf den Schultern der Gemeinden.[1]

«Die Wirren liessen das Volk auch geistig und sittlich verwahrlost zu-
rück. Die Angst vor Zauberei und Hexerei griff in bisher unerhörter Weise
um sich. Sie steigerte sich zu einem Wahn, der ganze Talschaften wie eine
ansteckende Krankheit befiel», schreibt Friedrich Pieth.[2]

Bündner Historiker, die sich mit dem Hexenwesen befassten, sind sich
einig, dass die Bündner Wirren, die Hungersnot und die Pest wesentlich zu
der Hexenverfolgung beitrugen. Wie es scheint, hatten die Behörden jedoch während des Krieges kaum Zeit, sich damit zu befassen. Die Bedrohung von aussen hatte die Aufmerksamkeit der Drei Bünde auf andere
Probleme gelenkt.[3] Einige Jahre nach dem Ende der Bündner Wirren 1639
begann die Hexenverfolgung wieder, zunächst im Oberhalbstein und dann
vor allem nach dem Ende des Dreissigjährigen Krieges 1648 in vielen
Gemeinden der Drei Bünde.

Der Krieg und die darauffolgende wirtschaftliche Misere haben die Suche nach potentiellen Sündenböcken, wie z.B. den Hexen, verstärkt, dies
wegen der Angst vor einem neuerlichen «Strafgericht Gottes». Die Hexen
führten, wie vielfach in den Protokollen zu lesen ist, ein «böses Leben».[4]
Die Obrigkeit fühlte sich verpflichtet, den Kampf gegen Hexerei aufzunehmen, damit «dz böß ausgereütet werde».[5]

---

[1] Zu den Bündner Wirren vgl. PETER STADLER: Das Zeitalter der Gegenreformation, in:
Handbuch der Schweizer Geschichte, Bd. 1, Zürich 1972, S. 621-633 und PIETH: Bündnergeschichte, S. 192-230.

[2] PIETH, ebenda S. 239.

[3] Zu der Bedrohung «von aussen» vgl. PETER KAMBER: Der hemmende Einfluss von Kriegen und Kriegsgefahren auf die Hexenprozesse, in: Die Hexenverfolgungen im
Waadtland (1581-1620), S. 65-71.

[4] So steht es z.B. in den Indizien gegen Barbla Claudi von Ilanz (Protokoll Gruob 1652,
4. Indiz): «Soll sie ein hex sein: aus diesen ursachen, dz sie ein böses leben gefüert (...).»

[5] Waltensburg 1652, Thrina Joss Jon Ping, Indizien. - Noch 60 Jahre später war dies das
Ziel der Obrigkeit. Das «Böse» sollte «ausgerottet» werden, damit die «blühende Jugend»
lerne, «gottesfürchtig zu leben und nicht zu sündigen», Waltensburg 1718, Regla Conzin
von Waltensburg, Indizien.

3.3. Sittenmandate und Bussprediger

Sittenmandate wurden vor, während und nach den Bündner Wirren erlassen. Bereits im Jahre 1605 erliess der Graue Bund den Gemeinden einen Auftrag, eine «allgemeine Busse und Besserung des Lebens anzuordnen».[1]

Der reformierte Pfarrer von Ilanz, Stephan Gabriel, geisselte in seinen Schriften die Laster jener Zeit. In «Ilg ver sulaz da pievel giuvan» (Der wahre Trost des jungen Volkes), einer Sammlung von Psalmen und geistlichen Liedern, die 1611, 1625 und 1649[2] erschien, findet sich ein Lied mit dem Titel: «Davart la fin d'ilg mund» (Über das Ende der Welt). Darin heisst es, dass der Antichrist gekommen sei und dass die Sünde und der Mutwille Tag und Nacht regiere. Die Welt werde brennend und mit grossem Lärm untergehen.[3] 1628 setzte die Kirchgemeinde Ilanz auf Empfehlung Gabriels ein Sittengericht ein.[4]

Das Sittenmandat, das im folgenden behandelt wird, haben wir gezielt ausgewählt. Es erschien nämlich erstmals kurz nach dem Ende der Bündner Wirren und dann noch einmal, als nahezu in ganz Graubünden ausgedehnte Hexenverfolgungen im Gange waren. Die *«Kilchen und regements disciplin von gmeinen 3 Pündten»*[5] wurde *1642* publiziert und ausgeschrieben, und *1650* erneuert. Der evangelische Bundstag, der seine Sitzung in Chur abhielt, wandte sich mit folgenden Worten an das Volk:

> «Sitemaln es unlaugenbar ist, daß gemeine unsere sünden gen himmel schreyent, diewyl nun ein lange zeit durch *gottlichen zorn* die grundfesten der erden bewegt, sein raach schwert erschrockenliche kriegen und kriegsgfahren unerhörte teuwrung und hunger, mancherlei süchten und kranckhei-

---

[1] MARTIN BUNDI: Stephan Gabriel. Ein markanter Bündner Prädikant in der Zeit der Gegenreformation, Ein Beitrag zur politischen und Geistesgeschichte Graubündens im 17. Jahrhundert, Chur 1964, S. 26.

[2] Dieses Buch erlebte zahlreiche Auflagen bis ins 20. Jh., die 16. und letzte Auflage erschien im Jahre 1948. Vgl. Bibliografia Retorumantscha (1552-1984), bearb. von NORBERT BERTHER und INES GARTMANN, Chur 1986, S. 266.

[3] «Vangieus ei'lg Antichriste,/ Grond pievel faic curdar, (...) Puccau, mutvil, o ve ve/ Fic regia gi, a noic./ Cuntut bault a vangire/ Ven Christus nies Singnur,/ Ilg mund a frust ad ire/ Cun arder, a ramur.» Rätoromanische Chrestomathie, hrsg. von CASPAR DECURTINS, I. Bd., S. 50ff.

[4] BUNDI: Stephan Gabriel, S. 113.

[5] StadtA Chur, CB III Z 45.2, Schriften-Sammlung von löbl. Schmidzunft, 2. Bd., 1610-1650, S. 712-718. Vgl. Anhang Nr. 3 S. 176-180.

74

ten an leüten und vych uff uns ja mehr und mehr tringet, auch von seinem gerechten zorn der unwandelbahre allerhöchste gott eher nit ablassen, viel mehr
seine *straffen* so oft über uns sibenfaltigen wird, biß wir eintweders ganz ußgewurzelt und zu nichten gemacht oder aber zur ernstlichen gemeinen *buß
und lebens besserung* werdent getrieben worden sein.»

An der Botschaft der evangelischen Synode hatte sich von 1642 bis
1650 nichts geändert. Den Bürgern wurde ein Gott präsentiert, der zornig
sein Racheschwert gezückt habe und seine Strafen über die Menschheit
versiebenfachen werde, falls sich diese nicht ändern würde. Es ging im
«geliebten und hochbetrübten vatterland» um die «stillung deß grossen
zorn gottes, auch rettung zeitlichen und ewigen heilß». Wie es in anderen
Staaten und Kirchen geschehen war, sollten auch die Drei Bünde, die «so
gar mitten in dem feüwr alles jammers steckent», eine «recht geschaffene
allgemeine christenliche ordnung, lebens besserung, und bußzucht» vor-
nehmen. Diese Ordnung müsse in «styffer würcklicher obacht unabläßlich
erhalten» werden. Die geistliche und weltliche Obrigkeit hatte sich entschlossen, soweit als möglich («soviel solches deß unterscheids der orten
und beider unsers landes religionen halben gesin kann») «nun fürohin an
allen orten unsers allgemeinen vatterlandes ein allgemeine regul» durch-
zusetzen.

Das Ziel war es also, dieses Sittenmandat nicht nur in reformierten,
sondern auch in katholischen Orten lesen und publizieren zu lassen, «damit wir das ungöttlich wesen verleügnen, und alß christen ein gottseelig
mässig und gerecht leben führen mögent(...)». Um dieses Ziel zu erreichen, sei es erforderlich, die Predigten und den heiligen Gottesdienst
fleissig zu besuchen und täglich gemeinsam zu beten, wie es früher geschehen sei:

> «Item, daß die jugent besser alß bißhar an mehrtheilß orten beschehen von
> kindswesen auff zu erlernung christenlicher religion, den gebett und wahrer
> gottesforcht gezogen, und zu solchem end in allen dörfferen so viel immer
> müglich schuol gehalten (...).»

Die Pflicht der Eltern sei es, ihre Kinder «zum studiren, (...) zu handwercken» oder «zu ehrlicher arbeit» zu erziehen, denn der Müssiggang
wäre ein «küsse deß teüffels».

Ferner müsse dafür gesorgt werden, dass nicht mehr geflucht und der
heilige Sonntag nicht mit Säumen, Fahren und Markten entheiligt werde:

«Dannethin (...) soll das überflüssige *fressen und sauffen* mit allem ernst durch die oberkeiten der gemeinden durch besondere gute gesaz und ordnungen abgethan werden, das leichtfertige faßnacht wesen, buzen, *tanzen*, und spilen ganz *verbotten* und die übeltheter ernstlich gestraffet, die unnötigen würtschafften, dardurch das volck allein zu verschwendung deß ihrigen, vielmalen auch zu unehrlicher entwendung dessen, so anderen leüthen gehört, gelocket und eingezogen wird, abgestelt, so wol auch das unverschämbte *huorenwesen* nit allein mit scharpfer straff undergehalten, sondern auch offentliche huoren an keinen orten geduldet und vom land gewisen (...).»

Die Schlussfolgerung dieses Schreibens war, dass

«nebent den ordenlichen oberkeiten und geschwornen in allen und in jeden dörfferen und pfarrkirchen *zwen oder drei ehrliche, verständige und unverschreite männer* (...) erwehlet werden, welche *alß censores morum* (Sittenwächter) (...) zusambt den pfarrherren (...) ein flyssig ufsechen haben, (...) daß die ordnungen nicht überschritten oder sonsten ein ärgerliches wesen geführet wirde (...)».

«Übertreter» seien zunächst zu ermahnen, und, falls dies nichts nütze, vom Empfang «deß h. hochwürdigen sacraments deß nachtmals» auszuschliessen, bis sie sich gebessert hätten.

Durch diese Verordnungen sollte der Zorn Gottes und jegliches Unheil von den Menschen abgewandt werden. Schaden und Schmach sollten verhütet werden. Im Sittenmandat von 1642/1650 wurde noch auf ein Schreiben von Zürich hingewiesen, das erinnerte, «dz in ansehung deß sich eräugenden zorns gottes durch die schweren, underschiedlich erfolgten, erschröckenlichen erdbidmen (Erdbeben[1]), neben vielen andern zorn zeichen mehr», ein Buss- und Bettag am 1. Januar 1651 eingeführt werden müsse. Das angekündigte Erdbeben im Jahre 1650 sei unter anderm ein Zeichen des «zornigen Gottes». In jenem Jahr, das für die Katholiken ein Jubiläumsjahr war, wallfahrteten mehrere Gläubige (auch aus der Surselva) nach Rom.[2]

---

[1] Bürgermeister und Rat der Stadt Zürich schrieben am 28. November 1650, dass nur durch einen bussfertigen und gläubigen Lebenswandel die «heimbsuchungen, ungnad und straaffen (...) abgewendt werden mögen (...)». Ein «heilig gott wolgefellig werckh» (Fasten, Beten, Busse tun) müsse vollbracht werden. StAGR, A II LA 1, sub dato.

[2] MAISSEN: Die Drei Bünde in der zweiten Hälfte des 17. Jahrhunderts, S. 399.

Die Obrigkeit der Surselva kämpfte mit allen Mitteln um eine sittliche Erneuerung des Volkes. Die Kinder sollten zu ehrlicher Arbeit erzogen werden. Besonders strenge Gesetze und die «Sittenwächter» waren als vorbeugende Massnahmen gedacht.

Kopfzerbrechen verursachte den damaligen Behörden das Tanzen. Stephan Gabriel, der reformierte Prediger von Ilanz, sprach vom «verfluchten Tanzen», bei dem viele sich verliebten und heirateten, ohne glücklich zu werden. Der Tanzort sei ein Ort des Teufels.[1] Die Stadt Chur erliess im Jahre 1643 eine Verordnung, nach der das Tanzen nachts und am Tag verboten werden sollte. Gut ein Jahr später veröffentlichte Chur ein Kleidermandat. «Hinderfüren und spizhuben und krägen» waren fortan nicht mehr erlaubt.[2] Die Landsatzungen von Safien ordneten um die Mitte des 17. Jahrhunderts an, dass denjenigen, die gegen Verbote wie Gotteslästerung, Spielen und Tanzen verstossen, eine Geldstrafe aufzuerlegen sei.[3]

Die Sittenmandate zeigen, wie die Obrigkeit bemüht war, den zornigen Gott (Gott tritt in den Mandaten immer als ein Zorniger und Rächender auf) zu besänftigen. Delumeau schreibt: «Zur Zeit der grossen Hexenverfolgungen (16. und frühes 17. Jahrhundert) lehrten Theologen und Juristen, dass Gott sich zur Vollstreckung seiner Gerechtigkeit der Dämonen und Hexen bediene.»[4]

---

[1] «Ün lieuc, a Scol'eis ilg saltar,/ ün lieuc da Satanasse:/ (...) Ilg Satan fa quou maridar:/Vantirl'ei quou naginna./ (...) O smaladieu saltare!», Rätoromanische Chrestomathie, hrsg. von CASPAR DECURTINS, I. Bd., S. 46f.

[2] StadtA Chur, AB III/P 01.005, Raths-Protokoll vom 10. Januar 1643 (S.130) bzw. vom 10. Oktober 1644 (S. 255): «Item betreffendt der hinderfüren und spiz huben und krägen halben, darin grosser überfluß und hochfart gebrucht würt, und derohalben veranlaset gewest, ein absaz ze machen in der kirchen zue verlesen (...).»

[3] R.WAGNER und L.R. VON SALIS: Rechtsquellen des Cantons Graubünden (Oberer Bund), Basel 1887, S. 118. - Mandate gegen das Tanzen gab es im Graubünden des 17. Jahrhunderts immer wieder, z.B. 1657 und 1658, siehe MAISSEN: Die Drei Bünde in der zweiten Hälfte des 17. Jahrhun derts, S .224f. Vgl. des weiteren die Sittenmandate vom 18. März 1675 und vom 22. September 1678 gegen Ehebruch, Spielen, Tanzen, Fluchen und Völlerei, StAGR Chur, B 2001, Bd. 1, S. 380-383 bzw. S. 527f. - «Die Reformations- und Sittenmandate sahen eine Neuregelung der ganzen Alltags- und Festkultur vor und umfassten sämtliche Lebensbereiche.» KAMBER: Die Hexenverfolgungen im Waadtland (1581-1620), S. 44.

[4] DELUMEAU: Angst im Abendland, Bd. 2, S. 341.

Die geistliche und weltliche Obrigkeit sah sich aufgrund ihrer «Amts-pflicht» gezwungen, den Lebenswandel des Volkes, der ihrer Ansicht nach schlecht war, zu bessern und Verfehlungen unerbittlich zu bestrafen. Die evangelische Synode der Drei Bünde befasste sich am 7. Juli 1655 mit dem Thema Hexerei. Auf Antrag des Dekans Hartmann Schwarz[1] «betref-fende, dz leider die hexerey in unsren landen sehr eingerisen seige», wur-den Möglichkeiten besprochen, diesem Übel vorzubauen. Die Synode er-achtete es als ratsam, dass «aller ohrten die jugendt mit cattecisieren (Re-ligionsunterricht erteilen) wol underricht, die kirch disciplin wol obser-viert, die kinder wol zu den schuelen gehalten, alle verbotne künst, segne-rey und derglichen nicht gestattet und auch der h. sabath oder sontag ge-halten werde».[2] Das Problem der Hexerei wurde in diesem Jahr nur kurz aufgegriffen. Die Anspielung auf «segnerey und derglichen» mag ein Vorwurf gegen die katholische Kirche gewesen sein. Die Bestrafung von Hexenwerk oblag den weltlichen Behörden, die mit der Geistlichkeit Hand in Hand arbeitete.[3]

Seit den dreissiger Jahren des 17. Jahrhunderts traten die Kapuziner als Bussprediger und Missionare in den Drei Bünden auf. Der Sekretär des Kapitels Oberhalbstein, der Kapuzinerpater Deusdedit, schrieb im Jahre 1638, dass der Klerus Ende der zwanziger Jahre endlich den Willen auf-gebracht habe, die «sittlichen Zustände im Klerus und Volk gründlich zu bessern».[4] Durch das Wirken der Kapuziner traten die religiösen Gegen-sätze im Bündner Volk offener zutage. Die Ordensgeistlichen gerieten in Konflikt mit einheimischen Geistlichen, die sich in ihrer Stellung bedrängt fühlten. In den Jahren von 1647 bis 1650 kam es in Graubünden auch zu Streitigkeiten zwischen Katholiken und Protestanten, welche die Auswei-sung der Kapuziner verlangten.[5]

---

[1] Der bedeutende reformierte Prädikant Hartmann Schwarz war von 1617 bis 1645 «Frei-prediger und Katechist» in Chur. Dort hatte er mit seinen Forderungen in kirchendiszipli-narischer Hinsicht manchmal Meinungsverschiedenheiten mit dem Stadtrat, MAISSEN: Die Drei Bünde in der zweiten Hälfte des 17. Jahrhunderts, S. 221.

[2] StAGR, AB IV 1/29, Bundstagsprotokoll 1654-1658, Bd. 29, S. 159. Die Synode hatte sich bereits 1635/36 am Rande mit der Hexerei beschäftigt.

[3] Dazu auch MAISSEN: Die Drei Bünde in der zweiten Hälfte des 17. Jahrhunderts, S. 299 und S. 353.

[4] MAISSEN, ebenda S. 296.

[5] MAISSEN, ebenda S. 29-55, 325 und 336.

Von der Ordensprovinz Brescia in Norditalien aus wurde die Kapuzinermission im Engadin, Oberhalbstein und in der Surselva[1] geleitet. In seiner «Istoria de' frati minori capuccini della Provincia di Brescia nella Rezia» (1621-1693) berichtet Pater Clemente da Brescia von «betrüblichen Zuständen» (u.a. Spielen, «unehrliche» Spässe, «schamloses» Tanzen), welche die Kapuziner in manchen Gemeinden der Surselva vorfanden.[2] Der kirchliche Visitator, Pater Stefano a Gubbio, notierte, dass es an kirchlichen Festtagen zu «weltlichen Gelagen, Schmausereien, Bällen und Wirtshaus besuchen» komme.[3]

«Um das Volk zu grösserer Andacht und zu frommen Lebenswandel anzuleiten, bedienten sich die Missionare vorzugsweise und nicht ohne Erfolg der verschiedensten religiösen Mittel und Kulte: der Bruderschaften, der Ablässe, der Reliquien, der Prozessionen und der Heiligenverehrung im allgemeinen und der Verehrung Mariens im besonderen und auch der Andacht zum Allerheiligsten Sakrament», schreibt Felici Maissen.[4] Die Kapuziner unterwiesen das Volk durch Predigt und Unterricht und bemühten sich somit, protestantische Einflüsse abzuwehren.

Ein Beispiel aus dem Misox zeigt uns, dass die Mönche aus Oberitalien gegen Hexen und Hexenwerk vorgingen. Im Jahre 1650 soll ein Hexenmeister bekannt haben, dass der Teufel mit seinen Helfern beschlossen habe, die Kapuziner zu vertreiben, denn diese würden die «Hexenschule» (scuola del barlotto) stören. Eine ähnliche Aussage hatte eine Hexe bereits zwei Jahre früher gemacht.[5]

Im Missionsbericht des oben genannten Stefano a Gubbio ist die Rede vom Aberglauben («Wahrsagerei und Zauberei»), dem die Bündner ver-

---

[1] Die Bettelmönche Oberitaliens betreuten Rueun von 1628-1644, Schluein 1633-1650 provisorisch von Sagogn aus (ab 1650 definitiv), Siat 1644-1649, Disentis ab 1648, Cumbel ab 1649, Danis ab 1650, Sumvitg 1652-1655 und wieder ab 1687, Camuns ab 1693, CHRISTOPH WILLI: Die Kapuziner-Mission im romanischen Teil Graubündens mit Einschluss des Puschlav. In seinem Werk zählt Willi alle Kapuziner auf (nach Zeit und Ort), die als Missionare in Romanisch-Bünden wirkten.

[2] BUNDI: Stephan Gabriel, S. 116. Als «betrüblicher Zustand» galt z.B. wenn Katholiken von Sagogn sich schämten, öffentlich das Zeichen des Kreuzes zu machen, weil sie sich nicht vor Protestanten als Katholiken zu erkennen geben wollten. Die meisten Einwohner von Sagogn waren Katholiken.

[3] MAISSEN: Die Drei Bünde in der zweiten Hälfte des 17. Jahrhunderts, S. 323.

[4] MAISSEN, ebenda S. 322.

[5] MAISSEN, ebenda S. 330.

fallen seien. Es gehe bis zum Verkehr mit dem Teufel (für die Theologen war die Teufelsbuhlschaft ein wichtiger Bestandteil des Hexenwesens). Bereits 1643 protokollierte der Kapuziner, dass in Lantsch und Brienz/Brinzauls im Albulatal mehrere Personen der Zauberei verdächtigt würden. Im August 1650 wurden in Savognin einige Personen als Hexen und Hexenmeister angeklagt.[1]

Im 17. Jahrhundert versuchte die weltliche und die geistliche Obrigkeit auch mittels der Bautätigkeit Einfluss auf das Leben der Bevölkerung zu nehmen. In den 1640er und 50er Jahre wurden in Graubünden zahlreiche Kirchen und Kapellen gebaut und mit Altären und Wandmalereien ausgestattet.

Von den Ursachen, die wir bisher beleuchtet haben, nämlich der Inquisition von Carlo Borromeo in den Südtälern der Drei Bünde, den Bündner Wirren mit deren Folgen Hungersnot und Pest, den Sittenmandaten und den Busspredigern, kann man sagen, dass sie die Hexenverfolgung gefördert haben. Um jedoch einen Prozess gegen Personen, die des Hexenwerks beschuldigt wurden, einzuleiten, brauchte es mehr. Die Behörden waren auf Personen angewiesen, die unter der Folter andere denunzierten und auf Zeugen, die bereit waren, gegen vermeintliche Hexen und Hexenmeister auszusagen.

---

[1] MAISSEN, ebenda S. 400 und 405.

«Bin ich, so bin
ich nicht allein
ein Hexenmeister.»
(Baltzer Fopper)

4. Die Dorfbewohner im Zeichen der Hexenverfolgung: Kläger und Angeklagte

Die Fragen, die uns in diesem Kapitel vor allem beschäftigen, sind: Welche Vorwürfe wurden gegen die Hexen und Hexenmeister erhoben? Was verstanden die Dorfbewohner, die in den Quellen «Zeugen» genannt werden, unter Zauberei und Hexenwerk? Neben *sozialen* und *wirtschaftlichen Aspekten* der Zeit der Hexenverfolgung sollen auch die *religiösen Hintergründe* aufgedeckt werden. Wir versuchen, einen Blick hinter die Kulissen einer Dorfgemeinschaft zu werfen. Die Informationen, die wir aus den Zeugenaussagen erhalten, sind meist recht spärlich. Während eines Prozesses notierten die Gerichtsschreiber meistens nur die Anklagepunkte und die Bekenntnisse unter der Folter. Die Beschuldigten konnten selten Stellung zu den Vorwürfen nehmen. Der Vergleich der Protokolle aus mehreren Gerichtsgemeinden erlaubt jedoch, gewisse Grundzüge der Hexenverfolgung hervorzuheben und die Stimmung zur Zeit der Hexenverfolgung ansatzweise zu erfassen.

«Die alte Dorfgesellschaft der Surselva bestand vorwiegend aus Bauern, Handwerkern und einigen aristokratischen Familien, die trotz Solddiensten und führender politischer Stellung im Bauerntum verwurzelt blieben.»[1] Was Jon Mathieu für das Unterengadin feststellt, gilt auch für die Surselva: «Im Unterengadin war die Landwirtschaft nicht bloss die wichtigste der weltlichen Beschäftigungen (für den Geist und die Seele sorgte die Theologie), sie war das Leben schlechthin. Sie brachte die notwendigen Güter hervor, prägte die gesellschaftlichen Beziehungen und bildete ganz allgemein den Alltag und die Welt der meisten Leute. Fast jedermann war mit dem Boden verbunden.»[2]

---

[1] DEPLAZES: Die Gerichtsgemeinde Laax-Sevgein und die Dorfgemeinde Laax, S. 70.
[2] JON MATHIEU: Bauern und Bären. Eine Geschichte des Unterengadins von 1650 bis 1800, Chur 1987.

Zu einer ähnlichen Beurteilung kommt Peter Liver. Er bemerkt über die Nachbarschaft: Die «Nachbarschaft hatte auch das stärkste soziale Eigenleben. Namentlich in der eng geschlossenen romanischen Dorfgemeinde bilden die Einwohner einen durch die intensivsten und mannigfachsten Beziehungen geschlossenen und homogenen Gesellschaftskörper. Es sind nicht nur die Bindungen der genossenschaftlichen Marknutzung und die gemeinsamen Interessen, welche gegenüber den Nachbargemeinden wahrzunehmen sind, es ist auch die Gemeinschaft des täglichen Umganges, des geselligen und des kirchlichen Lebens.»[1]

In sprachlicher und konfessioneller Hinsicht war die Surselva eine gemischte Region. Die Bergbauern sprachen, mit Ausnahme der deutschsprachigen Gemeinden Obersaxen, Vals, Safien, Valendas, Versam und Ilanz (zweisprachig), romanisch. In den Quellen der Hexenprozesse herrscht das Deutsche als Amtssprache vor. Nur einzelne Wörter in den Protokollen und einige Urteilsverkündigungen der Gerichtsgemeinde Gruob wurden in romanischer Sprache notiert. Nach der Reformation hatten Trin, Flims, das Safiental, ein Teil der Gruob (ohne Falera, Ruschein, Ladir, Laax und Schluein), Duvin und Waltensburg im Laufe des 16. Jahrhunderts den reformierten Glauben angenommen. Die Gemeinden Sagogn und Sevgein entwickelten sich zu paritätischen Gemeinden, in denen aber die Mehrheit der Bevölkerung am alten Glauben festhielt.[2]

Über sprachliche und konfessionelle Grenzen hinweg wurden alle Volksschichten vom Hexenwahn erfasst. Hexen und Hexenmeister wurden in romanischen und deutschen, in katholischen und reformierten Gebieten gleichermassen verfolgt. Im Zeitraum von 1650 bis 1730 änderte sich an den Vorwürfen gegenüber den Angeklagten praktisch nichts.

Die Hexenverfolgung hatte folgenschwere Auswirkungen auf die Dorfbewohner und ihre Beziehungen untereinander. Gemeinsame Interessen und soziale Funktionen wie die nachbarliche Hilfe wichen einem Klima der Angst und des Misstrauens. Geschürt wurde diese Angst vor allem durch die Denunziation.

---

[1] LIVER: Die Bündner Gemeinde, S. 9f.

[2] EMIL CAMENISCH: Bündnerische Reformationsgeschichte, Chur 1920, S. 261-315. Auch unter der vorwiegend katholischen Bevölkerung anderer Ortschaften befanden sich Reformierte, so z.B. in Ruschein und Ladir (um 1656 noch elf Protestanten in beiden Dörfern zusammen), S. 268.

4.1. Die Denunziation

Die Denunziation spielt eine entscheidende Rolle in der Geschichte der Hexenverfolgung. Durch dieses Verfahren wurden nicht nur Ketzer, sondern auch vermeintliche Hexen ausfindig gemacht. Während der Folter mussten die Angeklagten die Namen ihrer «Komplizen» auf dem Hexensabbat nennen. Dies war ein wichtiger Schritt der Beweisführung. Die Richter konnten geltend machen, dass es sich um eine Verschwörung grösseren Ausmasses handle. Weil den Gefolterten mehrere Namen abgepresst wurden, verbreitete sich die Hexenverfolgung rasch von einer Gerichtsgemeinde zur anderen und auch innerhalb der Gerichtsgemeinden in den Dörfern. Anhand einiger Quellen lässt sich der «Weg» der Denunziation verfolgen.

Die Akten der ersten Hexenprozesse in Vals und im Lugnez sind nicht mehr vorhanden. Das älteste vollständige Gerichtsprotokoll, das uns überliefert ist, hält den Prozess vom Juni/Juli 1652 gegen Urschla Wagauw von *Obersaxen* fest. Urschla bekannte, dass eine «Thrina an der Egcka» mit ihr am Hexentanz gewesen sei.[1] Bei dieser Thrina handelt es sich um die erste bekannte Hexe der Gerichtsgemeinde *Waltensburg*, nämlich um Thrina Joss Jon Ping von Waltensburg, wie das Protokoll des dortigen Gerichtsschreibers bestätigt:

> «Erstlich haben wir bericht vonn der oberkheit Obersax, dz die Urschla Wagauw habe bekhent in der marter, nach der marter, dz Thrina Joß Jonn Ping seige in der hexen thantz gewest.»[2]

Das Gericht einer Gerichtsgemeinde berichtete der anderen über das Treiben der Hexen. Waltensburg informierte die *Gruob*: Die Hexe Anna Christ Lutzy von Rueun hatte Anna Jon Biat von Ilanz denunziert («Anna Jon Bigiat von Safgien und sein dochter, welche wonhaft seint zue Illantz»).[3] Die erste bekannte Hexe der Gerichtsgemeinde Gruob wurde auch von (hingerichteten) Hexen aus dem Lugnez angezeigt:

---

[1] Obersaxen 1652, U. Wagauw von Obersaxen, 5. Bekenntnis.
[2] Waltensburg 1652, T.J.J. Ping von Waltensburg, Indizien. Vgl. Anhang Nr. 13 S. 213. Leider wissen wir nicht, welche Hexen Urschla Wagauw von Obersaxen denunziert hatten.
[3] Waltensburg 1652, A.C. Lutzy von Rueun, Bekenntnis.

«Item so sein sie (Anna Jon Biat) nach lut dargeben etlichen personen in Langnez oder Waltenspurg, wellhe ihre bekantnus bis auf den tot bestetet, in den hexentänzen gewesen.»[1]

Weitere Beispiele: Barbla Claudi von Ilanz denunzierte Brida Jon Chasper von Rueun. Eine Komplizin von Anna Bargatzi von Obersaxen soll Urschla Delbin gewesen sein, die 1654 in der Gerichtsgemeinde *Laax* hingerichtet wurde. Im Jahre 1655 gab eine Hexe der Gerichtsgemeinde Hohentrins, Thrina Kropffin, drei andere an: Anna Jon Donau von Laax, Dorothe Claus von Ilanz und Menga Duff von Falera.

In der Zeit des Hexenwahns war es sogar gefährlich, eine Freundschaft zu pflegen. Eine Hexe von Castrisch liess der Anna dilg Ambrosi von Rueun (1718 vor Gericht) einen Gruss ausrichten:

«Maria Paul da Schinden zeüget, dz eine von Castrischs dise Anna nachge-fraget, sagende, sie seye ihre liebste gspillen, sie solle doch grüzen, welche gleich hernach zu Illanz hingerichtet worden.»[2]

Durch diesen Gruss wurde eine weitere «Hexe» verraten. Auch die letzte Hexe in der Surselva, Trina Flury Capitschen von Sevgein, wurde von drei hingerichteten Hexen der Gerichtsgemeinde Gruob denunziert.

Die Denunzianten nannten meistens Personen, die sie kannten, d.h. die innerhalb der gleichen Gerichtsgemeinde wohnten. Ein erstes Beispiel haben wir für die Gerichtsgemeinde Obersaxen: Anna Bargatzi soll mit Urschla Wagauw auf dem Hexentanz gewesen sein; Elscha Mierer soll mit Brida Ragall und Anna Bargatzi dabei gewesen sein. Jede der Hexen, die im Jahre 1652 in Waltensburg vor Gericht stand, wurde von einer andern angezeigt. Die erste bekannte Hexe der Gerichtsgemeinde Waltensburg, Thrina Joss Jon Ping, denunzierte an die zwanzig Personen, darunter Thrina Chatz von Rueun, Nesa Sallaman von Waltensburg und Barbla Jöry Henny von Andiast. Überdies gestand Thrina, dass sie auch ihre Enkelin, die dreizehnjährige Barbla Christ Waulser, in die Hexenkünste eingeweiht habe. Jon Padrut von Rueun hatte Maria Joss Jon Ping von Waltensburg am Hexensabbat gesehen. Maria, die 1671 gefangen genommen wurde,

---

[1] Gruob 1652, A.J.Biat von Ilanz, Indizien. Die Tochter von Anna wurde in keinen Hexen-prozess verwickelt.
[2] Waltensburg 1718, A.d.Ambrosi von Rueun, 16. Zeugenaussage. Die Hexe, die Anna grüssen liess, war wahrscheinlich eine jener Frauen, die 1699 oder 1700 zum Tode ver-urteilt wurde.

nannte ihre Dorfgenossin Anna Conzin, die am Hexentanz gewesen sein soll (Anna Conzin wurde zwei Monate nach Maria Joss Jon Ping verhaftet).

In der Gerichtsgemeinde Laax können wir ebenso eine Linie von einer Hexe zur nächsten ziehen. Urschla Delbin denunzierte 1654 Anna und Barbla Jon Donau; Anna Jon Donau gab 1657 Julscha Jöri Frawi und Anna Jon dil Christ an, welche jedoch erst 15 Jahre später offiziell der Hexerei beschuldigt wurden!

Auch in der Gerichtsgemeinde Vals gaben die Angeklagten unter der Folter die Namen anderer Personen preis. Lenna Joss nannte 1655 die Namen der zwei Hexen Maria Schnideri und Elsi Schwarz und des Hexers Peter Lorentz. Maria Schnideri ihrerseits denunzierte Lenna Joss, Elsi Schwarz und Peter Lorenz.

Das Gleiche gilt für das Jahr 1699. Die Hexen und Hexenmeister, die in jenem Jahr in der Gruob gefangengenommen wurden, mussten dem Gericht andere Verdächtige nennen. So wurden weitere Mitglieder der «Hexensekte», die es gemäss der Theologie der Dämonologen gab, ausfindig gemacht. Oft denunzierten die Angeklagten auch Personen, die bereits als Hexen und Hexenmeister verdächtigt wurden. Dies um den Richtern zu beweisen, dass ihre Aussagen «glaubwürdig» seien!

Denunzianten und Denunzierte zeichnete der Gerichtsschreiber oft separat neben den Protokollen auf. Für das Hochgericht Lugnez besitzen wir eine 25-seitige Liste von 31 Hexen und Hexenmeistern, die andere Personen der Hexerei bezichtigten.

Wie wir im Kapitel 2.8. erwähnt haben, stand die Gerichtsgemeinde Safien während der Hexenverfolgung im engen Kontakt mit den Nachbargemeinden Thusis, Heinzenberg, Tschappina und Schams. Der Gerichtsschreiber von Safien erkundigte sich bei diesen Gemeinden, ob die Verurteilten auch Personen von Safien denunziert hätten. Nicht selten wurde auch Druck ausgeübt, wie ein Beispiel aus der Prättigauer Gerichtsgemeinde Castels zeigt. Als das Gericht in Jenaz drei Frauen nach der Folter freiliess, drängten die anderen Gemeinden, dass man gegen die «mit dem gotteslesterlichen abscheülichen laster des hexenwerchs behafteten personen mit merer scherpfe» als bisher verfahre und bestrafe.[1]

---

[1] SCHMID/SPRECHER: Zur Geschichte der Hexenverfolgungen in Graubünden, S. 77.

In diesem Zusammenhang sind noch einige Bemerkungen anzufügen:

1.Nicht alle denunzierten Personen wurden gefangengenommen.

2. Zur Denunziation kamen andere Verdachtsmomente hinzu, welche die Angeklagten schwer belasteten. Ebenso wichtig waren Zeugenaussagen, damit eine Person nach geltendem Recht verhaftet werden konnte.

3. Die Denunziation allein löste nicht immer Hexenverfolgungen aus. Für den neuerlichen Ausbruch der Prozesse 1671 in Waltensburg, 1675 in Disentis und 1699 in Vella und Ilanz waren andere Gründe ausschlaggebend. Für die Jahre 1671 und 1675 ist es schwierig, eine Erklärung zu finden. Die Prozesse des Jahres 1699 lassen sich auf zwei Ursachen zurückführen: Um 1695 fanden Hexenprozesse am Heinzenberg, statt. Die Behörden der Surselva sahen sich wohl veranlasst, ebenfalls in ihren Gemeinden nach vermeintlichen Hexen zu suchen. Überdies war 1699 das Jahr vor der Jahrhundertwende. Dies hatte wohl in vielen Menschen Weltuntergangs- und Endzeitstimmung hervorgerufen. Um ein Strafgericht Gottes abzuwenden, wurde versucht, das «Böse» auszurotten – wie es in den Sittenmandaten hiess.

4.2. Gerüchte und Verdächtigungen

4.2.1. Die ersten Indizien

Aufgrund der Denunziation wurde eine Person der Hexerei verdächtigt, auch wenn sie bis anhin ein rechtschaffenes Leben geführt hatte. Folglich haftete an der beschuldigten Person ein «schlechter Leumund».

In den ersten Notizen, die ein Gerichtsschreiber aufgrund von Gerüchten und vorerst ohne ausführliche Zeugenaussagen niederschrieb (in den Quellen meistens Indizien genannt), steht oft, dass die verdächtigen Personen einen «bösen Namen» hatten. Weiter wurde ihnen ein «schlechter Lebenswandel» vorgeworfen. Und schliesslich konnte auch die Verwandtschaft mit bereits hingerichteten Hexen und Hexenmeistern ein Grund sein, der Sache auf den Grund zu gehen und Zeugen aufzubieten, um die Vorwürfe zu konkretisieren.

Anna Christ Lutzy soll «ein böses leben und wandel gefüret» haben, Jon Padrut sei «von jugent auf frech und bosshaftig» gewesen, und Brida Jon

Chasper geriet wegen ihrer «missethaten» in den Ruf, eine Hexe zu sein.[1] Maria Joss Jon Ping von Waltensburg, die 1671 sterben musste, war folgendermassen beschuldigt worden:

> «Erstlichen ist sy von jugen uff ein *freches ungehorsamest mensch* gewesen. Auch mit grosem ergernuß gelebt. Ist *eines hexen tochter und einer hexen bäsi*, hat auch alzeit *ein böss namen* getragen an hexenwerch und *huorey*, so sy von jeder man ist derfür gehalten worden.»[2]

Die Anschuldigungen gegen Maria wogen schwer, so dass «jederman» überzeugt war, sie sei eine Hexe. Dies gilt auch für Menga Duff von Falera. Die Indizien wurden 1661 folgendermassen formuliert: Sie sei schuldig, weil sie «von jugend auf in bösem gschrei gewesen, huorei, ehebruch, dieberei, bluotschand, hexerei halben».[3]

Urschla Delbin von Schluein «soll allezeit eines bösen nammenss gsin, so wol zu Schleüwiß (Schluein), alß zu Lax». An Anna und Barbla Jon Donau haftete ein schlechter «lümbdenß» (Leumund), weil Urschla Delbin die beiden unter der Folter als Hexen denunziert hatte.[4]

Auch die Hexen und Hexenmeister anderer Gerichtsgemeinden wurden beschuldigt, einen «bösen Namen (zu) tragen». In der Gruob der Jahre 1699 und 1700 schrieb der Aktuar oft lediglich: «Fama», d.h. ein Gerücht hatte sich gegen eine Person verbreitet, und «Imputatio», d.h. die/der Angeklagte war von anderen Hexen und Hexenmeistern denunziert worden.

Trina Flury Capitschen wurde noch im Jahre 1732 angeklagt, sie sei eine «mit dem laydigen teuffel verbundene zauberin und hexe (...)».[5]

---

[1] Waltensburg 1652, A.C. Lutzy, J. Padrut und B.J. Chasper (alle von Rueun), Indizien.

[2] Waltensburg 1671, M.J.J. Ping von Waltensburg, Indizien. Maria war die Tochter von Thrina Joss Jon Ping und die Tante (bäsi) des dreizehnjährigen Mädchens Barbla Christ Waulser. Die kursiven Passagen und die Bemerkungen in Klammer in einem Zitat stammen vom Autor dieser Arbeit.

[3] Gruob 1661, M. Duff von Falera, 1. Indiz.

[4] Laax 1654, U. Delbin von Schluein, 14. Indiz; Laax 1657, A.J. Donau von Laax, 3. Indiz und B.J. Donau von Laax, 4. Indiz.

[5] Laax 1732, T.F. Capitschen von Sevgein, Indiz.

4.2.2. Der Argwohn

Das Wort «Argwohn» oder «Verdacht» (romanisch: suspect) begegnet uns immer wieder in den Zeugenaussagen. Wenn jemandem ein Unglück zustiess oder etwas «Unnatürliches» widerfuhr, wurde Verdacht geschöpft. Für ein Unglück wurde eine Person verantwortlich gemacht. Das Erstaunliche ist, das sich viele Leute an ein unerklärliches und weit zurückliegendes Geschehen erinnern konnten.[1]

Eine Zeugin erinnerte sich, dass Thrina Chatz von Rueun sie vor vier Jahren um ein «wenig theig» gebeten habe:

> «Also habe sy geben, so hat die Thrina gesagt: Ich will flissig beten umb euch, so ist ein khleine zeit darnach khomen in einen schenckhel, dz sey noch uf den heütigen tag hat, in deme habe sy *suspect* uf ihren gehabt.»[2]

Die Wöchnerin Barbla Jacob Nut zeugte gegen ihre Hebamme Mengia Jon Calluster von Siat. Sie (Barbla) habe ein totes Kind geboren, «aber sey khein übel von ihren gewüst, noch khein suspect khan biß nach deme, dz sey in argwon gsein ist, habe sey dacht, ob die Mengia dz schuldig werde».[3] Die Frau, die ein totes Kind gebar, schöpfte erst Verdacht, als sich der Hexenwahn ausbreitete und Mengia dessen Opfer wurde. Die Hexenprozesse erzeugten ein Klima der Angst, des Misstrauens und der Verdächtigungen, das in anderen Zeiten in diesem Masse kaum hätte entstehen können. Anna Hans Gudenz hatte bereits Angst und bekam Schmerzen, wenn sie ihre Hebamme Trina Curau Caliesch von Sevgein nur sah![4]

Wie schlimm sich die Hexenvorstellungen auswirkten, veranschaulicht ein anderes Beispiel auf eindrückliche Weise. Anna Conzin von Waltensburg wurde der Hexerei verdächtigt, weil zwei Männer in ihre Stube hineinblickten und dort anstatt Anna einen schwarzen Hund mit einigen Frauen sahen.[5] Die beiden Männer schöpften Verdacht. Mit anderen Worten: Anna Conzin wurde beschuldigt, sich in einen schwarzen Hund verwandelt zu haben!

---

[1] Dazu auch DAVID MEILI: Hexen in Wasterkingen. Magie und Lebensform in einem Dorf des frühen 18. Jahrhunderts, Basel 1980, S. 67f.
[2] Waltensburg 1652, T. Chatz von Rueun, 7. Zeugenaussage.
[3] Waltensburg 1652, M.J. Calluster von Siat, 3. Zeugenaussage.
[4] Laax 1672, T.C.Caliesch von Sevgein, 2. Zeugenaussage.
[5] Waltensburg 1672, A. Conzin von Waltensburg, 9. Zeugenaussage.

Eine Begegnung zwischen Barbla Jon Donau von Laax und einem Mann wurde als unnatürliche Begegnung wahrgenommen. Weil Barbla unvermutet vor dem Brinkazi von Trin im Wald aufgetaucht war («sy gehelings von dem gsteüd hinab gsprungen in dem weg»), folgerte er, Barbla müsse eine Hexe sein.[1] Sie hatte durch ein verdächtiges Verhalten auf sich aufmerksam gemacht.

Die Beschuldigungen gegen eine Hexe oder einen Hexenmeister mussten nie bewiesen werden. Das war während der Hexenverfolgung auch nicht nötig, denn die Folter (die Folterkammer wurde der «Ort der Wahrheit» genannt) würde es an den Tag bringen. Die Richter verfuhren nach dem Motto: Jemand, der als Hexe oder Hexenmeister beschuldigt wird, ist auch schuldig!

Anna Jon dil Christ soll ein Brot gestohlen haben. Die Frau des Meisters Gieri meldete dem Gericht folgendes: Als sie Korn mahlte, sei Anna Jon dil Christ von Laax vorbei gekommen und habe gesagt, «wie daß es so wol male, auch dz mell gelobdt wie hüpß es sey. Daruf den sie gebachedt, und dz brodt allerdings gfeldt, thragt einen sunderen suspect gegen dißer frowen.»[2]

Während der Zeit der Hexenverfolgung konnte bereits eine unvorsichtige Bemerkung schlimme Folgen haben. Catharina Christ Tomasch von Silgin gab der Maria Joseph de Andreia Jan Paull Milch zu trinken mit der Bemerkung: «(...) trinck und förchte nicht (...)». Maria wurde stutzig, sie erschrak und «hat nit mehr trinckhen wollen, danoch heim gangen, angentz habe ihro schröcklich wehe gethon».[3] Catharina wollte die Frau wahrscheinlich überzeugen, dass ihre Milch weder vergiftet noch verhext sei, und dadurch machte sie sich erst recht verdächtig.

Die Indizien gegen eine Hexe blieben auch im Jahre 1718 dieselben wie in früheren Jahren. Im Protokoll über Anna dilg Ambrosi von Rueun lesen wir, dass sie ein «schlechtes und argwöhnisches Leben» geführt habe und somit verhört werden sollte.[4]

---

[1] Laax 1657, B.J. Donau von Laax, 3. Zeugenaussage.
[2] Laax 1672, A.J. d. Christ von Laax, 7. Zeugenaussage.
[3] Lugnez (ohne Datum), C.C. Tomasch von Silgin, 4. Zeugenaussage. Ein ähnlicher Fall ereignete sich zwischen Barbla Schwizere von Pitasch und der Zeugin Trina Lgizi Cabalzar.
[4] Waltensburg 1718, A.d. Ambrosi von Rueun, Indizien. Anna dilg Ambrosi war die letzte Hexe, die in der Gerichtsgemeinde Waltensburg gefangengenommen wurde.

Die Angst vor Hexen und Hexerei hatte weit um sich gegriffen. Dies erleichterte die Aufgabe der Hexenjäger, die kaum auf Widerstand stiessen. Die Zeugen sagten selten zugunsten einer Verdächtigen oder eines Verdächtigten aus. Die Behörden bemühten sich auch nicht, nach Gründen zu suchen, die zu einer Entlastung der verdächtigten Personen geführt hätten. Es galt, die Schuld zu beweisen, nicht die Unschuld! Überdies musste ein Zeuge selber damit rechnen, in einen Prozess verwickelt zu werden, falls er den Mut hatte, zugunsten eines Angeklagten auszusagen. Eines der wenigen Beispiele, bei welchem mehrere Zeugen zugunsten eines Hexenmeisters aussagten, betrifft Christ Mathiu von Castrisch. Sechs von 14 Zeugen berichteten, dass Christ ein rechtschaffener und ehrlicher Mann sei[1], aber er wurde trotzdem zu Tode gemartert.

Die Ankläger kamen meist aus demselben Dorf wie die Angeklagten. Gegen eine Hexe oder einen Hexenmeister traten mehrere Zeugen auf. Die Vorwürfe reichten vom «bösen Namen» über den Schadenzauber und die Verwandlung in Tiere bis hin zum Verstoss gegen die christlichen Sitten.

Bevor wir näher auf diese Vorwürfe eingehen, die gegen Hexen und Hexenmeister erhoben wurden, soll im nächsten Abschnitt das Verhalten der Angeklagten skizziert werden. Wie reagierten die Personen, die Schritt für Schritt in den Verdacht der Hexerei gerieten?

4.2.3. Das Verhalten der Verdächtigten

Die meisten betroffenen Personen bemerkten bald einmal, dass sie in Verdacht gerieten; reagierten sie nicht auf die Anschuldigungen, machten sie sich dadurch erst recht schuldig! Über Julscha dilg Durig von Siat heisst es:

---

[1] Gruob 1700, Christ Mathiu von Castrisch. Die letzten sechs Zeugen sagten, dass sie nichts Schlechtes über ihn wüssten. Aussagen zugunsten einer oder eines Angeklagten waren selten. Für Anna Jon Biat von Ilanz zeugte Ammann Casper Cabalzar. Anna habe fromme Eltern und gute «Altvordern» gehabt. Der Schreiber Stofel von Sevgein bestätigte die Aussage des Ammanns. Die Aufgabe der «Verteidigung» bestand ebenfalls darin, zugunsten der Angeklagten zu sprechen. Dies war jedoch nicht mehr als eine rein formal-juristische Angelegenheit, denn gemäss den vorliegenden Akten hatte kein Verteidiger Erfolg!

«Weiter haben bericht vonn der fendrich Jacob, dz es seye ihnen viel vich daruf ganngen. Wann dz weib ist ein mal in hauß zu ihnen khomen, so seigent
er fendrich Jacob und bruoder unwillig über die Ulscha gewest und gesagt,
sei seige ein hexß, und sey zum stuben thür hinauß und *nichts gesagt.*»[1]

Nach Ansicht der Obrigkeit hätte niemand eine solche Beschuldigung
(«sei seige ein hexß») auf sich sitzen lassen dürfen. Wir lesen in den ange-
führten Indizien, dass die Hexen sich nicht gegen das Schimpfwort Hexe
«defendiert» hätten. Warum verteidigten sie sich nicht? Vielleicht glaubten die Angeklagten, dass dieses Schimpfwort keine nachteilige Folgen
haben könne, oder sie hatten Angst vor einem Prozess, wo eine Aussage
gegen mehrere stand. Für die Verdächtigten gab es keinen Ausweg, wenn
sich die Mühlen der Justiz einmal in Bewegung gesetzt hatten, es sei denn,
jemand konnte der Folter standhalten. Auch Uri Jon Martin Nut und Christ
Mathiu wurden in der Öffentlichkeit als Hexenmeister beschuldigt und
schwiegen.[2]

Andere Personen, die als Hexen beschimpft wurden, reagierten wiederum anders. Anna Jon Biat drohte einer Frau, sie werde sich rächen, falls sie
nicht schweige.[3] Catharina Christ Tomasch und eine andere Frau be-
schimpften einander gegenseitig, Hexen zu sein.[4] Maria Joss Jon Ping
meinte: «Hex bin kein, aber ein armen sünder wohl».[5] Urschla Hans
Plasch wurde misstrauisch, was dazu führte, dass sie den Nachbarn nicht
mehr half, als sie um Unterstützung gebeten wurde.[6] Regla Conzin hatte
den Mut zu antworten, «wan sie ein hexß seye, solle man sie fachen (fangen)(...)».[7]

Die meisten Verdächtigten lebten mit der Angst, gefangengenommen zu
werden, z.B. Barbla Schwizere von Pitasch:

---

[1] Waltensburg 1652, J. d. Durig von Siat, 6. Zeugenaussage. Der Hexenglaube schlug
Geistliche und Volk in seinen Bann. Der Geistliche Johann Genelin soll 1676 Maria Zipert von Schlans eine Hexe genannt haben, MÜLLER: Zum bündnerischen Hexenwahn des
17. Jahrhunderts, S. 36.

[2] Gruob 1699, U.J.M. Nut von Castrisch, 9. Zeugenaussage; Gruob 1700, C. Matthieu von
Castrisch, Zeugenaussagen.

[3] Gruob 1652, A.J. Biat von Ilanz, Indizien.

[4] Lugnez (ohne Datum), C.C. Tomasch von Silgin, 3. Zeugenaussage.

[5] Waltensburg 1671, M.J.J. Ping von Waltensburg, Zeugenaussagen.

[6] Lugnez 1673, U.H. Plasch von Tersnaus, Zeugenaussagen.

[7] Waltensburg 1718, R. Conzin von Waltensburg, Indizien.

«Daß alß man in Langnez (Lugnez) hinwider hexen processiert, sie (Barbla) gesagt, so man zu Ilanz oder in der Gruob anfahen würde, thete sie ferhten (fürchten), sie würde fliehen.»[1]

Brida Ragall von Obersaxen wollte vom «Lieteneinpt» (Statthalter) wissen, «ob sey auch an geben von der Urschla oder von der Elscha (...)».[2]
Die Angst der Hexen lässt sich auch in den Protokollen von Laax-Sevgein nachweisen. Urschla Delbin soll einen Mann gebeten haben, sie nicht der Hexerei zu beschuldigen («nit ein solches gschrey von ihr aussmachen»). Ein ähnlicher Fall wie jener Brida Ragalls ist der von Julscha dil Stoffel:

«Habe die Julscha, nochdeme die Urschla (Urschla Delbin) gerichtet ist gsin, gegen der Gelga Christ Coray underschidlich klagt und under andern auch gsagt, dz sy so unschuldig und möge leichtlich von der Urschla angeben sein.»

Gleich wie Brida beteuerte auch Julscha ihre Unschuld. Margreta Risch Pitschen erkundigte sich bei der Frau des Ammanns, Gelga Christ Coray, ob sie gefangen werde. Barbla Jon Donau befürchtete, dass der Weibel (der Dorfpolizist) ihr eines Tages wohl eine schlechte Nachricht überbringen könnte:

«Hat dise Barbla einmol gegen den weibel Cuerad gsagt, wie sy nur förchte, wan er do abe khome, eß möchte einer leichtlich etwaß fehlen.»

Anna Jon dil Christ wunderte sich, dass der Weibel bei so schönem Wetter «umbgange» (anstatt das Heu zu ernten!) und beteuerte, dass sie unschuldig sei.[3]
In Laax war eine regelrechte Panik ausgebrochen. Barbla Jon Donau erahnte den Ausnahmezustand des Hexenwahns: «Es könne einem leicht etwas fehlen», d.h. es könne einem leicht ein Vergehen nachgewiesen werden. Die Angst trieb einige Frauen so weit, dass sie sich bei der Obrigkeit erkundigten, ob sie denunziert worden seien. Damit belasteten sie sich erst recht.

---

[1] Gruob 1700, B. Schwizere von Pitasch, 7. Zeugenaussage.
[2] Obersaxen 1652, B. Ragall von Obersaxen, Zeugenaussagen.
[3] Laax 1654, U.Delbin von Schluein, 6. Zeugenaussage; Laax 1657, B.J.Donau von Laax, 1. Zeugenaussage; Laax 1672, A.J.d. Christ, 3. Zeugenaussage, J.d. Stoffel, 4. Zeugenaussage, M.R. Pitschen, 2. Zeugenaussage (alle drei Frauen von Laax).

Auch unter einigen Einwohnern des Safientals war eine grosse Unruhe enstanden, als die Hexe Greda Büleri gefangengenommen und im August 1657 hingerichtet wurde. Vermutlich war sie die erste Person, die in Safien als Hexe sterben musste. Eine Frau, Maria Luxi, wollte kurz danach dem Scharfrichter alle Schande sagen:

> «(...) Man beschickt den hencker den schellmen, der thuei den lüden so leit oder ehr thuei ihnen unrächt, aber wen ehr käme und iren nemenss thun weti, so weti sey ihme alle schandt sagen (...).»

Weiter sagte Maria Luxi, dass sie wisse, wie es Gerda ergangen sei, sie (Maria) sei aber unschuldig. Maria Luxi und Maria Schuchteri zweifelten, ob Gerda Büleri wirklich schuldig sei.

Die Zeugen berichteten, dass sie gehört hätten, wie Maria Luxi und Gerda Büleri einander als Hexe beschimpft hatten. Auf gleiche Weise sollen auch Gerda und Anna Mureri aneinander geraten sein. Anna des Marti Gredig beteuerte, dass sie unschuldig sei, und erkundigte sich bei den Behörden, ob sie denunziert worden sei. Im schlimmsten Fall wolle sie fliehen. Wie die Zeugen berichteten, soll Anna Mureri sich für ihre Tochter Anna Gredig eingesetzt und behauptet haben, ihre Tochter sei keine Hexe. Anna Mureri wurde im November 1657 hingerichtet.[1]

Erstaunlich ist die Tatsache, dass in der Surselva – im Gegensatz etwa zum Oberhalbstein – wenige verdächtigte Personen geflohen sind. Nur für die Gerichtsgemeinde Safien ist überliefert, dass mehrere Personen im gleichen Jahr geflohen waren. 1658 flohen sechs Männer vor den Behörden. Der Säckelmeister Dowig von Waltensburg hatte Maria Joss Jon Ping Geld angeboten, damit sie fliehen könne. Maria lehnte diese Hilfe aber ab![2]

Dachten die meisten wie Nesa Sallaman, die meinte, sie wisse nicht, ob sie «aldo» sicher sei, aber noch hinzufügte: «Ein frommer mensch darf nichtß förchten»?[3]

Eine der wenigen Persönlichkeiten des 17. Jahrhunderts, die sich öffentlich gegen die Hexenprozesse einsetzte, war der Jesuit Friedrich von Spee. Er hat die ausweglose Situation der Verdächtigten folgendermassen

---

[1] Safien 1657, Zeugenaussagen gegen Maria Luxi, Maria Schuchteri, Anna Mureri, Anna Gredig.
[2] Waltensburg 1671, Maria J.J. Ping, 12. Zeugenaussage.
[3] Waltensburg 1652, N. Sallaman von Waltensburg, 2. Zeugenaussage.

beschrieben: Wenn jemand floh, würden die Richter erklären, dies sei ein ausserordentlich starkes Indiz dafür, dass sie/er schuldig sei und ein schlechtes Gewissen habe. Blieb die oder der Verdächtigte da, so sei auch das ein Indiz. Die Richter würden begründen, dass der Teufel diese Person festhalte, so dass sie nicht weggehen könne.[1]

4.3. Der Schadenzauber an Leib und Gut

Im folgenden Teil werden diejenigen Anklagen analysiert, die in der Surselva am häufigsten gegen Hexen und Hexenmeister erhoben wurden. Eine Frage, der wir nachgehen, ist: Welche Gründe führten zu einer Anklage wegen Schadenzauber (maleficium)? Besprochen werden auch verschiedene Arten des Schadenzaubers.

4.3.1. Schadenzauber an Menschen

Die Dorfbewohner waren der Überzeugung, dass die Hexen und Hexer durch ihren Zauber den Tod eines Menschen verursachen können. Jon Loreng «deponierte» als Erster gegen Uri Jon Martin Nut von Castrisch:

> «Er habe, alß sekelmeister Christ Corai von Kestriß krank gelegen, gewachet, verstanden und gehört sagen vom sekelmeister Corai, wegen deß hexenmeister Urich müesse er sterben; war damahlen nit föllig bei ihme selber. Darauff ein weil seige der Urich komen ihne zu visitieren, gegen welchen aber der sekelmeister nichts geredet, an welcher krankheit dennoch sekelmeister gestorben.»[2]

Wie wir bereits gesagt haben, spielte es keine Rolle, wie die Zeugenaussage zustande kam. Sogar in einem Zustand, den man als nicht zurechnungsfähig bezeichen könnte (der Kranke war «damahlen nit föllig bei ihme selber»), wurde die Zeugenaussage notiert und in diesem Falle ernst genommen. Der Sohn des verstorbenen Säckelmeisters gab später zu Pro-

---

[1] HAMMES: Hexenwahn und Hexenprozesse, S. 21f.
[2] Gruob 1699, U.J.M. Nut von Castrisch, Zeugenaussage von Jon Jeri Josch. Der Säckelmeister Christ Corai vertrat im Namen der Gemeinde auch die Anklage gegen Baltzer Fopper von Schnaus (1680).

94

tokoll, «daß vor 10 jahren der vatter mit dem Uori ein khuo zu merkten gehabt und einß getrunken in deß meister Johum hauß (...) Am andern tag seige er krank worden(...).» Der Grund für die Krankheit des Säckelmeisters könnte der Alkohol gewesen sein, wie aus einer anderen Zeugenaussage hervorgeht. Der Zeuge Banadeg Corai fragte den Säckelmeister, der ihm seine Kinder anvertraute, ob er vielleicht getrunken habe?[1] Dieser soll jedoch anderen Personen erzählt haben, dass Uri Jon Martin Nut an seiner Krankheit Schuld sei. Der Säckelmeister war wahrscheinlich ein Trinker, der sein schlechtes Gewissen beruhigen wollte (auch gegenüber seinen Kindern?). Noch kurz vor seinem Tode fand er einen Schuldigen für seine Krankheit. Für jede Art von Erkrankung bot der Hexenglaube eine bequeme Erklärung.

Ein ähnlicher Fall begegnet uns in den Zeugenaussagen gegen Christina Loreng Balzer von Castrisch. Als Lginard Bürchli noch lebte, hatte er das Gerücht verbreitet (wie sieben Zeugen aussagten), die gehbehinderte Christina habe ihm Tabak verkauft, und daraufhin seien seine Zähne verfault. Die Frau des Stiaffen Jon Josch und Jeri Banadeg ermahnten den Lginard, nicht derart zu reden, aber er wich nicht von seiner Meinung ab. Er wolle «darauf leben und sterben», dass die «hinkende Hexe» die Schuld an seinen faulen Zähnen trage. Lginard Bürchli wurde krank. Er sei «ganz brun worden, und umb daß herz habe er vil blauwe und geeli blatern gehabt».[2] Die Beschuldigungen Lginards lassen darauf schliessen, dass das Verhältnis zwischen ihm und Christina nicht das beste war. Oder trieb ihn nur die Verzweiflung darüber, dass er seine Zähne verlor, soweit, einen Sündenbock zu suchen? Die gehbehinderte Christina, die Tabak verkaufte, bot ihm eine Erklärung für seine Krankheit.

Der Prozess gegen Uri Jon Martin Nut und Christina Loreng Balzer begann, als die Belastungszeugen, Säckelmeister Christ Corai bzw. Lginard Bürchli, bereits gestorben waren. Die beiden Angeklagten gestanden unter der Folter, dass sie die Verstorbenen vergiftet hatten.

Barbla Schwizere von Pitasch wurde im Jahre 1700 unter anderem angeklagt, dass sie einem Knaben Kraut zu essen gegeben habe, «darvon der bub abgenommen und endlich gestorben (...)». Die Verteidigung antwortete im Namen von Barbla folgendermassen:

---

[1] Ebenda.
[2] Gruob 1700, C.L. Balzer von Castrisch, Zeugenaussage.

«Daß sie ein knaben krauth geben, daß seige sie wol zufrieden, habe aber mit ihme und seinen kindern gesen (gegessen), und dannoch seige eß noch ein halb jahr angangen, ehe der knab krankh, und hiemit vermöge sie nit und habe auch auf keinem ubel daß krauth geben.»[1]

Die genauen Umstände dieses Todesfalles sind nicht bekannt. Uns scheint die Antwort der Verteidigung plausibel, doch damals stiess sie auf taube Ohren. Zwischen der Zeit, als Barbla zusammen mit den Kindern das Kraut gegessen hatte und der Knabe krank wurde, verstrich ein halbes Jahr! Die Richter waren da anderer Meinung. Eine Hexe war immun gegen diese Kräuter, und schliesslich konnte sie entscheiden, wann und wem sie Schaden zufügen werde.

Im nächsten Beispiel geht es um ein Mädchen, das von Anna Conzin von Waltensburg zu Tode «verhext» wurde:

«Zum 5ten berichtet Barbla dilg Luraß, dz sein tochter seige an dem abent, alß sie zu Sutvig gebauwet (gedüngt) habe, nocher hauß kommen und erklagt, es thüe ihren den bauch so vast wech, auch gesagt: Muoter, wan ihr wüsten, wie die Anna Conzin mit mir gethon oder gezanckhet hat. Darauff die ganze nacht starckh kranckh gesein und an folgenden tag gestorben. Alß sie gestorben gewessen, habe sie ihren gesechen und angeschauet, seige ihren die finger ganz blau gewessen zu forderst, auch an einer zeiten ihres leibs ganz blau gewessen, an die ander zeiten habe sie nit gluoget.»[2]

Anna Conzin hatte aus irgendeinem Grund mit dem Mädchen Streit gehabt («gezanckhet») oder das Mädchen gescholten. Dieses wurde krank und starb. Für die Mutter handelte es sich um das Werk einer Hexe, denn es bot sich eine Gelegenheit, gegen eine Person, die sie nicht mochte, Anklage zu erheben.

Eine Hexe wurde für die verschiedensten Todesfälle verantwortlich gemacht. Die Jungfrau Barbla Montalta hatte von der Julscha Jöri Frawi von Laax eine Birne erhalten, die sie ass und

---

[1] Gruob 1700, B. Schwizere von Pitasch, 4. Indiz und 4. Antwort.
[2] Waltensburg 1672, A. Conzin von Waltensburg, 5. Zeugenaussage. In der Zeugenaussage des Doppels (eine Kopie der Protokolle wurde nach Disentis geschickt) steht der Name Anna Sallaman. Wahrscheinlich war Anna Conzin bzw. Anna Sallaman eine Verwandte von Nesa.

«darauff sich gar ubell befunden, dz sy zum herrn Christ von Felers[1] müssen, und zu sich gnomen Barbla sekhelmeister Risch, do auch gegen der Barbla bekhent, sy müsse inficiert sein, und müsse wol gift sein. Nochdeme dan widerumb ein apfell geben, darauff sy dermossen erkrankhet, dz sy gestorben. Item der jungfrau Gretle eingeben ein apfell, dz sy auch erkrankhet.»

Weiter steht im Protokoll über Julscha Jöri Frawi:

«Hat die Julscha deß Thienis kindt inficiert mit küssen, daß dz kindt die zungen ausstregt und gehelings (rasch) müssen sterben.»

Die Dorfbewohner erzählten einander die Krankheitsgeschichten und suchten die Schuldigen. Julscha Jöri Frawi soll noch weiteren Personen Schadenzauber zugefügt haben. Eine Frau erlitt eine Fehlgeburt, weil Julscha ihr einen Apfel gegeben hatte. Ein anderer Zeuge wusste zu berichten, dass ein Kind, das Julscha verhext haben soll, erst wieder die Muttermilch trank, als ein Priester Mutter und Kind segnete.[2]

Trina Flury Capitschen von Sevgein, die letzte Hexe der Surselva, soll Mehl verhext haben. Die Frau des John Capaul von Sevgein starb, nachdem sie dieses Mehl gebraucht hatte; zwei Brote wurden «faul».[3]

Weitere Hexen, denen vorgeworfen wurde, dass sie für den Tod eines Menschen verantwortlich seien, waren: Mengia Jon Calluster von Siat, Maria Jeri von Pitasch und Barbla Hans Flurin.[4]

Bei einer Zeugenaussage gegen Nesa Sallaman handelt es sich um einen Todesfall besonderer Art, der jedoch keine Konsequenzen für die betreffende Frau zeitigte. Gemäss einem Gerücht soll Nesa ihrer Schwester Thrina bei einem Streit vorgeworfen haben, dass sie einen Knaben das Tobel hinunter geworfen habe.[5] Dieser Streit wurde offenbar in der Öf-

---

[1] Es handelt sich hier um Christian Caluzi, Pfarrer von Falera 1634-1657. J.JACOB SIMONET, Die katholischen Weltgeistlichen Graubündens, S. 58. Die Menschen der Frühen Neuzeit suchten bei den Geistlichen Rat oder liessen sich gegen Krankheiten segnen usw. Vgl. auch zum Thema Exorzismus Kap. 4.6.5.
[2] Laax 1672, J.J. Frawi von Laax, 1., 2., 6. und 7. Zeugenaussage.
[3] Laax 1732, T.F. Capitschen von Sevgein, Zeugenaussagen.
[4] Waltensburg 1652, M.J. Calluster von Siat und Lugnez 1699, Maria Jori von Pitasch und B.H. Flurin (Wohnort unbekannt).
[5] «Anna Joß dilg weibel zeüget und Anna dilg weibel, dz haben khört von ihren brüederen oder schwageren, dz gedachte Nesa und seine schwäster Thrina ein ander bekrieget heigent, und der Thrina die Nesa gesagt: Weist dz du ein hübsch knäbly durch der thobel hinab geworfen hast», Waltensburg 1652. 5. Zeugenaussage gegen Nesa Sallaman.

fentlichkeit ausgetragen, denn Zeugen konnten davon berichten. Wir wissen nicht, was sich genau bei diesem Zwischenfall mit dem Kind ereignete. Die Behörden gingen nicht näher darauf ein. Falls es sich um Kindsmord gehandelt hätte, wäre Thrina schwer bestraft worden. Ihre Schwester Nesa Sallaman wurde jedoch später als Hexe beschuldigt.

Mehrere Fälle handeln von Krankheiten oder Schmerzen, die durch Hexen und Hexenmeister verursacht wurden. Wie ängstlich die Menschen während der Hexenverfolgung waren, veranschaulicht das folgende Beispiel von Anna Jon dil Christ von Laax:

> «Soll die Anna die jungfrau Catharina Montalta uff dem kirchhoff umbfangen, dz sy darob möchtig erschroken und erkrankhet, massen dz sy inficiert befunden und gehn Oberhalbstein zum Patre gehen müssen.»

Die freundschaftliche Geste von Anna deutete Catharina ganz anders. Wahrscheinlich war Anna bereits als Hexe verdächtigt worden; daher erschrak Catharina und wurde wohl krank, weil sie ständig das Schlimmste befürchtete. Die Zeugin ging zu einem Kapuzinerpater, um sich heilen zu lassen. Ein anderes Mal hatte Anna eine Frau am Arm gefasst, so dass diese Schmerzen bekam.[1]

Aus Laax sind uns mehrere ähnliche Zeugenaussagen bekannt. Sobald eine Hexe jemanden berührte, wurde Verdacht geschöpft. Eine Krankheit, die danach ausbrach, oder Schmerzen, die nach dem körperlichen Kontakt auftraten, bestätigten jede Vermutung.

Einige Vorwürfe in bezug auf Schadenzauber gegen Menschen musste sich Anna Christ Lutzy von Rueun gefallen lassen. Muretzy Segnien klagte, dass Anna die «hüpsche zopft» seiner Tochter «angerüerth» habe, weil diese im Garten der Anna Äpfel von einem Baum gepflückt hatte. Daraufhin habe das Mädchen alle Haare verloren. Der Frau von Muretzy hatte Anna «mit gwalt etliche epfel geben». Sie ass die Äpfel und wurde «unnaturliche khranckhen (...), dz man vermeint hat, sie werde von seinen (Sinnen)». Muretzy selber wurde von einem «hauß thier» (Hund?) angegriffen, das er mit Steinen und Holz davon jagte. Das Tier entwich in Annas Haus. Der Ankläger suchte nach einem Grund für diese Ereignisse:

---

[1] Laax 1672, A.J.d. Christ von Laax, 1. und 4. Zeugenaussage.

«Gradt die selbige zeit ist er obgenanten Muretzy mit ihren (Anna) uneinß gewest.»

Aus unserer Sicht tat Anna nichts Ungewöhnliches. Anna zerrte die Tochter von Muretzy an den Haaren, weil diese ihre Äpfel gestohlen hatte. Und Anna gab der Frau von Muretzy Äpfel, und dies «mit gwalt» – gemeint ist wahrscheinlich, dass Anna sie wohl gedrängt hatte, Äpfel zu nehmen. Auffallend ist die Bemerkung, dass der Zeuge Muretzy Segnien Streit mit Anna hatte, als dies geschah. Der Streit lieferte die Erklärung für den Haarausfall, für die «unnatürliche» Krankheit und für das Haustier, das den Zeugen angriff. Muretzy konnte einerseits eine Erklärung für (aus seiner Sicht) ungewöhnliche Ereignisse finden und andererseits eine Klage gegen eine unangenehme Person vorbringen.

Ein weiterer Zeuge verspürte Bauchschmerzen nach dem Genuss von Annas Butter. Und eine Frau namens Barbla Jon Andrea meldete,

«dz die genante Anna habe gesagt, alß ihre vater khrankh gwest seye, ihr lassen disse meidtly uß und in gehen, dz gwüß kranck würt, dann sey forchtet. Daruf ist die obgenante Barbla dieselbige nacht kranckh worden und ist ein grossen schmertzen ann einen schenckhel khomen und letztlich in einen aug khommen (...). Daruf ist sey gangen und rath pflegen, und ist ihren gesagt worden, es seige *von böß leüt gemacht* worden.»[1]

Erstaunlich an diesem Beispiel ist, dass nicht die Tochter von Barbla, die wiederholt ihren kranken Grossvater besuchte, krank wurde, sondern ihre Mutter! Anna hatte gewagt, an die Verantwortung der Mutter zu appellieren («ihr lassen dise meidtly uß und in gechen, dz gwüß kranck würt»), und sie sagte eine Krankheit voraus. In diesem Fall war es daher nicht wichtig, wer krank wurde, sondern dass die Vorhersage eintraf!

Bei den Zeugenaussagen gegen Anna Christ Lutzy von Rueun lassen sich einige wichtige Aspekte der Hexenverfolgung ausmachen. Konflikte und Spannungen spielten bei den Verdächtigungen eine entscheidende Rolle, wie auch Eva Labouvie bei ihrer Untersuchung der Hexenprozesse im Raume Saarland, Lothringen, Kurtrier und Pfalz-Zweibrücken festgestellt hat: «Hexereiverdächtigungen entstanden zumeist in einem Gewirr aus Vorurteilen, vorschnellen Annahmen, sozialen Spannungen und persönlichen Konflikten, bei deren allmählicher Genese sich Vorfälle und

---

[1] Waltensburg 1652, A.C. Lutzy von Rueun, 2. und 6. Zeugenaussage.

gegenseitige Beschimpfungen ereignet hatten, die bereits bestehende Vermutungen bestärkten oder Tatbestände schufen, die einer späteren Hexereiverdächtigung den Weg ebneten.»[1]

Während der Hexenverfolgung gab es nur Gewinner oder Verlierer. Bei persönlichen Konflikten und sozialen Spannungen kam es selten zu Kompromissen, Vergleichen oder Versöhnungen. Der Zeuge Muretzy Segnien musste sich auch nicht bemühen, den Streit zu schlichten. Er konnte seine Nachbarin als Hexe beschuldigen (und wurde dafür sogar bezahlt, siehe Kap. 6.3). In diesem Sinne ermöglichte der Hexenglaube nicht nur, bequem Aggressionen loszuwerden; es war auch für jede und jeden möglich, Macht über andere auszuüben (z.B. indem jemand einer anderen Person mit einer Klage wegen Hexerei drohte).

Ein anderes Beispiel hebt den Zusammenhang zwischen Streit und Krankheit während der Hexenverfolgung klar hervor. Es betrifft Trina Birtin von Ilanz. Jon Duig von Luven bezeugte, er habe mit Trina Birtin «krieget» und sei daraufhin krank geworden.[2]

Ein weiterer Aspekt, den wir bereits oben erwähnt haben, betrifft die Erklärung für einen Todesfall oder eine Krankheit. Für die Zeugen handelte es sich oft um «unnatürliche» Ereignisse. Viele Geistliche und Ärzte erklärten, dass eine Krankheit von «bösen Leuten» verursacht worden sei. Ein weiteres Beispiel dafür liefert eine Zeugenaussage gegen Julscha dilg Durig von Siat. Die Frau des Jöri dilg Churau erzählte folgendes: Als ihre Tochter krank war, seien «die priester (...) zu hülf khommen und gesagt, es vonn bössen leüthen ann thun, in demme hat die glaub gehabt, die Ulscha seige schuldig».[3]

So kann man mit Keith Thomas sagen: «Es herrschte allgemein die Auffassung, die Unfähigkeit der gelehrten Mediziner bei der Erkennung von Krankheitsursachen sei ein deutlicher Hinweis auf Hexerei.»[4]

Um Heilung von seiner Krankheit zu suchen, holte Jacob dilg Florin den Rat eines Arztes in Chur. Dieser sagte ihm, dass er nicht lange leben

---

[1] EVA LABOUVIE: Zauberei und Hexenwerk. Ländlicher Hexenglaube in der frühen Neuzeit, Frankfurt a.M. 1991, S. 207f.

[2] Trina Birtin wurde im Jahre 1700 verbannt. Über sie gibt es nur Zeugenaussagen.

[3] Waltensburg 1652, Julscha d. Durig von Siat, 4. Zeugenaussage.

[4] KEITH THOMAS: Die Hexen und ihre soziale Umwelt, in: Die Hexen der Neuzeit. Studien zur Sozialgeschichte eines kulturellen Deutungsmusters, hrsg. von CLAUDIA HONEGGER, Frankfurt a.M. 1978, S. 259.

werde, denn böse Leute (gemeint war Julscha dilg Durig von Siat) seien schuld an seinem Unglück. «Dur mitlen und radt der geistlichen» wurde Jacob wieder gesund. Die Behauptung, dass «böse Leute» schuld an einer Krankheit seien, förderte die Hexenverfolgung wesentlich. Schliesslich galt es, Böses zu verhindern – und zwar mit allen Mitteln.

Laut einer weiteren Zeugenaussage war Julscha in ein Haus getreten,

> «und nit weiters gesagt, dan ein khindt in der wiegen ist gewest, und sey zum vater gesagt: Wem gleichet dz khindt, er gleichet nit der vater (...) und habe dz khindt hynauß der wiegen genomen und mit ein finger in wendig der feschen (Windel) hinab grifen und etwz thun, und die Ulscha zum thur hinauß gangen, gesagt: Eß ist nit hüpsch, wan ein khindt gleichet nit den vater (...).»

Das Kind wollte nachher nicht mehr an der Mutterbrust saugen, aber Pater Diudat, ein Kapuziner[1], konnte helfen.[2] Julscha dil Durig hatte vermutlich den Vater oder die Mutter des Kindes beleidigt, weil sie sagte, es gleiche nicht seinem Vater. Entscheidend ist jedoch, dass sie das Kind berührte und «etwas» in den Windeln «tat», d.h. sie übte Schadenzauber aus.

Am Fall der Julscha dil Durig von Siat und an anderen Beispielen können wir sehen, dass die Menschen oft wussten, wie sie sich gegen Schadenzauber helfen konnten, nämlich mit einem christlichen Gegenmittel wie Exorzismus, Beten, Segnen oder den Namen Gottes aussprechen. Viele Personen, die im Alltagsleben Kontakt mit einer Hexe hatten, befürchteten, verhext zu werden. Manchmal waren die schlimmsten Befürchtungen jedoch unbegründet, z.B. wenn die Hexe selber versicherte, dass sie keine «bösen» Absichten gehabt habe.

Annale d'Lgitzi hatte eine Birne von Urschla Fopere von Schnaus gegessen. Danach klagte sie, sie glaube, sterben zu müssen. Als Urschla kam und dies hörte, beruhigte sie Annale. Sie (Urschla) sei «erstaunt und gesagt, sie habe nit böß gemeint, sondern zu guten geben, demnach seige es mit der frau besser worden».[3] In diesem Fall löste die Hexe selber den Bann.

---

[1] Der Kapuziner Deodato da Bornato wirkte zwischen 1642-1645 in Almens, MAISSEN: Die Drei Bünde, S. 321. Bei diesem und vielen anderen Beispielen sehen wir, dass die Zeugen sich an Ereignisse erinnerten, die Jahre zurückliegen konnten.

[2] Waltensburg 1652, Julscha d. Durig von Siat, 1. und 3. Zeugenaussage.

[3] Gruob 1699, Urschla Fopere von Schnaus, Zeugenaussagen.

4.3.2. Schadenzauber an Tieren

Die Aussagen, die von einer Krankheit oder vom Verenden des Viehs berichten, füllen den grössten Teil der Prozessakten. Dies wundert nicht, war
doch die Viehhabe das wichtigste «Betriebskapital» der Bevölkerung der
Drei Bünde.

Gegen Uri Jon Martin Nut von Castrisch wurde vorgebracht, dass einige
Tiere, die er mit der Hand berührt habe, zwei Tage später verendet seien.
Uri hatte die Euter der Kühe betastet; darauf hätten diese nicht nur «fau-
le», sondern auch zwei Strich[1] weniger Milch gegeben.[2]

Jon Peder Noll erzählte folgendes über Barbla Schwizere von Pitasch:

> «Daß vor etlich jahren habind sie die kalber ghan, so lüß (Läuse) gehabt, und
> habind krezt und gstreit (gestrichen) und sie habe auch mit hand geholfen, alß
> sie darzuo khommen, und dorauf seigend würm an die kelber khomen, daß
> sie nit mögen wehren und seigend verdorben.»[3]

Für Jon Peder gab es keine Zweifel: Seine Kälber waren nicht auf «natürliche» Art und Weise verendet. Die Hexe hatte seine Tiere mit der
Hand berührt und zu Tode verhext.

Manchmal war es jedoch nicht einmal nötig, dass die Hexe ein Tier berührte. Ihre Anwesenheit genügte, denn wie bekannt war, konnte eine Hexe aufgrund des «bösen Blickes» Unheil anrichten:

> «Item zeüget Casper Casper Joß, dz er seige eins zu Parpleuß gewessen, seige
> die Mengia (Mengia Fritli Pitschen von Andiast) auch da gsein, in demme
> habe er sein kalb gehabt, welcher seige krankh, welcher seige darauff gang,
> habe auch den suspet uff ihren gehabt.»[4]

Nach einer Drohung oder einem Streit konnte das Vieh erkranken, so
dass es keine Milch mehr gab oder gar starb. Menga Jon Martin Nut von
Castrisch hatte gedroht, «sie wolle dem Josch Balzer Josch wohl vergel-
ten, daß er wider sie seige», darauf sei ihm eine Kuh, die zuvor viel Milch
lieferte, «gantz ergaltet», so dass sie billig verkauft werden musste.[5]

---

[1] Strich = Masseinheit.
[2] Gruob 1699, U.J.M. Nut von Castrisch, 11. und 13. Zeugenaussage.
[3] Gruob 1700, B. Schwizere von Pitasch, Zeugenaussagen.
[4] Waltensburg 1672, M.F.Pitschen von Andiast, Zeugenaussagen.
[5] Gruob 1699, M.J.M. Nut von Castrisch, 5. Zeugenaussage.

Eine andere Hexe, die Tochter des Weibels Christen von Safien, hatte sich geärgert, weil Joss Zinsli von Camana nicht gekommen war, um ihr Rind zu metzgen. Zinsli gab unter Eid zu Protokoll, dass er sich

> «(...) entschuldiget, massen er habe nit die glögenheit zuo kommen, uff dz seige die Urschla unwilig gesein und etwass schnütz oder sprich wort über die Zinsslig gredt, und daruff hin wäg gangen, darnach ungefar in 8 oder 10 tagen seige ihme zügen ein stier der ringen krankheit verdorben, welcher stier ungefar 13 oder 14 guldin häte mügen gälten.»[1]

Anna Conzin von Waltensburg, die zusammen mit ihrer Mutter und ihrem Bruder Plässi lebte, hatte eine Auseinandersetzung mit Fähnrich Jon, einem andern Bruder. Anna drohte Jon, dass sie «auch einen Dienst tun könne» (sinngemäss: dass sie sich rächen werde), wenn er den Ochsen, den er seinem Bruder Plässi verkauft habe, nicht zurücknehme. Offenbar war etwas bei dem Handel zwischen den beiden Brüdern nicht in Ordnung gewesen, denn Anna Conzin und ihre Mutter weigerten sich, den Ochsen zu bezahlen. Der Fähndrich sagte aus:

> «Darauff seigen seine (des Jon) khüe alle krankh worden und auch kein milch geben, er habe auch schier auff ihren den suspet ghabt, er habe nit gesehen, ob sie doran gsein seige.»[2]

Die Kühe des Jon erkrankten nach dem Zwischenfall mit Anna. Er brauchte sich nur zu fragen, wer sein Vieh verhext haben könnte, d.h. wer ihm diesen Schaden zugefügt hätte.[3] Bei den Hexenprozessen konnte es also vorkommen, dass Verwandte gegen Verwandte aussagten.[4]

Was nach einem Streit geschehen konnte, zeigt eine Zeugenaussage über Julscha dil Durig von Siat:

> «Haben wir bericht, von deß Willy Urschla dilg Willy fraw auch mit namen Ursula, sagt, dz sey und die Ulscha haben *mit einanderen bekrieget* uf guter threw (Treu) vor 6 jar wegen ein thir. In demme habe die Ulscha zu ihren gesagt: Uf langst oder khurtz wil ich eüch der lohn geben. Und Ursula gesagt:

---

[1] Safien 1664, Urschla, die Tochter des Weibels Christen, Zeugenaussagen.
[2] Waltensburg 1672, A. Conzin von Waltensburg, 5. Zeugenaussage. Frona des Marty d'Ott wurde wütend, weil der Hüttenmeister ihr vorgeworfen hatte, dass sie ihm zu wenig Alpbrot gebracht habe. Die Folge war, dass ein Kalb des Hüttenmeisters (von der wütenden Frona) zu Tode verhext wurde, Lugnez (ohne Datum), Zeugenaussagen.
[3] Dazu THOMAS: Die Hexen und ihre soziale Umwelt, S. 277.
[4] Dazu auch LABOUVIE: Zauberei und Hexenwerk, S. 190.

Wils got und unser lieben frawen (Muttergottes), so magst mir khein lohn geben. In demme seige die Ulscha uf der Ursula stal thir khomen und froget, ob sey habe nit ein schäflin gesehen, und sey zu ihren gesagt: Deß ja. Uf deme ist ein rindt daruf gangen inert 2 oder 3 tag, und sey haben suspet uf die gehabt (...).»[1]

Das Ungewöhnliche während der Zeit des Hexenverfolgung war, dass ein Streit nicht ein Streit blieb. Der Streit ist für eine Dorfgemeinschaft, in der jede/r jede/n kennt, eine übliche Konfrontationsform und wird meistens schnell beendet und vergessen. Dies gilt indes nicht für die Zeit der Hexenverfolgung.[2] Eine Drohung wurde nicht vergessen, und wenn es möglich war, einen Zusammenhang zwischen einer Drohung und einem Unglück herzustellen, wurde dies getan. Die Frau von Willy hatte die Drohung von Julscha dilg Durig, «sie wolle ihr den Lohn geben» (d.h. ein Unrecht heimzahlen), nicht vergessen. Nachdem das Rind verendet war, wusste sie, dass die Hexe ihre Drohung wahrgemacht hatte, und dies gab sie den Behörden zu Protokoll.

Eine Drohung musste nicht ausgesprochen werden. John Tuisch von Lumbrein erschrak, als die Hexe Frona «grad nebent» seiner Mastkuh daherging. Am Abend tobte diese Kuh derart, dass die Frau des John Tuisch «schier umb dz leben komen». Erst der Sohn konnte das Tier beruhigen.[3]

Immer wieder erkrankte oder verendete Vieh, wenn Urschla Wagauw von Obersaxen auftauchte. Michell Allig erinnerte sich an ein Ereignis, das vor 15 Jahren geschehen war. Ein Ochse wurde damals krank, weil Urschla «ob dem weg ob den oxen durch gangen» war. Zum Schluss sagte Michell: «In einem manat haten wier fier rindt ferlloren (...).»[4]

---

[1] Waltensburg 1652, J.d.Durig von Siat, 2. Zeugenaussage. Einen ähnlichen Fall treffen wir in der 8. Zeugenaussage zu Anna Conzin. Sie trug die Schuld, dass ein Rind nach einem Streit verschwand, Waltensburg 1672.

[2] Bei einem Streit konnte eine ganze Familie gegen eine Person mobilisiert werden. Maria Cozza, die 1753 im Puschlav hingerichtet wurde, hatte Streit gehabt mit einer Familie wegen eines Grundstückes. Sogar das Mädchen dieser Familie, die bei Maria im Dienst war, sagte gegen sie aus.

[3] Lugnez (ohne Datum), F.d.M. d'Ott von Lumbrein, Zeugenaussagen. Vgl. weiter Gruob 1699, Maria Jon Padrut von Luven, Zeugenaussagen: Als Maria neben dem Vieh stand, sei «dz viech erschroken und gesprungen (...)».

[4] Obersaxen 1652, U. Wagauw von Obersaxen, 9. Zeugenaussage. Vgl. Anhang Nr. 12a S. 202.

Wir wollen noch zwei Beispiele untersuchen, die zeigen, wie es auch zu einer Anklage wegen Hexerei kommen konnte. Barbla Jöry Henny von Andiast bat «vor etlichen jar» Maria Jon Florin «umb Gottes willen» um Euterfleisch (minderwertiges Fleisch). Als Maria das Fleisch gegeben hatte, geschah das Unglück. Einer Kuh sei das Euter «verfullet»; eine andere fiel in einen Graben und konnte danach kaum gemolken werden. Maria liess den Priester kommen, aber erst ihre Drohung: «Ich wil die khuo lebig verbrennen» führte dazu, dass das Tier gesund wurde.[1]

Barbla Jöry Henny hatte um Euterfleisch gebeten, das Maria offenbar ungern gab. Mit ihrer Anklage konnte sie dem lästigen Betteln ein Ende setzen. Ein ähnlicher Fall betrifft Thrina Joss Jon Ping von Waltensburg. Sie bat um Schmalz, und auch ihr wurde dieses verweigert (siehe dazu das Kapitel 4.4. über Armut) .

Die Hexe Barbla d'Loreng Balzer hatte von Peter Gandrion begehrt,

«er solle ein par schuo fliken, demnach sie gefraget ob er geflikt, er gesagt, daß ja, darauff sie begert, wz koste, er gefoderet zwei bluzger (=Münze), da sie dan gesagt, ich will dir schon geben, habe aber nie geben, und demnach seige ihme etwz vieh verdorben».[2]

Im Zuge der Hexenverfolgung konnte sich Peter Gandrion an Barbla rächen (indem er sie der Hexerei beschuldigte), weil sie die geflickten Schuhe nicht bezahlt hatte. Damit wurde eine private Angelegenheit in die Öffentlichkeit hinausgetragen, wo jede Art von Hinweis dazu missbraucht wurde, den Hexen und Hexenmeistern auf die Spur zu kommen.

Beim Vieh (in der Regel Kälber oder Kühe), das erkrankte oder verendete, handelte es sich in der Mehrzahl der Fälle um ein oder zwei Tiere. Auf eine Tierseuche oder ein grösseres Unglück lässt eine Zeugenaussage über die Hexe Regla Conzin schliessen:

«Diß jahr (1717) (...) da die Embser (Einwohner von Domat/Ems) ihr s.h. vich in Ranasca geladen, seye sie (Regla Conzin) widerumb von Panix komen, und diser sumer seye in Ranasca vil vich in verderben gangen.»[3]

---

[1] Waltensburg 1652, B.J. Henny von Andiast, Zeugenaussage. Maria glaubte, die Hexe stecke in der von Barbla verhexten Kuh!
[2] Gruob (ohne Datum), B.d. Balzer (von Castrisch?), Zeugenaussage.
[3] Waltensburg 1718, R. Conzin von Waltensburg, 15. Zeugenaussage.

In der Sekundärliteratur über Tierseuchen in Graubünden ist von einer massenhaften Erkrankung des Viehs im Jahre 1717 in der Surselva nicht die Rede. Auch sonst lässt sich kein Zusammenhang zwischen Tierseuchen und der Hexenverfolgung in Graubünden feststellen.

Die schwere Pestwelle, die viele Gebiete der Eidgenossenschaft zwischen 1663 und 1670 heimsuchte, verschonte Graubünden. Im 17. Jahrhundert waren in den Drei Bünden bereits wichtige polizeiliche Massnahmen wie die Absonderung, die Quarantäne und die Sperre von kranken Tieren in Kraft getreten. So konnten Seuchen wirksamer bekämpft werden.[1]

Ebenso wie der Erkrankung von Menschen standen die damaligen Ärzte auch den Krankheiten des Viehs machtlos gegenüber.[2]

4.3.3. Schadenzauber an Nahrungsmitteln

Diese Kategorie von Schadenzauber hat – zumindest direkt – nichts mit Krankheit und Tod zu tun. Es geht darum, dass eine Person, meistens eine Bäuerin oder ein Bauer, im gewohnten Arbeitsablauf gestört wurde.

Christ dilg Willy konnte plötzlich weder Zieger noch Butter zubereiten, weil Barbla Jöry Henny von Andiast anstelle seiner Frau die Milch bei ihm holte. Erst als Pfarrer Risch[3] auf das Geschirr den Namen Jesu schrieb, war alles wieder in bester Ordnung.[4] Wahrscheinlich sollte die arme Frau für ihre Dienstleistung entlöhnt werden. Anhand von ähnlichen Beispielen können wir vermuten, dass Christ die Frau nicht bezahlte, obwohl er sich moralisch dazu verpflichtet fühlte. Die Hexe «rächte» sich, was er wohl vermutet hatte! Dies trifft auch auf eine Zeugenaussage über

---

[1] Zu den Tierseuchen in den Drei Bünden vgl. FELIX MAISSEN: Von der Viehseuche und deren Bekämpfung in Graubünden im 17. Jahrhundert, in: BM 1964, S. 334-342, und CHRISTIAN MARGADANT: Ein Beitrag zur Geschichte der Tierseuchenbekämpfung im Freistaat Gemeiner Drei Bünde (1500 bis anfangs 1800 n.Chr.), in: Schweizer Archiv für Tierheilkunde, Bd.95, 1953, S. 364. Das Dorfgesetz von Celerina (Oberengadin) bestimmte um 1600, dass krankes Vieh angezeigt und in Gegenwart einer Kommission geschlachtet werden musste.

[2] THOMAS: Die Hexen und ihre soziale Umwelt, S. 278ff.

[3] Pfarrer Ulrich (Risch) Gantner wirkte in Andiast 1646-1659, J. JACOB SIMONET, Die katholischen Weltgeistlichen Graubündens, S. 19.

[4] Waltensburg 1652, B.J. Henny von Andiast, Zeugenaussagen.

Thrina Joss Jon Ping von Waltensburg zu. Dieser Frau wurde ein Almosen verweigert, und sie handelte als Zauberin, so dass Lorentz eine Weile keine Butter machen konnte:

> «Zum 5. züget Lorentz Pfister, dz dz weib seye einmal vonn Andest khomen, die Thrina habe des ermelter Lorentz fraw umb gottes willen gebeten schmaltz, und sy habe ihren abschlagen, darnach haben sy selbigen jahr nit mer khönen schmaltz machen, biß sy haben ein ander khübel thuns lüchen (ausleihen), alß dann ist recht schmaltz worden. Ob dz weib die schuldt habe khann, mögen sy nit wüssen.»[1]

Die zurückhaltende Äusserung des Zeugen am Schluss des Zitats zeigt, dass Lorentz Pfister offenbar wusste, dass er und seine Frau (moralisch) schuldig geworden waren. Seine Frau hätte «ihre Pflicht» tun und der armen Thrina Butter geben sollen.[2] Vielleicht war Lorentz auch nicht so sicher, dass Hexerei im Spiel war. Schliesslich konnte er ja wieder buttern, nachdem er das Geschirr gewechselt hatte. Auffallend an diesem Beispiel und an anderen ist, dass die Leute im Dorf oft ein einfaches Gegenmittel gegen Zauberei und Hexenwerk zur Hand hatten.

Manchmal gab die Hexe sogar selber einen Rat, wie die Betroffenen sich aus dem Zauberbann lösen konnten. Zander Christ Padrut bezeugte,

> «dz er habe denn weib (Thrina Joss Jon Ping) etlich mallen milch umb spinen geben. Ein mal habe des Zander fraw in sein napf geben, als dz weib der napf wider zu bracht und sy milch derin thun haben, so habe es als thickhet (sei sogleich geronnen). Wiewollen sy der napf gewescht und brent haben, so habe es nit ghulfen. Darnach seye dz weib widerumb khommen, und deß Zanders fraw seye unwillig gewest und gesagt, wie die milch thickhe, es müesse etwz nit recht sein, und dz weib habe geantwortet: Wesch noch ab, es würt hören, und fürohin hats nit mer thickhet.»[3]

Für Milch erbrachte die alte Thrina eine Gegenleistung (Spinnen). Dieses soziale Beziehungsnetz von Geben und Nehmen hat der Hexenglaube zerrissen. Die Hexenverfolgung bot eine willkommene Gelegenheit, um eine «persona non grata» aus der Gemeinschaft auszuschliessen.

---

[1] Waltensburg 1652, T.J.J. Ping, 5. Zeugenaussage. Vgl. Anhang Nr. 13 S. 213.
[2] THOMAS: Die Hexen und ihre soziale Umwelt, S. 281: «Die Verweigerung von Almosen war die typische Form der Pflichtverletzung, mit der mutmassliche Opfer sich der Hexe gegenüber schuldig gamacht hatten.»
[3] Waltensburg 1652, T.J.J. Ping, 7. Zeugenaussage. Vgl. Anhang Nr. 13 S. 213.

Der Weibel Joss von Waltensburg wollte radikale Massnahmen ergreifen. Maria Joss Jon Ping, die Tochter von Thrina, hatte dem Weibel geholfen, Korn zu schneiden. Als Gegenleistung, als Lohn, bat sie um «ein khrinen schmaltz», was der Weibel ihr verweigerte. Seine Frau belohnte aber die Arbeit von Maria, was ihm nicht gefiel:

> «Nach demme hat die milch ein lange zeit thicket. Die Thrina habe offt des Joß söhnen fraget, ob sy vill milch melchen oder nit. Der Joß ist bald unwillig gsin und gesagt: Ich wil sie erschiessen, und fürohin ist besser worden.»[1]

Gerann die Milch nicht mehr, weil Thrina von dieser Drohung gehört hatte und nicht mehr wagte, den Weibel um Milch zu bitten? Nicht alle Leute reagierten so «unwillig» wie der Weibel Joss. Risch Jon Florin entschuldigte sich für sein ungebührliches Verhalten gegenüber der alten Frau. Ihm wurde erzählt (!), dass Thrina Joss Jon Ping gespottet habe, als er für seine schwangere Frau ein Gebet sprechen liess. Als Thrina den Risch um Milch bat, erwiderte dieser:

> «Wann sy sich gschämmt hat für sein fraw zu biten, were sey nit würdig, dz er etwz gebe, thuo hat sey murmelet und ist unwillig darüber gsein, doch hat er geben (...).»

Daraufhin gerann die Milch, und wiewohl Risch Jon Florin auch die Eimer abwusch – es nützte nichts! Als er eines Tages am Mähen war, kam die alte Frau vorbei. Risch bat sie um Verzeihung:

> «Ich habs eüch erzürnet, ich bit, dz ihr nit für übel haben wollen, und dz weib ihme gesagt: Ja ja, ihr seint ein guoter frommer mann, behuet euch gott, und siter hats nit mer thickhet.»[2]

Ob Risch echte Reue zeigte, ob er den Zauber brechen wollte, oder ob beides zutrifft, können wir nicht schlüssig beurteilen. Möglich ist, dass dieser Zeuge sich – im Gegensatz zu den meisten anderen – wohl bewusst war, dass er einem Mitmenschen Unrecht getan hatte, und er entschuldigte sich bei der alten Thrina.

Anhand dieser Beispiele aus dem Leben von Thrina Joss Jon Ping sehen wir, was man alles tun konnte, um sich aus dem Bann des Hexenzaubers zu lösen. In einem Fall genügte es, das Geschirr auszuwechseln. Dann half

---

[1] Waltensburg 1652, Thrina Joss Jon Ping, 9. Zeugenaussage. Vgl. Anhang Nr. 13 S. 214.
[2] Waltensburg 1652, Thrina Joss Jon Ping, 11. Zeugenaussage. Vgl. Anhang Nr. 13 S. 215.

die Hexe selber durch einen Rat. Letztlich führten sowohl eine Drohung wie eine Bitte um Verzeihung zum Ziel.

Wir wollen noch einige andere Beispiel untersuchen, die zeigen, wie einige Frauen aus der Gemeinschaft ausgeschlossen wurden. Der Hexenwahn bot die Gelegenheit, mit althergebrachtem Recht und Gewohnheit aufzuräumen, wie z.B. mit der Erlaubnis, eine Mühle zu benutzen:

Die «Greitly mulleri» berichtete, dass die Mühle nicht mehr lief, als Julscha dilg Durig von Siat Korn gemahlen hatte. Greitly erhoffte sich Gottes Hilfe:

> «Der mülly hab ich khaufft und bezalt, mit Gott hülf muoß der mülly gechen, wan sann allen hexsen und hexsenmeister leit were (...).»[1]

Auch Urschla Hans Plasch von Tersnaus sollte von der Mühle ferngehalten werden. Weil sie gemahlen hatte, musste ein Geistlicher, der Herr Toma, durch eine «Lesung»[2] das verhexte Räderwerk wieder in Betrieb setzen.[3] Den Inhabern der Mühlen ging es darum, diesen Frauen das Benützungsrecht zu entziehen.

Christina Loreng Balzer sollte nicht mehr Kirschen pflücken dürfen:

> «Züget Lienard Jeri Josch, daß die Christina ein mahl auff ein baum kriese gelesen, und der baum darauff verdoret und nit mehr gefruchtet, habe auch nit weiters geargwohnt, alß wan sie mit dem behaftet wie die gmeine sag war, so habe sie gethan.»[4]

Mit den Worten «mit dem behaftet wie die gmeine sag» meinte Lienard, dass Christina Loreng Balzer in Verdacht stand, eine Hexe zu sein. Durch das Gerede in der Öffentlichkeit wurde eine verdächtige Person nach und nach kriminalisiert: «Derartige Personen, auf die man sowieso schon mit Fingern zeigte, wurden, sobald man ihnen auch noch die Fähigkeit zusprach, anderen Schaden zufügen zu können, aus der Gemeinschaft verstossen. Die isolierte Position der Verdächtigen wiederum und ihr von der Gemeinschaft abgesondertes Dasein wurden jetzt als Motive für heimliche zauberische Aktivitäten interpretiert», stellt die Historikerin Eva Labouvie fest.[5]

---

[1] Waltensburg 1652, J.d. Durig, 5. Zeugenaussage.
[2] Mit der «Lesung» sollten die Dämonen vertrieben werden.
[3] Lugnez 1673, U.H. Plasch von Tersnaus, Zeugenaussage.
[4] Gruob 1700, C.L. Balzer von Castrisch, Zeugenaussage.
[5] LABOUVIE: Zauberei und Hexenwerk, S. 215.

Nachdem die Gerüchte über die obengenannte Christina sich verbreitet hatten, erinnerten sich einige Personen an Geschehnisse, für die es vorher keine Erklärungen gab und die viele Jahre zurückliegen konnten (damals hatte Lienard noch «nit weiters geargwohnt»!). Die Hexe wurde angeklagt, dass sie den Menschen, den Tieren und den Nahrungsmitteln Schaden zufügen und sich in Tiere verwandeln könne (Kap.4.5.). Wohl war der Teufel auch gegenwärtig (Kap.4.6.5.); er spielte jedoch kaum eine Rolle in den Zeugenaussagen. Erst die Theologen hatten eine neue Hexenlehre aufgestellt über Teufelspakt und Teufelsbuhlschaft.

Die Hexenverfolgung löste ein Klima der Angst aus: «Misstrauen und schlimme Ahnungen sind stets gegenwärtig, jeder beobachtet jeden, und oft genügt ein kleiner Hinweis, um Verdacht zu erwecken.»[1]
Ähnliche Beobachtungen hat Keith Thomas bei Hexenprozessen in England gemacht: «Eine Hexenanklage begann bei einer Person, die mit dem Verdächtigen in enger Nachbarschaft lebte, und sie zielte darauf ab, ein lokales und persönliches Unglück zu deuten.»[2]

Die Theologen hatten ihre Lehren über Zauberei und Hexenwerk systematisch entwickelt. Viele, wahrscheinlich die meisten von ihnen, glaubten das, was sie sagten und predigten, und wähnten sich in einem grossen Abwehrkampf gegen die Macht des Teufels, des «bösen Geistes». Die Handlungen der Obrigkeit wurden dermassen von diesem Kampf bestimmt, dass vernünftiges Denken und Handeln völlig verdrängt wurden. In dieser Situation wurde der «Ausnahmezustand» durchgesetzt. Der Feind musste mit allen verfügbaren Mitteln und erbarmungslos bekämpft werden, koste es, was es wolle.

---

[1] MEILI: Hexen in Wasterkingen, S. 67.
[2] THOMAS: Die Hexen und ihre soziale Umwelt, S. 287.

4.4. Die Armut

Aus den Gerichtsakten wird ersichtlich, dass die Armut in den Hexenprozessen eine zentrale Rolle einnimmt. Weil Schadenzauber meistens im Zusammenhang mit Armut steht, ist es sinnvoll, dieses Thema hier zu behandeln.

Wie stand es im 17. Jahrhundert in Graubünden mit den armen Leuten? Leider fehlt es an einschlägiger Literatur zum Thema. In seiner «Bündnergeschichte» kommt Friedrich Pieth zur Überzeugung, dass der Anteil an Armen im 17. Jahrhundert sehr hoch war: «Die jahrelangen Kriege und Unruhen hatten Handel und Verkehr ruiniert. Mehr als ein Viertel der Bevölkerung war dem Hunger und Krankheiten zum Opfer gefallen. *Armut und Bettel herrschten überall.*»[1]

Etliche Zeugenaussagen stützen diese Feststellung. Eine arme Frau war Thrina Joss Jon Ping von Waltensburg. Wie sie unter der Folter bekannte, sei ihr Mann vor vierzig Jahren nach Österreich gezogen.[2] Die Zeugen nannten Thrina die «Alte». Wir können mit Sicherheit behaupten, dass Thrina Joss Jon Ping alt (wahrscheinlich mindestens 70-jährig) und arm war. Sie bat oft um Esswaren, z.B. Schmalz, und sie hatte es bitter nötig, wie wir bereits erfahren haben.

Aus dem Verhalten der Dorfbewohner lässt sich schliessen, dass sie der alten Frau nur ungern etwas zu essen oder zu trinken gaben. Die Armen wurden gehasst, «weil sie eine Bürde für die Gemeinschaft und eine Bedrohung der öffentlichen Ordnung darstellten».[3] Der Weibel Joss wollte Thrina sogar erschiessen. Wie unbarmherzig mit der alten Frau umgegangen wurde, zeigt die Zeugenaussage von Jacob Wolwet. Als er der Thrina einmal Milch gegeben hatte, konnte er keinen Zieger mehr herstellen. Eines Morgens kam sie wieder und bat um Brot. Da sagte Jacob zu ihr:

«Wann es aufhört (d.h. wenn er wieder käsen könne), so ist guot, wo dz nit gschechen thete, so sint meinen herren beyeinanderen, wil heüt ann zeigen

---

[1] PIETH: Bündnergeschichte, S. 238. Die Stadt Chur ergriff um 1650 Massnahmen gegen das Bettelwesen. Bettelnde Personen wurden aus der Stadt verwiesen. Wenn sie sich wieder in der Stadt sehen liessen, wurden sie ins Gefängnis gesetzt und dann durch den Bettelvogt fortgeschafft, MAISSEN: Die Drei Bünde 1647-1657, S. 228.

[2] Waltensburg 1652, T.J.J. Ping von Waltensburg, 1. Bekenntnis.

[3] THOMAS: Die Hexen und ihre soziale Umwelt, S. 291.

und klagen. Die Thrina gesagt: Schweigen, es würt schonn bösser (besser) werden, und derselbig tag ist hübsch züger worden.»[1]

Die Drohung von Jacob, er wolle sie den Gerichtsherren anzeigen, bewirkte ohne Zweifel, dass Thrina fortan nicht mehr wagte, um Almosen zu betteln. Frauen, die ihre Nachbarn um Esswaren baten, waren auch Barbla Jöry Henny von Andiast und Brida Jon Chasper von Rueun. Eine Frau weigerte sich, der Brida Mehl oder Kraut zu geben, und der Priester liess Brida ebenfalls kein Kraut aus seinem Garten nehmen. Dies hatte zur Folge, dass eine Kuh dieser Frau ein Auge verlor und ein Kalb des Priesters zugrundeging.[2]

Die wenigen Indizien, die der Gerichtsschreiber Johann Berther über Anna Jöry Jon Gletzy von Siat notierte, weisen darauf hin, dass sie «in Argwohn gelebt» (weil sie von hingerichteten Hexen denunziert worden war) und sich dafür «nie entschuldigt» habe. Zeugenaussagen fehlen! Der Antwort der Verteidigung können wir entnehmen, dass Anna Jöry Jon Gletzy eine arme Frau war: Sie «heige gelebt mit seiner armuot, habe sich vermeint niemant ergernuss».[3]

Stina Meningla von Schlans wurde festgenommen, weil sie seit jeher ein «bosshaftigs wib gewest», gestohlen und gedroht hatte, sie wolle das Dorf Schlans «thun undergechen». Sie habe dann auch das Dorf angezündet und sei von zwei Hexen denunziert worden. «Es befrembde ihnen deß gefierten klag», so die Verteidigung, «war seig es sy (Stina) seige ein armen khörloses mensch, mechte auch etwz durch armuot den leüthen entfrembt haben, aber wegen hexsery werde niemant an ihr zeügen (...).»[4]

Auffallend am Prozess gegen die beiden Frauen Anna Jöry Jon Gletzy und Stina Meningla ist, dass keine Zeugen gegen sie auftraten. Offenbar genügte es, dass sie arm waren und daher der Gemeinschaft zur Last fielen. Wir können nur erahnen, wie schlimm die Situation dieser Frauen im 17. Jahrhundert war. Beide mussten stehlen; ihre bittere Not trieb die armen Frauen dazu.

Dasselbe gilt auch für Anna Jon Donau von Laax. Offenbar hatte auch sie zumeist wenig zu essen. Unter der Folter bekannte Anna, dass eine El-

---

[1] Waltensburg, T.J.J.Ping, Zeugenaussage. Vgl. Anhang Nr. 13 S. 216.
[2] Waltensburg 1652, B.J. Chasper von Rueun, Zeugenaussagen.
[3] Waltensburg 1652, A.J.J. Gletzy von Siat, Indiz und Antwort.
[4] Waltensburg 1682, S. Meningla von Schlans, Indiz und Antwort.

ster ihr ein Stück Brot weggeschnappt habe. Da habe sie geflucht. Ein «Kerl» (d.i. der Teufel) sei erschienen und habe grosse Versprechungen gemacht:

> «Gsagt, wan sy ihne volgen welle, wolle er nit nur allein ein stukg, sonder ein ganzes brodt verschaffen, nit nur für selben tag, sonder allezeit (...).»[1]

Gemäss dem Versprechen des «Kerlis» sollte Anna Jon Donau immer ein ganzes Brot, d.h. genug zu essen haben. Die Zeugen gegen Anna sagten vor allem in bezug auf *Diebstahl* aus. Nach dem dritten Grad der Folter gab sie zu, Esswaren (Brot, Reben, eine Wurst, Bohnen, Butter, einen halben Zieger) und verschiedene Gegenstände (einen Kessel, Talg, eine Geissglocke und Tücher) gestohlen zu haben. Wie sehr Anna das Brot benötigte, zeigt die folgende Stelle aus dem Bekenntnis:

> «Item dem Marti Flori von Flims gnommen ab dem offen 4 bluzger (=Münze) und darmit ein brot baufft.»[2]

Eine Geissglocke (scalin) hatte Anna ebenfalls verkauft. Sie entwendete die meisten Esswaren und Gegenstände ausserhalb von Laax, so beispielsweise in Obersaxen, Ilanz, Cumbel, Flims, Falera und Tamins.

Im Urteil fehlt die Angabe, dass ihr Hab und Gut konfisziert wurde. Anna Jon Donau besass wahrscheinlich nichts, im Gegensatz zu Urschla Delbin, die ein Haus in Laax verkaufen konnte und Eigentümerin von weiteren Liegenschaften in Schluein war.[3] Musste sie ihren Besitz verkaufen? In einem Gespräch mit Brinkazi und seiner Frau beklagte Urschla sich «der theüre deß gelts, so diß johr seige». Urschla machte bei diesem «discurs» die unvorsichtige Bemerkung, «der teüffell leiche (leihe) auch gelt».[4]

---

[1] Laax 1657, A.J. Donau von Laax, Bekenntnis.

[2] Laax 1657, A.J. Donau von Laax, Bekenntnis.

[3] Ein Zeuge, der gegen Urschla Delbin aussagte, war der Käufer ihres Hauses, Jölli Schamun Loreng (7. Zeugenaussage) Er erzählte, dass Urschla ihm «auf die linkhen axlen gschlagen, dz danethin der halz angefangen zu schmirzen, dz er nit anderst vermeint, dz gsicht werde hindersich gezogen (...)». Betreffend die Liegenschaften in Schluein: Am 2. Januar 1655 verkaufte die Gerichtsgemeinde Laax «hauß, hoff und stadel sampt den baumgarten, daß der hingerihte Urschla Delbin geweßt zu Schleüwis gelegen», LOTHAR DEPLAZES: Die Gerichtsgemeinde Laax-Sevgein 1654-1732, S. 67.

[4] Laax 1654, U.Delbin von Schluein, 9. Zeugenaussage. Urschla Hanss Plasch hatte ebenfalls ein Haus verkauft, Lugnez 1673, U.H. Plasch von Tersnaus, Zeugenaussagen.

Arme Frauen waren wohl auch Anna Jon Biat von Ilanz, Regla Conzin von Waltensburg und Anna dilg Ambrosi von Rueun. Anna Jon Biat soll gesagt haben: «Man fache (fange) nur die armen, die reichen nit (...).»[1] Anna zählte sich wohl zu den Armen. Regla Conzin musste im Taglohn arbeiten; und Anna dilg Ambrosi, die letzte bekannte Hexe der Gerichtsgemeinde Waltensburg, habe «aus grosen mangel und nothurft etwaß genomen (...)».[2] Um überleben zu können, mussten arme Frauen betteln oder stehlen.

Wie wir anhand der Beispiele bemerkt haben, veränderte sich die Situation während der Hexenverfolgung zuungunsten der Armen. Indem eine Frau der Hexerei verdächtigt und angeklagt wurde, büsste sie ihren Platz und ihre Stellung innerhalb einer Dorfgemeinschaft ein. Sie durfte sich nicht mehr «Mitchristin» nennen. Dies bedeutete, dass ihr ein Almosen verweigert werden konnte. Die armen Frauen wurden dadurch unweigerlich ärmer. Auf Hilfe konnten sie kaum rechnen, vor allem dann nicht, wenn sie alleinstehend waren. Arme Frauen waren den Behörden und der Dorfgemeinschaft im Wege, auch wenn sie dies nicht wahrhaben wollten, wie Anna Jöry Jon Gletzy. Sie hatte in Armut gelebt und geglaubt, dass sie kein «Ärgernis» errege.

In jeder Gemeinde gab es arme Personen. Diese gingen oft von Dorf zu Dorf, um zu betteln oder um Nahrung zu suchen.[3] Arme Frauen, die umherzogen und keinen festen Wohnsitz hatten, waren auch die drei Hexen, die 1652 in Chur vor Gericht standen und schliesslich freigesprochen wurden. Die drei Frauen Maurer dienten bei Bauern, dann waren sie als Mägde bei einer Familie in Chur, bei einer reformierten Pfarrersfamilie und in Häusern von Zunftmeistern angestellt.[4]

---

[1] Gruob 1652, A.J.Biat von Ilanz, Indizien. Dazu die Zeugenaussage von Hans Jacob Biat (ein Verwandter ?): Als Anna im Gefängnis war, soll sie gesagt haben, dass sie sich frei kaufen könnte, wenn sie einen guten Geldsack hätte.

[2] Waltensburg 1718, A.d. Ambrosi von Rueun, Antwort der Vert.

[3] Die einzige Frau, die gemäss den vorliegenden Quellen im Unterengadin als Hexe hingerichtet wurde, war Anna Töna von Tschlin. Sie war «eine arme Wittfrau, die in den Dörfern umherzog und zeitweise von der Getreide-Nachlese lebte (...) Ihre Bedürftigkeit machte sie wohl für etliche Leute zu einem leibhaftigen schlechten Gewissen, dem einiges zuzutrauen war.» JON MATHIEU: Bauern und Bären, S. 292.

[4] MATHIS BERGER: Der neuentdeckte Churer Hexenprozess vom Jahre 1652. Die Mitglieder der reformierten Pfarrfamilie waren die Hauptzeugen gegen die drei Frauen.

In diesem Zusammenhang tauchen einige Fragen auf, die wir zu beantworten versuchen: Wo lagen die tieferen Ursachen dieser Unmut gegenüber den Armen? Trugen Zeiten der wirtschaftlichen Misere die Schuld? Erstaunlicherweise spricht in den Zeugenaussagen niemand zum Beispiel von schlechten Ernten. Einer Hexe oder einem Hexenmeister wurde nie der Vorwurf gemacht, dass sie/er eine Ernte zerstört hätte. Weiter fragen wir uns, ob ein Strukturwandel innerhalb der bäuerlichen Gesellschaft stattgefunden hatte oder stattfand, ein Wandel, der zu einem Kampf zwischen Reichen und Armen, zwischen Armen und ärmeren Leuten oder zwischen einzelnen Familien geführt hatte? Hatten sich die Besitzverhältnisse so geändert, dass Kämpfe um Hab und Gut geführt worden waren und vielleicht immer noch im Gang waren?

Beleuchten wir zuerst den theologisch-mentalen Hintergrund der Armenfeindlichkeit. Die bereits im 14. Jahrhundert feststellbaren Aus- und Abgrenzungsmechanismen der Gesellschaft gegen die Armen sollten sich im 16. Jahrhundert ausserordentlich verschärfen. Armut wurde als ein moralischer Defekt («Müssiggang») definiert. Seit der Mitte des 17. Jahrhunderts wurden die Armen von den Theologen sogar dämonisiert: aus dem einstmaligen Ebenbild Christi waren «Arme des Teufels» geworden – furchteinflössende Wesen.[1] So wundert es nicht, dass, wie alle namhaften Theologen des 17. Jahrhunderts, der zeitweise in Grüsch als Pfarrer wirkende Bartholomäus Anhorn d. J. die Ansicht vertrat, die meisten Armen seien leichte Beute des Teufels: «Diese elenden und armseligen Leut/ verpflichtet der Teufel ihme selber zu seinem Dienst/ Ehrerbietung und Gehorsam folgender gestalten: 1. Etliche/ die in Schulden steken/ und Armut leyden/ kaufft er umb ein geringes Gelt.»[2] So erscheint es aus der Sicht dieser Theologie, welche die Armen dämonisiert, folgerichtig, dass diese Teufelsbrut ausgerottet werden muss.

Der Literatur lässt sich nicht entnehmen, ob sich die Struktur der vorwiegend bäuerlich-ländlichen Gesellschaft im 17. Jahrhundert veränderte. Die Bündner Wirren hatten wohl Spuren hinterlassen, aber grosse Machtkämpfe unter den Bauern, wie Arno Borst dies für das obere Simmental festgestellt hat, fanden in der Surselva nicht statt. Dort begannen die He-

---

[1] VOLKER HUNEKE: Überlegungen zur Geschichte der Armut im vorindustriellen Europa, in: Geschichte und Gesellschaft 9 (1983), S. 491ff.
[2] ANHORN, Magiologia, S. 609f.

xenprozesse freilich 250 Jahre früher als in der Surselva, nämlich um 1400. Seit dem späten 14. Jahrhundert hatten die Simmentaler Bauern auf Graswirtschaft und Grossviehzucht umgestellt und gaben den Getreidebau und die Schafzucht auf. Dies bedeutete, dass sie zum Teil die Selbstversorgung aufgaben; sie exportierten Vieh, mussten aber Getreide einführen. Diese Umstellung «muss den Simmentaler Bauern viel Unruhe und Unsicherheit beschert haben, und hier hat die Hexerei eine ihrer Wurzeln».[1]

Eine andere These besagt, dass das Bevölkerungswachstum einen Einfluss auf die Hexenverfolgungen gehabt habe. Wenn die Bevölkerung wachse, könne dies zu Kämpfen innerhalb einer Gesellschaft führen, bei denen einzelne Personen oder Gruppen verdrängt würden. Die Hexenjagd diene dann als Ventil zur Ausschaltung eines Teils der wirtschaftlich schwächsten Glieder der Gesellschaft, wie z.B. der Frauen, älteren Leute, Mittellosen oder alleinstehenden Aussenseiter.[2] Diese These könnte partiell auch für den neuerlichen Ausbruch der Hexenverfolgung in Graubünden nach den Bündner Wirren zutreffen. Während der Bündner Wirren 1618-1639 war die Bevölkerung durch Kriege, Hungersnot, Pest und Krankheiten dezimiert worden.[3] Anschliessend nahm sie wieder zu. Im Zusammenhang mit der Armut und den oben beschriebenen Fällen lässt sich sagen, dass arme und alte Frauen systematisch aus der Dorfgemeinschaft verdrängt wurden. Wahrscheinlich waren die Nahrungsmittel oft knapp und vielen Familien reichte es kaum zur Grundversorgung. Wenn wir die Hexenprozesse von 1652 in der Gerichtsgemeinde Waltensburg betrachten, ergibt sich folgendes Bild: Von den 14 Personen, die vor Gericht standen, waren mindestens sechs Frauen arme Personen: Thrina Joss Jon Ping, Anna Jöry Jon Gletzy und Stina Meningla waren arm und alt; arm waren auch Barbla Jöry Henny, Brida Jon Chasper und Nesa Sallaman, und Jon Padrut war ein alter Mann. Der erste Hexenprozess in Waltensburg und der erste in Ilanz wurden gegen arme und alte Frauen durch-

---

[1] ARNO BORST: Anfänge des Hexenwahns in den Alpen, in: Ketzer, Zauberer, Hexen. Die Anfänge der europäischen Hexenverfolgungen, Frankfurt a.M. 1990, S. 43-67.

[2] MARTIN KÖRNER: Glaubensspaltung und Wirtschaftssolidarität (1515-1648). In: Geschichte der Schweiz und der Schweizer, Bd. 2, Basel 1986, S. 41f.

[3] ALEXANDER PFISTER: Sur la carschen e digren della populaziun el Grischun, in: Annalas da la Società Retorumantscha, 28 (1914), S. 35-98.

geführt.[1] Wahrscheinlich war auch Thrina Chatz von Rueun, die 1652 zusammen mit Thrina Joss Jon Ping gefangengenommen wurde[2], eine alte Frau. Der letzte Prozess des Jahres 1652 in Waltensburg dauerte nur vier Tage und endete mit dem Todesurteil gegen die arme und gehörlose Stina Meningla von Schlans.

Die beiden letzten Hexen der Gerichtsgemeinde Waltensburg, Regla Conzin von Waltensburg und Anna dilg Ambrosi von Rueun, waren ebenfalls arme Frauen.

4.5. Die Verwandlung in Tiere

Wir wollen uns nun einem weiteren Thema zuwenden, das zeigt, dass der Bauer in den Bergen an «übernatürliche Ereignisse» glaubte. Ein untrügliches Zeichen von Hexerei war die Kunst, sich in Tiere zu verwandeln. Gewisse Tiere wurden dämonisiert und galten als Teufelsgeschöpfe. Einigen Stellen aus den Protokollen können wir entnehmen, dass die Hexen und Hexenmeister in der Gestalt von Katzen, Elstern oder Ziegen einen bestimmten Zweck verfolgten.[3] Die Verwandlungskunst spielt jedoch nur in den Zeugenaussagen eine wichtige Rolle. In den Bekenntnissen unter der Folter erwähnten die Hexen und Hexenmeister selten Tiere, und wenn sie davon sprachen, dann in einem anderen Zusammenhang (Kap. 5.2.).

Die Tiere, die in den Zeugenaussagen mit Hexenwerk in Verbindung gebracht wurden, waren in erster Linie Katzen und Elstern, dann auch Ziegen, Hunde und Füchse.

---

[1] 1699 wurden 17 Personen in der Gerichtsgemeinde Langwies im Schanfigg als Hexen/Hexenmeister angeklagt. Abgesehen von wenigen Ausnahmen handelte es sich um Personen, die mindestens 60 Jahre alt waren, SCHMID/SPRECHER: Zur Geschichte der Hexenverfolgungen in Graubünden, S. 50.

[2] Thrina Chatz wurde auf einem Schlitten, das ein Paar Ochsen zog, von Rueun nach Waltensburg gebracht (wahrscheinlich hatte sie nicht mehr die Kraft zu gehen!).

[3] Der «Hexenhammer», der 1486 erschien, beschäftigte sich im ersten Teil mit der Verwandlung in Tiere: «10. Ob sich die Hexen mit den Menschen zu schaffen machen, indem sie sich durch Gaukelkunst in Tiergestalten verwandeln», JAKOB SPRENGER und HEINRICH INSTITORIS: Der Hexenhammer (Malleus maleficarum), 3. Auflage München 1985, S. 145-147.

4.5.1. Die (schwarze) Katze

Die Vorstellung von der schwarzen Katze als Begleittier oder Verkörperung der Hexe bildete sich im Spätmittelalter aus. Der englische Kleriker Gervasius von Tilbury (um 1152 bis nach 1220) erwähnt Frauen, die sich nachts in Katzen verwandeln. Wenn sie auf ihren Streifzügen verwundet werden, sieht man die Verletzungen am nächsten Morgen an ihrem menschlichen Körper.[1] Aufgrund der jahrhundertelangen gemeinsamen Dämonisierung von Katzen und Frauen – beide gelten als lüstern und verschlagen – treten Katzenhexen auch in Bündner Hexenprozessen häufig auf.

Im Protokoll über Urschla Delbin von Schluein bezeugte Fida M. Lizi, dass sie vor einem Jahr ihre kranke Tante zwischen Tag und Nacht besucht habe. Zwei schwarze Katzen hätten sie von ihrem Haus bis an das Haus ihrer Tante begleitet. Auf dem Heimweg seien die Katzen wieder an ihrer Seite gewesen. Plötzlich verschwanden die Tiere, und Urschla Delbin sei mit noch einer Frau «vor ihr fenster gstanden». Die beiden Frauen behaupteten, dass sie die Schwester von Fida besuchen wollten. «Und hiemit eine der gassen auff, die ander der gassen ab gangen».[2] Unter den erhaltenen Indizien gegen Urschla Delbin hatte der Gerichtsschreiber notiert, dass Urschla in eine schwarze Katze verwandelt gewesen sein soll![3] Wahrscheinlich vermuteten Fida M.Lizi und die Behörden auch, dass die Hexe Urschla die Tante von Fida in Gestalt einer Katze heimgesucht und krank gemacht habe.

In drei Protokollen der Gruob der Jahre 1699 und 1700 geht es um die Aussagen gegen Martin Jon Martin Nut von Castrisch und seine Tochter Menga. Die Zeugen gegen Martin sagten aus, dass sie in seinem Hof einen grossen Lärm (gschrei) gehört hätten: Dieser Lärm sei von Katzen, anderen Tieren und Kindern verursacht worden. Und als Martin Chispar mit drei anderen Personen in seinem Hof über Martin Jon Martin Nut sprach, sei eine «böse» Katze, die sie kaum vertreiben konnten, in das Haus des Hexenmeisters verschwunden. In diesem Fall führte das Geschwätz über andere dazu, dass der Hexenmeister in Gestalt einer Katze anwesend war.

---

[1] Enzyklopädie des Märchens, 7. Bd., Sp. 1102f. (Art. Katze von IRMELA ROSCHMANN-STELTENKAMP).
[2] Laax 1654, U. Delbin von Schluein, 11. Zeugenaussage. Vgl. Anhang Nr. 15 S. 227.
[3] Ebenda, Indiz «Soll in ein schwarze kazen verwandlet gsin sein(...).»

Ein anderer Grund, dass Tiere zu einer bestimmten Zeit auftauchen konnten, war ein Streit. Nachdem Jeri Banadeg von Castrisch «wegen auffbaung deß hauses» mit Martin Jon Martin Nut gestritten hatte, belästigten ihn Elstern und Katzen:

> «In der gassen habe er mit einer pistolen auff die katzen also wollen schiesen, habe die pistolen nit wollen laß gahn (...).»[1]

Fast wortwörtlich gleichen sich die Zeugenaussagen betreffend Verwandlung in Katzen im Fall der Tochter von Martin, Menga Jon Martin Nut.[2] Die Zeugen sind bei Vater und Tochter dieselben: Jeri Banadeg, Josch Balzer Josch, Barbla Casanova, Christ und Jon Riedi. Die Katzen waren in einem bestimmten Augenblick zur Stelle: Wenn die Zeugen über Martin und Menga schwätzten oder wenn Jeri Banadeg mit ihnen stritt. Die Katze symbolisiert hier das Gewissen, das ein unrechtes Verhalten in Erinnerung ruft. Die Zeugenaussagen sollten allerdings nicht nur das Gewissen beruhigen. Martin und Menga Jon Martin Nut wurden des Hexenwerks beschuldigt, um sie «legal» aus dem Weg räumen zu können. Möglich ist auch, dass es sich bei der Familie von Jon Martin Nut um unbeliebte Nachbarn handelte, die man loswerden wollte. Fremde Zuzüger waren nicht willkommen, wie Peter Liver bemerkt hat: «Überall schlossen sich im 16. und 17. Jahrhundert die Nachbarschaften gegeneinander ab; dem fremden Zuzüger wurde kaum der zur Existenz unbedingt notwendige Anteil an den gemeinen Nutzungen eingeräumt. Der Erwerb von Grundeigentum wurde für alle Fremden erschwert, wenn nicht verunmöglicht.»[3]

Auch Urschla und Barbla Jeri Josch Pitschen scheinen den Bewohnern von Castrisch im Wege gewesen zu sein. Die beiden Schwestern waren dort verheiratet. Urschla hatte dem Gericht empfohlen, zwei Zeugen, die mit ihr im Streit lagen, nicht zu vernehmen. Das Gericht wies dieses Begehren ab.

Die erste bekannte Hexe der Gerichtsgemeinde Obersaxen, Urschla Wagauw, war eine Frau, die aus einer romanischen Gemeinde zugezogen war. Als sie einmal krank war, soll sie mit einer Nachbarin romanisch gesprochen haben, was diese nicht verstand:

---

[1] Gruob 1699, Martin J.M.Nut von Castrisch, 1., 2., 8., 9.,12. und 13. Zeugenaussage.
[2] Gruob 1699, Menga J.M.Nut von Castrisch, 2.,3.,4., 8. und 14. Zeugenaussage.
[3] Liver: Zur Rechts- und Wirtschaftsgeschichte des Heinzenbergs im 15., 16. und 17. Jahrhundert, S. 38.

«(...) und do hat Urschla mit ihre selbß in welsch brumblet, daß die Meinga sey nit hat keinen versthein (verstehen), dan sey hat nüt weilsch kheinen».[1]

Ungefähr 30 Zeugen sagten gegen Urschla Wagauw aus (die Akten sind unvollständig überliefert). Menga nahm die Ereignisse mit den Katzen offenbar nicht sehr ernst:

> «In verhörung der kundschaften und meldung, wie die katzen den Jeri angefochten, habe die Menga vor eine ehrsame oberkeit gelachet.»[2]

Diese Frau hatte den Mut, «vor eine ehrsame oberkeit» zu lachen. Diese Reaktion wurde ihr wohl zusätzlich zu den anderen schweren Vorwürfen angelastet.

Abschliessend seien noch zwei Beispiele aus Castrisch erwähnt, die von Katzen handeln. Als ein Ehepaar eines Abends im Bett über Christina Loreng Balzer plauderte, wurde es von einer Katze heimgesucht.[3] Lginard Riedi wurde eine Zeitlang von einer Katze verfolgt, bis diese in das Haus der Urschla Jeri Josch Pitschen entwich.[4]

Wie wir bereits oben im Prozess gegen Martin Jon Martin Nut erfahren haben, war es offenbar nicht immer leicht, zwischen dem Lärm der Katzen und demjenigen der Kinder zu unterscheiden:

Im Haus der Barbla Schwizere von Pitasch «habe eß oftermahlen (...) unnatürliche geschrei gethon, alß kazen und kinderen».[5]

4.5.2. Die Elster

Eine ähnliche Rolle wie die Katze spielt ein Vogel, die Elster (ägerste), in den Zeugenaussagen der Gruob. Als zwei Männer, die einmal vor acht Jahren während des Sommers im Stall lagen, über Onna Tokin von Flond sprachen,

---

[1] Obersaxen 1652, Urschla Wagauw, Zeugenaussage von Meinga Weiss. Vgl. Anhang Nr. 12a S. 208.

[2] Gruob 1699, Menga J.M.Nut von Castrisch, Bemerkung des Protokollanten (nach den Zeugenaussagen).

[3] Gruob 1700, C.L.Balzer von Castrisch, 4. und 5. Indiz. Zu diesen Indizien gibt es keine Zeugenaussagen.

[4] Gruob 1699, U.J.J. Pitschen von Castrisch, Zeugenaussagen.

[5] Gruob 1700, B. Schwizere von Pitasch, 3.Indiz.

«seige unversehenß ein ägersten nebend sie auf dem then (Tenne) komen, alß eß miternacht war, und laut geschrauen, darauff der Jon Jelli gesagt: Gott behüte unß, und die deke über sich zogen (...)».

Madleina Risch Silvester berichtete, dass eine Elster in den Stall hereingeflogen sei, als sie und eine andere Frau den Karren von Onna nehmen wollten. Die Schwester von Madleina meldete dem Gericht folgendes:

«Daß vor etlichen jahren sie mit zwei weiberen in Fanzaneren gewesen und daß gegen abendlüthen und habind geredt von der Onna, (...) Da habe eine under ihnen gesagt: Waß gilt, sie ist bald do und lost (hört zu) (...). Da seige ein ägersten ein tanen aufgesprungen und wüst geschrauen.»

Das schlechte Gewissen erinnerte die drei Frauen in Gestalt einer Elster an ihr Unrecht! Der Verdacht der drei Frauen wurde noch dadurch bestätigt, weil Onna ihnen am nächsten Tag sagen konnte, dass über sie geschwätzt worden sei.[1]

Barbla Jon Donau von Laax wusste, wer an einem Abend in der Stube des Christ Jon da Cumbel gewesen war. Christ folgerte, dass sie sich in die Elster verwandelt habe, die an jenem Abend um zwölf Uhr nachts auf den Fenstersims flog.[2] Die Hexe Barbla hatte das Privatleben des Christ Jon da Cumbel gestört, weil sie weitererzählte, wer zu Besuch bei ihm weilte. Vielleicht sollte dieser Besuch geheim blieben! Die Elster lieferte mit ihrem Erscheinen den Grund für die gewünschte Anklage.

Nach einem Streit zwischen Anklägern und Angeklagten konnte das Vieh zugrunde gehen, oder es war möglich, dass Katzen und Elstern ihr Unwesen trieben. Dies wurde oft als Rache- und Einschüchterungsaktionen der Hexen und Hexer empfunden. Der Sohn von Catharina Christ Tomasch von Silgin war mit einem Mann in Streit geraten. Catharina drohte dem Mann, sie wolle «schon ein bringen oder erwenden (...)». Ein paar Monate später bemerkte er «ein groß schupen ägersten uff ein öhrlin gewest, allwan dan ein sh. kuo auß dem weeg gefallen (...) do hat er metzgen müessen (...)».[3]

Das nächste Beispiel über Thrina Joss Jon Ping von Waltensburg und ihre Enkelin Barbla Christ Waulser bringt zum Ausdruck, wie der He-

---

[1] Gruob 1699/1700, Onna Tokin von Flond, Zeugenaussagen.
[2] Laax 1657, B.J.Donau von Laax, 2. Zeugenaussage.
[3] Lugnez (ohne Datum/event. 1699), C.C.Tomasch von Silgin, 1. Zeugenaussage.

xenglaube das Denken kanalisierte. Der Weibel Joss von Waltensburg und sein Sohn mähten:

«Aldo seye dz weib mit sein enigkhliche Barbla nebent ihnen auß und in gangen 3 oder 4 mal, und der sohn zum vatter gesagt: Warumb gechen die so offt in und auß. Der vater gesagt: Sy wolten wol so baldt fliechen und mögen nit. Inn demme sint 2 agerst in die mada (Mahd) khomen (...) und er Jos gesagt: Hay wirff dein sägetze (Sense), und er habe die segetze geworffen. Die eine seige hinweg flogen, die ander vermeint er, dz er habe troffen (...) Über ein weil seige dz weib sammbt meidtly khommen zu ihnen, weil sy haben morgen gessen, in demme habe der Joß wollen ein wenig brot geben, hat sy nit wollen nemmen und gesagt: Ich hab brot gnug. Er Joß ihren anschawen hat, ist sey gantz blutig gsin und 2 kratz ann der stirnen gehabt (...).»[1]

Thrina erklärte dann dem Weibel, ihre Enkelin hätte ihr einen Stein an die Stirn geworfen. Der Weibel kombinierte anders: Sein Sohn hatte die Elster, d.h. die Thrina, getroffen, darum blutete sie jetzt! Auch hier flogen die Vögel herbei, als der Weibel über Thrina schwätzte, d.h. als er eine bösartige Bemerkung über sie und ihre Enkelin machte. Wollte Joss danach mit «ein wenig brot» sein Gewissen beruhigen? Thrina Joss Jon Ping nahm es aber nicht. Somit konnte der Weibel seine moralische Schuld nicht begleichen.

Wenn Elstern sich in der Nähe eines Menschen aufhielten, konnte nur Hexerei im Spiel sein. Der Säckelmeister Jeri hatte im Morgengrauen beobachtet, wie vier Elstern unter das Dach von Martin Jon Martin Nut von Castrisch flogen und nicht mehr auftauchten.[2]

Nicht nur die Hexen flogen in Gestalt von Vögeln umher, auch der Teufel selbst konnte es tun. Als ein Rabe sich auf den Ast eines Baumes gesetzt hatte, rief eine «ehrliche» (so schrieb der Aktuar) Frau einer Tochter von Brida Jon Chasper von Rueun zu: «Luag der butz (der Teufel) khomt und wirt dich nehmen (...).»[3] Die Frau hatte sich vielleicht einen Scherz erlaubt, um das Mädchen zu erschrecken. Indem die Frau ihre Aussage zu Protokoll gab, belastete sie die Mutter des Mädchens, Brida Jon Chasper. Die Behörden vermuteten, dass Hexenwerk im Spiel sei.

---

[1] Waltensburg 1652, T.J.J. Ping, 9. Zeugenaussage. Vgl. Anhang Nr. 13 S. 214.
[2] Gruob 1699, M.J.M. Nut von Castrisch, 4. Zeugenaussage.
[3] Waltensburg 1652, B.J.Chasper von Rueun, 5. Zeugenaussage. Vgl. die Zeugenaussage von Ammann Melcher Allig: Der Teufel sei ihm in der Gestalt einer Elster erschienen, versicherte Urschla Wagauw, Obersaxen 1652.

Regla Conzin von Waltensburg lenkte durch ihr auffälliges Verhalten den Verdacht, mit Hexerei in Verbindung zu stehen, auf sich. Thrina Gabriel bezeugte im Jahre 1718, dass Regla

> «umb taglohn gehollfen, den krautgarten auß jeten (...), sachen sie zwey ägersten auf den zaun hin und her springen und kreyende, da habe die Regla gesagt: Jesus ich darf da nicht sein, wan dz also thut, ihr dochter Anna solle mit steinen hinweg jagen (...)».

Anna, die Tochter von Thrina Gabriel, bestätigte die Aussage ihrer Mutter und fügte hinzu, dass Regla gesagt habe: «Jag die hexß hinweg.»[1] Regla ängstigte sich vor den Elstern und weigerte sich, weiterhin im Krautgarten zu arbeiten. Zudem hatte sie auch vor Katzen Angst. So soll sie sich vor einer «leidigen» Katze, die in ihrer Stube gewesen war, gefürchtet haben.

Dieses Beispiel zeigt, dass Menschen noch anfangs 18. Jahrhundert daran glaubten, dass Hexen sich in Tiere verwandeln können.

4.5.3. Andere Tiere: Ziegen, Hunde und Füchse

Es überrascht uns auf den ersten Blick, dass die *Ziege*, die «Milchkuh» der Kleinbauern, mit Hexenwerk in Verbindung gebracht wurde. Die Dämonisierung der Ziege und des Bockes beruht jedoch auf einer jahrhundertelangen theologischen Tradition. Nach der Bibelstelle Matth. 25,32ff. wird Christus beim Weltgericht die Menschen in gute und böse scheiden wie der Hirte die Böcke von den Schafen. In der frühchristlichen Kunst werden die Sünder als Böcke dargestellt. Seit Isidor von Sevilla gilt die Ziege als «animal lascivum», als lüsternes Tier. Auf romanischen Kapitellen des 12. Jahrhunderts reiten Frauen und Männer, «geile» Sünder, nackt auf Ziegenböcken.[2] Wie wir wissen, wird bereits in der Dämonologie des Spätmittelalters Hure mit Hexe gleichgesetzt; so wundert es nicht, dass auf dem Titelblatt von Bartholomäus Anhorns «Magiologia» eine «Unholdin» dargestellt ist, die auf einem Ziegenbock zum Hexensabbat reitet.

---

[1] Waltensburg 1718, R. Conzin von Waltensburg, 1. und 2. Zeugenaussage.
[2] Lexikon des Mittelalters, Bd. 2, Sp. 303f.; (Art. Bock von D. Kocks); Lexikon der christlichen Ikonographie, Bd. 1, S. 315 (Art. Bock von L. Wehrhahn-Stauch).

Die Frau von Jacob Bartolome erzählte, dass zwei Geissen ihre kranke Tochter besucht hätten:

> «So sint der Thrina Chatz 2 geis khommen, und dz ein hinein in die stuben gangen und über dz bet beschawen, daß ander biß zu der stuben thür und auch in die stuben beschawen.»

Ein anderes Mal waren die zahmen Tiere der Thrina Chatz von Rueun auf die Laube geklettert, als eine Magd krank war.[1]

Normalerweise hätte sich der Bergbauer kaum von den Ziegen stören lassen. Hier handelte es sich jedoch nicht um gewöhnliche Tiere: Eine Hexe hatte sich in Ziegengestalt verwandelt, um die Kranken zu plagen. Die Hexe war natürlich auch schuld, dass diese Menschen erkrankt waren.

Oft begegneten die Zeugen den Tieren in der Morgen- oder Abenddämmerung und in der *Nacht* (um zwölf Uhr). Im Prozess gegen Christina Loreng Balzer erzählten zwei Knaben den Behörden ihr schreckliches Erlebnis:

> «Daß vor ungefahr 4 oder 5 jahren umb zwölfen in der nacht zwei knaben in ein baumgarthen gsin und ein gespräch von der Christina gehalten, habind sie einer geiß gschrei gehört, so fast geschrauwen, und er gesagt: Ghörstu wie daß schreit. In deme seige eine grose geiß mit gar lang haaren wie ein füllen uber dem zun gesprungen und umb daß bett, da sie waren.»[2]

Die Phantasie der beiden Knaben widerpiegelt eine Welt, die sehr stark von Dämonenfurcht geprägt war.

Jon Michel Caduff gab zu Protokoll, dass Maria Joss Jon Ping in eine Ziege verwandelt gewesen sein soll. Vor einigen Jahren sah er an einem Sonntagmorgen eine schwarze Geiss, die «geschwind hinwegging». Kurz danach traf er Maria. Jon Michel beschloss, diese Frau von nun an nicht mehr zu grüssen:

> «Etliche jahr darnach seige er (...) durch den dorff uffgfahren mit ein fuoder embt (...), seige da ihme die Maria entgegen und noch ein weibß persohn (...), da habe die Maria uff ihn geluoget und ein wenig gelachet, er aber ihren die huot dz mohl nit abzogen (...).»

---

[1] Waltensburg 1652, Thrina Chatz von Rueun, 3. und 4. Zeugenaussage. Vgl. dazu die einzige Zeugenaussage, die es zu Thrina Stadthalter Risch von Sevgein gibt. Thrina soll in der Gestalt einer Ziege gesehen worden sein, Laax 1672.

[2] Gruob 1700, Christina Loreng Balzer von Castrisch, 2. Indiz.

Nach dieser Begegnung wurden die Ochsen dermassen unruhig, «dz er vermeint, er müese alß zu stuekh gehen lassen (...)».[1]

Maria Joss Jon Ping war eine freundliche Frau. Als sie Jon Michel Caduff begegnete, lächelte sie. Der Mann erwiderte die Freundlichkeit nicht. Die verdächtigten Personen wurden nach und nach kriminalisiert und an den Rand der Gesellschaft gedrängt. Das Schwert des Henkers schwebte über diesen Menschen!

An einer Stelle in den Akten ist von einem *Ziegenbock* die Rede. Auf einer Brücke gesellte sich «ein grosser schwartzer bock mit vilem langen haar» zu Landammann Benedicht Castelberger, Baltzer Fopper von Schnaus und noch einem Mann. Der Bock begleitete die drei Männer von Ilanz bis nach Rueun. Unterwegs sprach niemand mit Landammann Castelberger, der dadurch Verdacht gegen Baltzer Fopper schöpfte.[2]

Schwarze Tiere konnten die Dorfbewohner ebenfalls in Angst versetzen, besonders ein schwarzer *Hund*. Schwarz galt allgemein als Farbe des Teufels sowie der Hölle, und der Jenseitsdämon selber versteckt sich in der mittelalterlichen Exempelliteratur hinter der Maske des Hundes und wählt die Hunde als seine Begleittiere.[3] Wir kennen bereits das Beispiel, dass zwei Männer Anna Conzin als Hexe anklagten, weil sie anstelle von Anna einen Hund in ihrer Stube entdeckt hatten (Kap. 4.2.2). Thrina Joss Jon Ping von Waltensburg soll auch fähig gewesen sein, sich in einen schwarzen Hund zu verwandeln. Muretzy von Rueun wurde von einem schwarzen Hund belästigt. Er warf einen Stein und traf das Tier oberhalb eines Auges, und dieser Stein hinterliess eine Wunde:

> «Hats befundten, dz die Thrina sey der selbig zeit kranckh gewest und an der stirnen ein ruden gehabt.»[4]

Ähnliche Schlussfolgerungen wie Muretzy hatte auch der Weibel von Waltensburg gezogen. Er vermutete, dass sein Sohn eine Elster mit der Sense getroffen habe, weil Thrina wenig später blutete.[5]

---

[1] Waltensburg 1671, Maria J.J. Ping von Waltensburg, Zeugenaussagen.
[2] Gruob 1680, Baltzer Fopper von Schnaus, 2. Zeugenaussage.
[3] Enzyklopädie des Märchens, 6. Bd., Sp. 1327f. (Art. Hund von RUDOLF SCHENDA).
[4] Waltensburg 1652, Thrina J.J. Ping, 12. Zeugenaussage. Vgl. Anhang Nr. 13 S. 215.
[5] Waltensburg 1652, Thrina J.J.Ping, 3. Zeugenaussage.

Zur Tochter von Thrina wurde 19 Jahre später im Protokoll unter anderm notiert:

> «Habe einer ein mohl ein schwarzen hundt gesechen, welcher er bald verschwunden, da habe er die Maria gesechen.»[1]

Anna Fichter war überzeugt, dass sie Jon Padrut von Rueun

> «usserthalb der khirchen mit ein unnatürliche burdy (Last) ersechen (...) namblich in gstalt ein *groß schwartz hundt,* doch ohne bein und angentz von seiner augen verschwunden (...)».[2]

In den Akten der Hexenprozesse stossen wir an zwei Stellen auf einen *Fuchs.* Thrina Joss Jon Ping konnte nicht nur die Gestalt einer Elster und eines Hundes, sondern auch die Gestalt eines Fuchses annehmen. Der Kronzeuge gegen sie, Weibel Joss, hatte beobachtet, wie ein Fuchs «hinauf vor des weibs hauß» geschlichen war.[3]

Als Martin Jon Martin Nut von Castrisch wieder einmal Thema eines Gespräches war, sei ein Tier, das einem Fuchs glich, im hellen Mondenschein auf den Hinterfüssen gestanden.[4]

4.6. Die Vergehen gegen Sittlichkeit und Religion

Gemäss der Hexenlehre der Theologen wurde Hexerei gleichgesetzt mit dem Abfall vom christlichen Glauben und dem Pakt mit dem Teufel. Seit dem 16. Jahrhundert versuchte die Kirche mehr und mehr Einfluss auf die Lebensweise des Volkes auszuüben. Die katholischen und die reformierten Prediger bemühten sich um «eine religiöse Durchdringung des Alltags selbst der entlegensten Bergdörfer».[5]

---

[1] Waltensburg 1671, Maria J.J. Ping von Waltensburg, Zeugenaussagen.

[2] Waltensburg 1652, Jon Padrut von Rueun, Zeugenaussagen.

[3] Waltensburg 1652, T.J.J. Ping von Waltensburg, 10. Zeugenaussage. Eine Hexe der Gerichtsgemeinde Langwies (im Schanfigg), Maria Tschamaun, konnte sich, «indem sie jeweilen in des Teufels Namen sich auf alle Viere stellte», in Katzen-, Wolfs- und Fuchsgestalt verwandeln, SCHMID/SPRECHER: Zur Geschichte der Hexenverfolgungen in Graubünden, S. 48.

[4] Gruob 1699, M.J.M. Nut von Castrisch, 16. Zeugenaussage.

[5] Die Hexen der Neuzeit. Studien zur Sozialgeschichte eines kulturellen Deutungsmusters, hrsg. von CLAUDIA HONEGGER, Frankfurt a.M. 1978, S. 109.

Das Volk sollte gottesfürchtig leben und die Sünde meiden. Eine vordergründige Aufgabe der dörflichen Sittenwächter bestand darin, Verstösse gegen sittlich-religiöse Normen der Obrigkeit anzuzeigen.[1] Das Ziel der Obrigkeit war es, dass «die fromen von solche schädliche leüth sicher und abgesöndert werden möchten», wie es noch 1718 im Verfahren gegen Anna dilg Ambrosi von Rueun hiess.[2]

In den erwähnten Indizien gegen Regla Conzin von Waltensburg, die sich im gleichen Jahr wegen Hexerei vor Gericht zu verantworten hatte, heisst es, dass sie «den gebührenden respect und gehorsame einer ehrsamen oberkait» nicht geleistet habe. Es wurde festgehalten, dass sie

«auß der gnade gottes gerathen und mit dem satan sich verbunden (...) Man wolle der justiz gemäß ihro den verdienten straf geben, eß seye an leib, leben, ehr und gut, nach erkentnuß deß rechtenß, damit die blümende jugend ein exempel nemen gottesfürchtig zu leben und dz sündliche leben zu meiden (...).»[3]

Die «blühende Jugend» sollte durch die Hexenprozesse abgeschreckt werden, damit sie nicht dem «sündlichen Leben» verfalle. Unter «Sünde» verstand die Obrigkeit zum Beispiel Fluchen, Trinken, Tanzen und die «Hurerei» (vgl. dazu die Sittenmandate).

---

[1] Vgl. die Abhandlung von WALTER RUMMEL: Die «Ausrottung des abscheulichen Hexerey Lasters». Zur Bedeutung populärer Religiosität in einer dörflichen Hexenverfolgung des 17. Jahrhunderts, in: Volksreligiosität in der modernen Sozialgeschichte, hrsg. von WOLFGANG SCHIEDER, Göttingen 1986, S. 51-72. Rummel weist in seiner Studie nach, dass die Hexenprozesse in Winningen, einem Dorf der Grafschaft Sponheim (zw. Trier und Mainz), durch eine persönliche Kontrollbereitschaft der Dorfbewohner untereinander gefördert wurden. Diese Kontrollbereitschaft entstand vorwiegend aufgrund der sponheimischen Kirchenordnung.

[2] Waltensburg 1718, Anna dilg Ambrosi von Rueun, S.15.

[3] Waltensburg 1718, R. Conzin von Waltensburg, Indizien.

4.6.1. Das Fluchen

Das Fluchen galt als Indiz dafür, dass eine Person nicht «gottesfürchtig» lebte. Jon Padrut von Rueun soll, als er von einem Kirschbaum hinunter gefallen sei, «schichliche Worte» geredet haben – was soviel bedeutete wie fluchen. Jon bekannte unter der Folter als erstes, dass er von Jugend auf seinen Eltern gegenüber frech und ungehorsam gewesen sei, gefressen und gesoffen, gestohlen und Hurerei getrieben habe, weiter habe er «ein unnutz maul gehabt mit schwerhen und fluohen».[1]

Der Gerichtsschreiber von Safien, Melchior Gartmann, notierte folgendes über Christen Gartmann, einen alten Mann, der 1658 vor den Hexenjägern geflohen war:

> «Zum ersten punckten, wie dz gmälter Christen Gartmann seit villen jarren har in sündt, schandt und lasteren übel verthieft gwesen oder erfunden worden, gestalten wie dass ehr mit schwehern, fluochen, gott lestern und geistliche und wältliche personnen geschmäckt und ungebürlich gescholten (...).»

Weiter wurde Christen beschuldigt, dass er Ehebruch begangen habe. Deswegen sei er zwar gebüsst und bestraft worden, doch «zuo keiner guten frucht by ihme habe würcken und verfachen wellen.»[2]

Fluchen war ein Bestandteil der Alltagssprache, und davon machten sowohl die Männer wie die Frauen Gebrauch. Eine Zeugin wusste zu berichten, dass Anna dilg Ambrosi von Rueun einmal «dz verfluchte fueß» und ein anderes Mal «die verfluchte hex» gesagt habe.[3] Als Meingia John Jacob Josch von Vella gefoltert wurde, erzählte sie, dass sie

> «ein mohl zu Duigliell gewest umb ein burdy studen, weillen sie zimblich schwehr geladen, undt wolte auff nemmen, do habe sie geschworen, als balt sey er (der Teufel) abermohlen erscheinen in gestaltsam wie oben.»[4]

---

[1] Waltensburg 1652, J. Padrut von Rueun, 5. Zeugenaussage und 1. Bekenntnis.
[2] Safien 1658, Christen Gartmann von Safien Platz, Indizien.
[3] Waltensburg 1718, A.d. Ambrosi von Rueun, 14. Zeugenaussage.
[4] Lugnez 1699, M.J.J. Josch von Vella, 6. Bekenntnis. Nur Fluchen allein führte aber noch nicht zu einer Festnahme, denn die Zeugin Thrina Christ Lutzi Jacob Lutzi gab (gegen die Hexe Maria Joss Jon Ping) selber zu Protokoll, dass sie angefangen habe zu «fluochen und schweren», als das Türschloss beschädigt war; Waltensburg 1671, M.J.J. Ping von Waltensburg, Zeugenaussagen.

128

Das Gleiche widerfuhr Anna Jon Donau von Laax. Als sie fluchte, weil eine Elster ihr ein Stück Brot weggeschnappt hatte, tauchte der Teufel auf. Bis in unsere Tage hinein hat sich das Sprichwort erhalten, dass der Teufel erscheine, wenn man fluche. Das Fluchen, «das lange Zeit als eine selbstverständliche Äusserungsform des einfachen Volkes gegolten hatte»[1], wurde nunmehr in Zusammenhang mit Hexerei gebracht.

4.6.2. Das Tanzen

Vom Fluchen und Tanzen ist in den Protokollen selten die Rede. Offenbar hatten Reformation und Gegenreformation diesen «Übeln» zum Teil Einhalt gebieten können. Die Zeugen in den Hexenprozessakten wussten wenig von Tänzen zu berichten. Einer, der oft an Tänzen und an Hengerten teilnahm, war Christen Detli von Safien Platz. Dies ist der schwerste Vorwurf, der in den Indizien gegen ihn erhoben wurde. Brida Jon Chasper von Rueun soll mit ihren Geschwistern in ihrem Haus mit Knaben gesungen und getanzt haben.[2]

Anna Jon Biat von Ilanz habe «auß gwüssen eingelangten indicien (...) ohne gotesforcht (...) in mutwill, tanz und dergleichen» getrieben.[3]

Bei Martin Jon Martin Nut und Christ Mathiu handelte es sich um Tänze in der Nacht. Vielleicht trafen sich einige junge Leute in der Dunkelheit, um sich zu vergnügen. Dies musste geheim gehalten werden, denn gemäss den Sittenmandaten war Tanzen ausdrücklich verboten.

> «Hat Christ Castelberger zu einer zeit wacht gehalten, und alß er bei junker Anthonis hauß gewesen, habe er gehört geigen, und alß er zu der brunen komen, seige ein groß volk dort gewesen, also er ziterend gewichen und under deß meister Christ Riedis hauß komen, habe er zurukh geschauen und gesehen viel volk parweiß auß deß Martin Jon Martin Nuth hoff komen und gegen dem brunnen gehen, geschehen umb zwei uhr in der nacht.»[4]

---

[1] RICHARD VAN DÜLMEN: Volksfrömmigkeit und konfessionelles Christentum im 16. und 17. Jahrhundert, in: Volksreligiosität in der modernen Sozialgeschichte, hrsg. von WOLFGANG SCHIEDER, Göttingen 1986, S. 24.

[2] Waltensburg 1653, B.J. Chasper von Rueun, 3. Zeugenaussage.

[3] Gruob 1652, A.J. Biat von Ilanz, Indizien.

[4] Gruob 1699, M.J.M. Nut von Castrisch, 3. Indiz/5. Zeugenaussage. Vgl. auch die Zeugenaussage von Christ Castelberger gegen Fopper über den Ziegenbock (Kap. 4.4.3.).

Christ Castelberger vermutete, dass ein Tanz um zwei Uhr in der Nacht mehr als ein gewöhnlicher Tanz sein müsse, nämlich ein Hexentanz.[1] Ob er geträumt oder wirklich einen Tanz gesehen hatte, bei dem sich einige Personen vergnügten, bleibt offen.

Risch Thieni, der ehemalige Knecht von Christ Mathiu, gab zu Protokoll, dass Christ «nit just seige». Risch erzählte dem Gericht über ein Ereignis, als er 15 oder 17 Jahre alt gewesen war. Als sie damals im Sommer auf dem Berg am Heuen waren, habe der Christ ihm als Nachtessen Butter und Käse mitgegeben. Dann seien er im oberen Stall und Christ im unteren schlafen gegangen. In der Nacht habe er einen «gigenstrich» gehört. Er sei erschrocken und habe sich ruhig verhalten. Es sei recht laut zu und her gegangen, der Stall sei «erschütlet». Nach diesem Ereignis habe er «ein argwon (...) auff dem Christ gefasset, (...) allein gesehen habe er nit».[2]

Die Beziehung zwischen Christ Mathiu und seinem ehemaligen Knecht war nicht mehr gut. Während der Hexenverfolgung entluden sich solche Spannungen und führten zu Anklagen – und nicht selten standen Angeklagte und Ankläger in einem Dienstverhältnis zueinander.

Überdies sehen wir aus diesen und ähnlichen Beispielen, dass ein Bergbauer gar nicht versuchte, sich ein klares Bild von einer solchen Situation zu verschaffen. Er hatte Angst vor dem Unbekannten, Angst vor allem, was in der Dunkelheit[3] auf ihn lauerte.

---

[1] Vgl. dazu MEILI: Hexen in Wasterkingen, S. 84: «Dass dieses Tanzen als ‚teuflisch‘ bezeichnet wird, hat indirekt mit dem Hexensabbat zu tun, da im Zürich (und in Graubünden, d. Verf.) des 17. Jahrhunderts grundsätzlich jedes Tanzen vom Teufel kommt.»

[2] Gruob 1700, C. Matthieu von Castrisch, Zeugenaussagen.

[3] Vgl. DELUMEAU: Angst im Abendland, Bd. 1, S. 125-139: «Die Angst vor der Dunkelheit.»

4.6.3. Die «Hurerei»

Als schweres Vergehen gegen die Normen der Sittlichkeit galt die «Hurerei». In den Hexenprozessakten wird von Hurerei gesprochen, wenn eine Frau ein Verhältnis mit einem Mann gehabt haben soll, wobei der Begriff selber nicht näher umschrieben wird. Eine (enge) freundschaftschaftliche Beziehung konnte vor der Dorfgemeinschaft nicht verheimlicht werden, jedenfalls nicht längerfristig. Hure und Hexe sind also austauschbare Begriffe, wie auch Fälle aus der Gerichtsgemeinde Langwies beweisen.[1] Dieses Frauenbild findet sich bereits im Hexenhammer systematisch ausgearbeitet und besiegelt.[2] Eine voreheliche oder ausserehliche Beziehung wurde während der Hexenverfolgung fast ausnahmslos mit aller Härte bestraft, nämlich mit dem Tod. Anna dilg Ambrosi von Rueun verteidigte sich mit der Bemerkung, sie sei weder Hure noch Hexe.[3]

Ihre Dorfgenossin Barbla Jon Chasper wurde 1652 gefangengenommen, weil sie seit ihrer Kindheit eine boshafte Person gewesen sein soll. Sie geriet in den Verdacht, eine Hexe zu sein und wurde auch als Hexe beschimpft («und sie desses nie entschuldiget»). Ausserdem würde sie stehlen und trinken. Das Schlimmste aber war, dass Barbla

> «in seinen (ihren) jungen tagen mit anderen thöchteren sodimüschen (...)[4] (begangen hatte) (...). Hat, wil sey ist ledig gsein, hurery treiben mit einer jung gsell (...) die ehe prochen (...) mit 2 geistlichen persohnen (...) und ein weiter weltlich, es seige in der gemeindt oder ausserthalb.»

---

[1] 1660 befasste sich das Gericht in Langwies mit drei Brüdern und zwei Frauen, denen Vergehen gegen die Sittlichkeit vorgeworfen wurden. Die fünf Personen wurden hingerichtet. SCHMID/SPRECHER: Zur Geschichte der Hexenverfolgungen, S.45ff.

[2] Grundsätzliches in: HANS-JÖRG NESNER: «Hexenbulle» (1484) und «Hexenhammer» (1487), in: Teufelsglaube und Hexenprozesse, hrsg. von GEORG SCHWAIGER, München 1987, S. 85-102, insbesondere S. 92f., und HELMUT BRACKERT: Zur Sexualisierung des Hexenmusters in der Frühen Neuzeit, in: Ordnung und Lust. Bilder von Liebe, Ehe und Sexualität in Spätmittelalter und Früher Neuzeit, hrsg. von HANS-JÜRGEN BACHORSKI, Trier 1991, S. 337-358.

[3] Waltensburg 1718, A.d. Ambrosi von Rueun, 1. Verhör.

[4] Der Begriff «sodimüschen» (Sodomie) bedeutete im Mittelalter gleichgeschlechtliche Liebe. Verkehr mit Tieren hiess: «Sodomia cum bestialitate». Risch Hazies (kein Hexenmeister) wurde wegen Sodomia cum bestialitate verbannt (nach der Abschrift von 1828). Thieny Marty Flury bekannte unter der Folter, dass er mit Tieren zu tun gehabt habe, Lugnez 1699, T.M.Flury von Vrin, 4., 5. und 6. Bekenntnis.

Ein Geistlicher, der Kapuzinerpater Domeni, hatte diese Aussage zu Protokoll gegeben.[1] Er stellt der Obrigkeit zu Rueun ein Ultimatum: Entweder werde dieses «boßhaftige weib» aus ihrer Nachbarschaft genommen, oder er verlasse die Pfarrei.[2] Barbla Jon Chasper konnte sich nicht zu diesen Vorwürfen äussern. Der Kapuziner seinerseits musste keine näheren Angaben machen, was er mit dem Vorwurf, Barbla habe «die Ehe mit geistlichen und weltlichen Personen gebrochen», konkret gemeint hatte. Offenbar zählte das Vergehen, dass «geistliche und weltliche Personen» mitschuldig sein könnten, für die Richter nichts. Auffallend am Fall der Barbla Jon Chasper ist, dass sie in ihrem Bekenntnis nur die obengenannten Vergehen bestätigen musste. Barbla wurde als Hexe hingerichtet, obwohl sie nicht den Teufelspakt und den Hexentanz (dies waren ja die Bestandteile der Hexenlehre, siehe Kap 5.2.) gestand – oder anscheinend nicht gestehen musste! Mit anderen Worten: Eine «Hure» wurde als Hexe zum Tode verurteilt, weil aussereheliche Sexualität als teuflische Perversion der christlichen Ehe gewertet wurde.

Die Geistlichen bekämpften vermeintliche Zauberei und Hexerei nicht nur in Predigten und durch Exorzismus, sondern wirkten auch aktiv an der Hexenverfolgung mit wie der Kapuziner in Rueun. Maria Joss Jon Ping von Waltensburg beklagte sich, dass der Pfarrer Johann «so vil von hexen werckh prediget», es gebe wohl auch andere Sünden![3] Dieses dauernde Predigen der Geistlichkeit über Hexenwerk bewirkte, dass das Kirchenvolk sich in dieser Sparte bestens auskannte. Der Geistliche Johann Genelin soll 1676 Maria Zipert von Schlans eine Hexe genannt haben.[4]

Mengia Fritli Pitschen von Andiast bekannte, dass sie

«von jugendt uff ein sündiger mensch gewessen, habe etlicher jahren mit einem mann *huori getriben* und wenig mohl von dem selbigen man theil gehabt, dan er habe etliche mohlen mit einer gluffen (Stecknadel) oder ein rinkh sie thuon wichen, seige auch nie mahlen schwanger worden, habe wol ein mohl oder zwey breü ingenommen, aber seige notig nit schwanger gewessen».[1]

Eine grosse Sünde, die Mengia beging, war, dass sie auch «huri begangen» (wie es in den Indizien heisst). Damit lieferte sie der Obrigkeit einen entscheidenden Grund, gegen sie vorzugehen. Gegen sie als Hexe und nicht auch gegen den Mann, der ihre Leibesfrucht abtreiben wollte! Mengia lebte mit Schuldgefühlen: mit dem schlechten Gewissen, dass sie ein sündiger Mensch sei, weil sie versucht hatte abzutreiben. Abtreibung galt aus kirchlicher Sicht als Verstoss gegen das fünfte Gebot, also als Kindsmord, und somit als schwere Sünde.[2]

Über Barbla Claudi von Ilanz steht geschrieben:

> «Habe sie im neunten jar ihres alters die huorei angefangen, gar junge knaben an sich zogen, mit gewachsnen knaben gmeinschaft gehabt, mit etlichen manen so verheuratet die ehebruch getan unnd letstlich die blutschand begangen.»[3]

Die «Ehe brechen» hiess demnach: eine Beziehung mit einem verheirateten Mann zu haben. Barbla Claudi und Barbla Jon Chasper waren wahrscheinlich nicht verheiratet. Barbla Claudi zeigte in ihrem Geständnis 25(!) Männer an, die mit ihr die Ehe gebrochen, Hurerei getrieben oder sonst « zu tun» gehabt hätten. Diesen Männern wurden Geldstrafen auferlegt.

Neun Jahre nach Barbla Claudi standen in Ilanz wieder zwei Frauen vor Gericht, die unter anderem Hurerei getrieben haben sollen: Dorothe des Meisters Claus von Ilanz und Menga Duff von Falera. Dorothe, die von ihrem Sohn und einigen Männern aus dem Gefängnis befreit worden war, wurde im Januar 1661 in Abwesenheit verurteilt und verbannt. Über Menga notierte der Gerichtsschreiber folgendes: Sie sei «von jugend auf in bösem gschrei gewesen, huorei, ehebruch, dieberei, bluotschand, hexerei halben». Über beide Frauen sind nur Indizien vorhanden.[4] Es gibt keine

---

[1] Waltensburg 1672, M.F. Pitschen von Andiast, 1.Bekenntnis.
[2] Enzyklopädie des Märchens, 3. Bd., Sp. 378 (Art. Dekalog von DIETER HARMENING).
[3] Gruob 1652, B. Claudi von Ilanz, 2. Indiz und Bekenntnis. Jon Flurin da Villa in Ilanz z.B. hatte mit Barbla «Hurerei, Ehebruch und Blutschande» getrieben. Vgl. die Begriffe «Hurerei» und «Sodomie», die im 17. Jh. eine andere Bedeutung hatten.
[4] Gruob 1661, Indizien zu D. Claus von Ilanz und M. Duff von Falera.

Zeugenaussagen, und ein Urteil über Menga Duff fehlt (möglicherweise war sie auch geflohen).

Zwei Hexen der Gerichtsgemeinde Gruob, Maria Jon Padrut von Luven und Trina Birtin von Ilanz, konnten im Jahre 1700 «nur» der Hurerei, nicht der Hexerei, schuldig gesprochen werden. Sie wurden beide verbannt (Maria für vier, Trina für ein Jahr).[1]

Im Zusammenhang mit diesen sittlichen Vergehen steht das offene Tragen des Haares. Aufgelöstes Haar konnte die Sinnlichkeit wecken. Die Männer durften nicht «verzaubert» werden! Willy dilg Josch entdeckte Mengia Jon Calluster von Siat in einer Alp «mit der stuchen (Kopftuch) umb den lenden und dz hor alß durch den rukhen hinab».[2]

Urschla Hans Plasch von Tersnaus wurde beobachtet, wie sie, von Cumbel kommend, «im Furter tobell huoben (Haube) und stuchen abgezogen und daß haupt in dz wasser gestossen und sich gewaschen».[3] Eine Frau mit aufgelöstem Haar konnte in Verbindung mit Hexerei gebracht werden. Nach dem Hexenhammer, dessen Autoren sich auf ältere dämonologische Traktate stützten, wurden Frauen mit schönem, «verführerischem» Haar leichte Opfer von «Incubi», «aufliegenden» Dämonen in Mannesgestalt.[4] Im Mittelalter und in der Frühen Neuzeit wurden Hexen oft auf Bildern und Zeichnungen als Frauen mit offenem Haar dargestellt! Anna Jon Donau von Laax beschrieb ihren Flug zu den Hexentänzen mit den Worten:

> «Seige sy vom bösen geist auß dem fenster hinauß tragen worden eineß molß ohne fürschoß, mit der stauchen im halz, ohne libli, mit außgespraiteten haar.»[5]

Wenn Anna dies selber beschreibt, können wir annehmen, dass das Volk sich ein Bild von einer Hexe mit offenem (unordentlichem!) Haar machen konnte. Das nächste Beispiel deutet in diese Richtung: Eine Frau

---

[1] Gruob 1700, Urteil über M.J. Padrut von Luven (?) und Trina Birtin von Ilanz.
[2] Waltensburg 1652, M.J. Calluster von Siat 1. Zeugenaussage.
[3] Lugnez 1673, U.H. Plasch von Tersnaus, Zeugenaussagen. Über die Sinnlichkeit siehe HANS PETER DUERR: Traumzeit. Über die Grenze zwischen Wildnis und Zivilisation, Frankfurt a.M. 1984, S. 73-100: «Die Verteufelung der Sinne, vornehmlich der weiblichen», bes. S. 95ff.
[4] Hexenhammer, S. 117.
[5] Laax 1657, A.J. Donau von Laax, Bekenntnis.

134

trat als Zeugin gegen die obengenannte Urschla Hans Plasch auf. Sie hatte Urschla einmal «ertabt, dz sie die hor ungestaltet hette».[1]

Zum Schluss wollen wir auf den Prozess gegen Thrina Gartmann von Camana in Safien eingehen – ein Prozess, der mit einem aussergewöhnlichen Urteil endete!

Laut den Indizien vom 22. Februar 1697 soll Cathrina Gartmann Ehebruch, Hurerei, Blutschande und kleinere Diebstähle begangen haben. Im zweiten Indiz steht folgendes:

> «Hat sy sich in ihrer jugend oder ledigem stand der gestalten unküsch gehalten, daß sy mit einem eheman, so zur selbigen zeit sein ehelich weib hate, die hury getriben und ein bankert[2] erzüget, welcher eheman ihro in der verwantschaft war ein halben grat näher alß zum driten. Und hiemit gröblich gesündiget wider göttliche und weltliche gesatz, eß seige mit huri, ehebruch und blutschenderi, umb welche fehler obige Thrina anno 1666 von einer ehrs. oberkeit ist gebuset mit starcker wahrnung und vermahnung sich inßkünftige in solchem und anderen üblen behutsamer zu verhalten. (...).»[3]

Cathrina Gartmann schlug diese Warnung in den Wind. Sie liebte diesen Mann weiterhin und wurde wieder schwanger. Die Obrigkeit büsste sie mit dem «Fussfall», d.h. die Frau musste in der Kirche abseits der anderen Gottesdienstbesucher knien. 1669 liess sich Cathrina in Wartau mit ihrem Freund «einsegnen». Weiter wurde unter den Indizien festgehalten, dass sie bereits 1659 und dann 1696 von einer hingerichteten Person als Hexe denunziert worden sei. Nachdem die Behörden Christen Detli gefangenommen hatten, floh Cathrina («uf ein mal dem land die fersenen gekehrt und den flüchtigen fuoß gesetz»). Sie kehrte jedoch wieder heim. Einige Freunde setzten sich für sie vor den Behörden ein. Ein Mann zeugte, dass er sie befragt habe, «aber sei mache sich gute, sei habe gute gewüsne (Gewissen). Etwaß möchte sei gefelt haben mit ihrem man, aber Kind habe sei keine verderbt.» Trotzdem wurde Cathrina Gartmann am 15. Juli 1698 ins Gefängnis gesetzt und gefoltert. Sie verteidigte sich mit den Worten, dass sie weder Hexerei noch Hurerei betrieben habe und mit keinem Mann ausser ihrem Ehemann jemals zusammen gewesen sci. Der Scharfrichter zwang sie unter der Folter, einige Namen von Männern zu

---

[1] Lugnez 1673, Urschla H. Plasch von Tersnaus, Zeugenaussagen.
[2] Bankert = uneheliches Kind.
[3] Safien 1679, Thrina Gartmann von Camana, 4. Indiz. Vgl. Anhang Nr. 16 S. 231.

nennen, mit denen sie «hury getriben» habe. Dann wurde nach einem Hexenmal gesucht und ein «schwartzeß dupfli uf dem rugen» gefunden. Am 27 Juli verlas die Obrigkeit zu Safien die «bekanten sünden und misetaten» von Cathrina in der Öffentlichkeit. Das Urteil lautete, dass der Scharfrichter ihr den kleinen Finger der linken Hand abhauen und «darnach zu bezüchtigung ihro sünden sol sei an dz halseisen oder brangen (Pranger) gestelt werden und sei ein stund da lasen stechen (...)». Sollte dies nichts nützen, würde die Obrigkeit auch in Zukunft weitere Vorkehrungen treffen. Überdies bestimmten die Richter, dass Cathrina die Kosten des Prozess tragen solle. Der Vogt und einige Freunde baten um Nachsicht, und schliesslich wurde der Frau der Finger nicht abgehauen.

Dieses Urteil ist eine einzigartige Ausnahme unter den Hexenprozessen der Surselva. Offenbar gab es unter den Richtern am Ende des 17. Jahrhunderts auch Leute, die Milde walten liessen.

4.6.4. Das Verhältnis der Hexe zur Kirche

Hexen oder ein Hexenmeister verrieten sich oft in ihrem auffälligen Benehmen gegenüber den kirchlichen Vorschriften und Einrichtungen.

Christen Gartmann von Safien Platz hatte über das Abendmahl gelästert:

> «Ist bezüget durch oberkheitliche person, dz der Christen Gartmann schmächlich wider dz heilige nachtmal geret habe dergestalten, wie dz ehr lesterlich gesagt, ehr welle dz bitzli bitzli brot dem geistlichen sölber lassen.»[1]

Auch noch vierzig Jahre später wurde Vergehen gegen die kirchlichen Vorschriften streng geahndet. Thrina Gartmann von Camana in Safien musste sich folgendes vorwerfen lassen:

> « Erstlich daß sy mit wunderlichen gebärden gewohnlich in besuchung deß hl. wort gotteß instelle, eß seige eintweders zu spat oder ehe dan daß die verrichtung deß hl. wort gotteß oder daß gesang vollendet, vor anderen ehrlichen lüthen uß der kirchen gegangen und also verachtlicher weiß daß selbige visitiert..»[2]

---

[1] Safien 1658, Christen Gartmann von Safien Platz, 2.Zeugenaussage.
[2] Safien 1697, Cathrina Gartmann von Camana, 1.Indiz. Vgl. Anhang Nr. 16 S. 230f.

Über Martin Jon Martin Nut von Castrisch notierte der Gerichtsschreiber als erstes, «dass er *nit beten kann*».[1] Im ersten Indiz wider Barbla Claudi wurde hervorgehoben, dass sie «sich ungehorsam ingestelt, in dem sie die *kirchen nit besuocht* unnd andere gute sachen abgewichen (...)». Barbla soll gegenüber den «nehsten vetern», dem Dekan und der «ehrsamen Obrigkeit» ungehorsam gewesen sein.[2] Ähnliche Indizien wurden gegen Nesa Sallaman von Waltensburg ins Feld geführt. Sie sei von Jugend auf ein «böß mensch» gewesen und habe «sich dem geistlichen alzeit (...) ungehorsam erzeügt (...)».[3]

Brida Jon Chasper von Rueun, die Schwester von Barbla,

> «seige von alter hero ein boßhafftig weibspersohn gewest, von böser argwon, und habe ihro mundt unnutzlich verbrucht, wo sy hat spann (Streit) und zweytracht zwischent eheliit khönnen thun, so hat sy nit spart, auch khein gottsforcht gehabt und nie in khirchen gangen».[4]

Der Landvogt des Hochgerichts Disentis, Johann Berther, trug am 14. November 1671 ins Protokoll ein, dass Maria Joss Jon Ping nicht oft in die Kirche gegangen sei. Ausserdem habe sie sich beklagt, «dz der herr Johan so vil von hexen werckh prediget, es herschet wol auch andere sünden».[5] Diese unvorsichtige Bemerkung Marias meldete eine Zeugin der Obrigkeit. Maria Joss Jon Ping hatte es gewagt, Kritik an der Autorität der Kirche zu üben. Sie hatte damit ihren Widerstand gegen die Hexenverfolgung in Worte ausgedrückt. Diese mutige (oder leichtsinnige?) Frau brachte sich in Lebensgefahr. Und die Richter konnten darauf weitere Beweise sammeln, wie zum Beispiel, dass Maria bereits 1652 von Jon Padrut als Hexe denunziert worden war. Ausserdem war sie die Tochter von Thrina Joss Jon Ping, die 1652 als Hexe hingerichtet wurde.

Anna Loreng Jacob Loreng wusste noch folgendes über Maria Joss Jon Ping:

> «Dz sie gehört haben sagen, dz die hexen mögen in der heiligen vatter unser nicht sagen: Verzeih unß unssere sünden, alß wir vergeben etc., die unß

---

[1] Gruob 1699, Martin J.M. Nut von Castrisch, Indizien.
[2] Gruob 1652, B. Claudi von Ilanz, 1. Indiz.
[3] Waltensburg 1652, Nesa Sallaman, Indizien.
[4] Waltensburg 1652, Brida Jon Chasper von Rueun, 1. Indiz.
[5] Waltensburg 1671, Maria J.J. Ping von Waltensburg, 1. und 5. Indiz, 12. Zeugenaussage.

schuldig sindt, und sie alzeit nebent die (Maria) in der kirchen gesessen, aber dz wort habe sie alzeit nie mahlen gehört, dz sie gesagt habe.»[1]

Die Familie Joss Jon Ping, Thrina, Maria und Barbla, wurden möglicherweise auch aus konfessionellen Gründen verfolgt. Eine Stelle in den Zeugenaussagen gegen Thrina Joss Jon Ping lässt darauf schliessen, dass sie Katholikinnen im reformierten Waltensburg waren. Der Ammann Mathis de Cadunauw gab zu Protokoll,

«dz die Thrina sol gesagt haben, wann sey ein hexß seye, so habe unsser lieben frawen (Muttergottes) sy gelehrt, oder sy seige so gewüß ohne schuldt, alß unsser lieben frawen, ein weders habe sey gesagt.»[2]

Ein Mann, der offenbar in Konflikt mit den reformierten Predigern von Safien stand, war Alexander Hunger. Er, der wahrscheinlich 1659 geflohen war, soll die Prädikanten «Lügner» genannt haben. (Safien 1659, Alexander Hunger, Indizien. Über ihn gibt es nur Indizien, die ähnlich wie die Indizien gegen die sechs Männer, die 1658 geflohen waren, verfasst sind und mit den Bemerkungen enden, dass Alexander von verschiedenen Hexen denunziert worden sei.)

Im Jahre 1718 wurde im Protokoll über Anna dilg Ambrosi von Rueun unter anderm geschrieben, dass sie an zwei Sonntagen während des Gottesdienstes ausserhalb der Kirche gesehen worden sei.[3] Menga Jon Christ Mathias von Laax soll an Ostern die Messe nicht besucht haben – deswegen wurde sie als Hexe verschrien.[4]

Wir behandeln nun kurz drei Fälle, die mit dem *Weihwasser* der Kirche in Rueun zu tun haben. Der Mesmer Marty Calluster sagte aus, dass er, als er vor vier Jahren zu Mittag läuten wollte, Thrina Chatz in der Kirche vorgefunden habe, obwohl die Kirchenpforte geschlossen gewesen sei. Im leeren Weihwasserbehälter habe er einen blauen Ring entdeckt, der im

---

[1] Waltensburg 1671, M.J.J. Ping, 17. Zeugenaussage. Vgl. Anhang Nr. 13 S. 213.

[2] Waltensburg 1652, Thrina Joss Jon Ping, 4.Zeugenaussage.

[3] Waltensburg 1718, A.d. Ambrosi von Rueun, 2. und 3. Zeugenaussage.

[4] Laax 1672, M.J.C. Mathias von Laax, 3. und 5. Zeugenaussage. Vor dem Landvogt Montalta rechtfertigte sich Menga: Sie sei erst nach der Elevation (Wandlung des Brotes und des Weines und Emporheben der Hostie und des Kelches vor der Austeilung der Kommunion in der Messe) aus der Kirche gegangen. Zu Staderas sei sie niedergesessen, um zu essen. «In deme seige die Barbla sekhelmeister Gudeng von Flims khomen unnd sy gsehen, und anderst befinde eß sich nit, unnd hofe der herr landtvogt werde anderst nit glauben.»

Stein eingezeichnet war und sich nicht entfernen liess.[1] Als der Mesmer Thrina deswegen zur Rede stellte, behauptete sie, dass die Knaben das Wasser aus dem Weihwasserstein geleert hätten. Auch Barbla Jon Chasper soll Weihwasser aus der Kirche in Rueun entwendet haben.[2] Anna Christ Lutzy hatte Eiswürfel, die aus dem Weihwasserstein gekratzt wurden, eingesammelt und nach Hause mitgenommen. «Wz sey habe thun dormit, möge er nit wüssen», fügte der Zeuge hinzu.[3]

Das geweihte Wasser ist ein Symbol der Reinigung vom Unreinen, von der Sünde (vgl. die Taufe). Es kann den Teufel und böse Geister vertreiben (Exorzismus). Die Richter waren sich einig: Die drei Frauen hatten das Weihwasser benutzt, um Hexenwerk zu betreiben!

Für einige Frauen strahlten die Kultgegenstände in der Kirche eine sicht- und greifbare Wirkung des Göttlichen aus.[4] Elscha Mierer von Obersaxen soll der Torethe Bleichery, die mähen lernen wollte, den folgenden Ratschlag gegeben haben: Sie müsse

«die mehe sachen auff den althar under die altera thiechen (Altartücher) legen, wo der herr (Pfarrer) den kheilch (Kelch) steilt».

Elscha konnte jedoch ihre Nachbarin nicht davon überzeugen. Torethe verzichtete darauf, die Kunst des Mähens auf diese Art und Weise zu erlernen.[5]

Magie kam auch ins Spiel, wenn ein Partner gesucht wurde. Maria Joss Jon Ping von Waltensburg riet der Margreta dilg Josch Jacob Siewi folgendes, damit sie einen Partner finden könne:

«Wan du 9 mahl am heilligen fritag, willen alle 3 klockhen zu sammen leüten, umb dz hauß lauffen, werde dan ein jung knab kommen, den selben könne sie nemmen.»[6]

Maria soll diesen Ratschlag erteilt haben, als ihre Mutter Thrina noch lebte – also vor mindestens 19 Jahren! Ob sie jedoch Erfolg mit ihren Ratschlägen hatte, lässt sich bezweifeln:

---

[1] Waltensburg 1652, T. Chatz von Rueun, 1. Zeugenaussage.
[2] Waltensburg 1652, Barbla Jon Chasper von Rueun, 5. Bekenntnis.
[3] Waltensburg 1652, A.C. Lutzy von Rueun, 8. Zeugenaussage.
[4] Vgl. CHRISTOPH DAXELMÜLLER: Die Erfindung des zaubernden Volkes, in: Jahrbuch für Volkskunde 19 (1996), S. 79.
[5] Obersaxen 1652, E. Mierer von Obersaxen, Zeugenaussagen.
[6] Waltensburg 1671, Maria .J.J. Ping, 8. Indiz und 1. Zeugenaussage.

«Zum 9ten habe sie auch gesagt: Wan zwey meitli in einer stuoben wehren und sich nacket außziehen und mit ihren hembter die stuoben hinder sich wüschtent, werde es alß dan zwey jungen kerliß komen, den selben können sie nemmen.»[1]

Auch Christen Bremen von Bäch in Safien gab den Junggesellen Ratschläge, wie sie einen Partner finden könnten. Er (Christen) möchte

«wol etwz künsten künen (...) wen er wollte dz ein die meidlen holt werden (...) nemlich einer müsse 7 oder 9 morgent zuo innen gohn ein anderen nach, und alzeit daß erst dz letst wort in gleicher form mit ihnen reden und blut uß seinen henden gleichenen lassen und es darzuo gebruchen.»[2]

Christen Bremen war ein Mann, der gerne seine Zauberkünste vorführte. Gemäss den Zeugen hatte er gesagt, dass er sich unsichtbar machen könne. Dies sei möglich, wenn man eine Katze auf eine bestimmte Art und Weise töten würde und ihre Augen im Hosensack trage:

«Item witer bewisen und bezüget bim eidt, wie ehr Christen Bremen vor ihnen zügen geret und gesagt habe, ehr wet seich künen unseichbar machen. Wen einer seich unseichbar machen wölle, so müsse einer einen katzen dz haubt und den schwantz grat in einer mol abschlachen und dan uß gmeltem katzen kopf die augen uß groben und sey by seich in den hossen behalten, so küne ehr den seich unseichbar machen.»[3]

In den Prozessakten der Gerichtsgemeinde begegnet uns ein anderer «Künstler», Alexander Hunger. Wie Christen Bremen hatte Alexander wahrscheinlich erfahren, dass gegen ihn ermittelt wurde und war geflohen. Ein Zeuge berichtete, dass Alexander Hunger geprahlt habe, dass er zwölf Stück Alpkäse in einem Tuch zusammenbinden und tragen könne.

«Ob welcher redt der züg (Zeuge) seich verwunderet habe, darbi ehrachte mit rechten mitlen weri dz unmüglich zu verrichten.»[4]

Weiter hatte Alexander behauptet, dass er folgende Kunststücke beherrsche: 1. Er könne ein Hosenband entzwei schneiden und die beiden Stücke wieder miteinander verbinden, ohne dass man wisse, wo das Hosenband entzwei geschnitten wurde. 2. Er könne ein leeres Blatt Papier gegen das Licht heben, dass man rote Buchstaben sehe, die man jedoch

---

[1] Waltensburg 1671, Maria J.J. Ping, 8.Indiz und 1.Zeugenaussage.
[2] Safien 1658, Christen Bremen, 1. Zeugenaussage.
[3] Ebenda, 2. Zeugenaussage.
[4] Safien 1659, Alexander Hunger, 3. Zeugenaussage.

140

nicht lesen könne. 3. Er könne eine kleine Kugel in den Mund nehmen und schlucken und diese dann zu den Augen hinauskommen lassen.[1]

Catharina Christ Tomasch von Silgin hatte anscheinend an einem Sonntag dem Gottesdienst nicht beigewohnt. Am Nachmittag dieses Tages sei sie neben der Kirche gesessen,

> «undt hernoch balt ein wenig besser auff gangen undt dorten 3 rings umb gangen und dan in den ring gestanden, darnoch widerumb zu der kirchen gangen und auff recht gestanden, gleich darnoch abermohlen herauff gangen undt 3 rings umb gangen (...)».

Am selben Abend wurde ein Feuer unterhalb Lumbrein («ein orth genant Cresta de Cultira») gesehen, und man hörte ein Geigenspiel bis nach Silgin.[2] Dies waren die Anzeichen eines Hexentanzes!

In einer Welt, die vom Glauben an Hexen und Hexenkunst geprägt war, wiesen diese Ratschläge und Handlungen auf Verbindungen mit dem Reich des Bösen hin. Unter der Folter musste Maria Joss Jon Ping bekennen, dass der Teufel erscheine, wenn man solche magische Praktiken ausübe.

Der Alltag der Bergbauern war geprägt vom Glauben an Magie, wie auch David Meili bei seiner Untersuchung im Dorf Wasterkingen im Kanton Zürich festgestellt hat: «Hexengeschichten und Erzählungen von magischen Handlungen gehören zum Gesprächsstoff des Alltags und sensibilisieren das Bewusstsein für weitere Beobachtungen.»[3]

Im letzten Teil des 4. Kapitels wollen wir noch untersuchen, wie die Geistlichen Zauberei und Hexenwerk, das für sie in direktem Zusammenhang mit dem Wirken des Teufels stand, bekämpften und welche Rolle der Teufel bei den Dorfbewohnern spielte.

---

[1] Ebenda, 5., 6. und 8. Zeugenaussage.
[2] Lugnez (ohne Datum), C.C. Tomasch von Silgin, 2. Zeugenaussage.
[3] MEILI: Hexen in Wasterkingen, S. 93..

4.6.5. Der Teufel in den Zeugenaussagen

Die Theologen und Dämonologen hatten einen engen Zusammenhang zwischen dem Teufel und den Hexen hergestellt. Die Hexen standen in einem Dienstverhältnis zum Teufel, wie ein Knecht zu seinem Herrn. Der Teufel befahl, den Menschen und Tieren Schaden zuzufügen und Nahrungsmittel zu verhexen. Er machte es möglich, sich in Tiere zu verwandeln. Er trat als der Gegenspieler Gottes auf. Wer die christliche Religion miss- und verachtete, begab sich in die Hände des bösen Geistes.

Um die Kraft des Teufels und die Werke seiner Agenten zu brechen, bedienten sich die katholischen Priester der Surselva – vor allem die Kapuziner – mit Vorliebe des *Exorzismus*. Die Funktion der Exorzisten wurde bereits im Kapitel 4.3.1 über den Schadenzauber an Personen erörtert. An dieser Stelle wollen wir noch einige Mittel erwähnen, welche die Priester zum Exorzieren (in den Protokollen heisst es: «exorzizieren»[1]) benutzten.

Die Praktiken, welche die Geistlichen meistens anwandten, waren: über Menschen, Tieren und Gegenständen geistliche Texte zu lesen, ein Gebet zu sprechen oder den Segen zu erteilen. Damit der böse Geist vollständig ausgetrieben werden konnte, musste die Hexe manchmal anwesend sein. Urschla Hans Plasch von Tersnaus war dabei, als der Priester exorzierte.[2]

Ein Pfarrer empfahl einer Frau, welche glaubte, dass sie von Frona des Marty d'Ott von Lumbrein verhext worden sei, nach dem Exorzismus ein Bad zu nehmen.[3] Wie der Pfarrer diese Empfehlung gemeint hatte, ist nicht ersichtlich. Entweder sollte das Badewasser eine zusätzliche Reinigung gegen das Hexenwerk oder vielleicht auch eine Reinigung vom Exorzismus sein.[4]

Auf das Geschirr, das Barbla Jöry Henny von Andiast «verunreinigt» (verhext) hatte, schrieb der Priester den Namen Jesu.[5] Urschla Delbin von

---

[1] Siehe den Hexenhammer, 2. Teil zweite Hauptfrage Kap.6, S. 234-259: «Heilmittel in Form von erlaubten Exorzismen gegen alle beliebigen von Hexen angetanen Krankheiten, und von der Art, Behexte zu exorzieren».

[2] Lugnez 1673, U.H. Plasch von Tersnaus, Zeugenaussagen.

[3] Lugnez (ohne Datum), F.d.M. d'Ott von Lumbrein, Zeugenaussagen.

[4] Die Kapuziner und die übrigen Geistlichen (katholischen und protestantischen) gerieten oft in Konflikt miteinander, MAISSEN: Die Drei Bünde 1647-1657.

[5] Waltensburg 1652, B.J. Henny von Andiast, Zeugenaussagen.

Schluein nahm einen Säugling in die Arme. Das «inficierte» Kind wollte danach die Muttermilch nicht mehr trinken, so dass Pater Damiano riet, «Weihwasser und geweihte Palmen auf die Brust» zu legen. Um ein anderes Hexenwerk von Urschla zu bekämpfen, legte Pater Cristoforo in einem Haus «ein zedele ob der stuben thür»[1], damit wieder Frieden herrsche zwischen den Eheleuten. Jölli Schamun Loreng, der von Urschla Delbin einen «Schlag» mit der Hand auf die linke Schulter bekommen hatte, liess sich vom Pfarrer Beat exorzieren.[2] Ein Arzt von Ilanz empfahl einer Frau, ihren «malleficierten» Arm, den Trina Flury Capitschen von Sevgein verhext hatte, durch die Hilfe der Geistlichen heilen zu lassen. Um einem Kind, das durch Trina krank geworden war, zu helfen, bediente sich der Priester einer Reliquie.[3] Die Zeugenaussagen über Frenna Rüödy aus Vals (1651) handeln vorwiegend von der kranken Agatha, die gar Selbstmordgedanken hegte. Frenna gab der Kranken «etwaß deingß», um es an den Hals zu hängen. Der Kapuzinerpater Martin, der über Agatha lesen wollte, fand das «Ding», das sich als ein Stück Lumpen entpuppte, in dem «ein feünger (Finger) alss ein mensch gstalt (...) als horig (...)» gewickelt gewesen sei. Der Kapuziner bezeichnete dies als «lauter hexsen werckh».[4] Was mit Frenna und Agatha geschehen ist, sagen die Quellen nicht.

Ein bekannter Exorzist in der Surselva war der Disentiser *Benediktinerpater Karl Decurtins*. Dieser bekämpfte die Hexen mit grossem Eifer. Im Jahre 1678 liess ihn die Partei des Landammanns Nikolaus Maissen (der wahrscheinlich selber von Pater Karl der Hexerei beschuldigt worden war) vor den päpstlichen Vertreter in Luzern, Nuntius Cibo, zitieren. Pater Karl

---

[1] Zu den von Kapuzinern verteilten Amuletten: LENZ KRISS-RETTENBECK: Bilder und Zeichen religiösen Volksglaubens, München 1963, S. 46f.

[2] Laax 1654, U. Delbin von Schluein, 2., 3. und 6. Zeugenaussage. Die Kapuziner Damiano da Nozza und Cristoforo da Tuscolano waren als Missionare in Sagogn und Sevgein tätig, WILLI: Die Kapuziner-Mission in Romanisch Bünden, S.179. Pfarrer Beat a Cadonat Cadruvi war 1639-1647 Pfarrer in Degen, vgl. J. JACOB SIMONET, Die katholischen Weltgeistlichen Graubündens, S. 65.

[3] Laax 1732, T.F. Capitschen von Sevgein, Zeugenaussagen.

[4] Möglicherweise handelt es sich um eine puppenähnliche Alraunwurzel, die als Talisman Glück und Geld bringen sollte. Im 17. Jahrhundert fand eine verstärkte Diabolisierung des Alraunglaubens durch die Geistlichkeit statt. So verdammte auch Bartholomäus Anhorn Alraun-Praktiken als teuflischen Götzendienst und Sünde, ANHORN, Magiologia, S. 886-889. Vgl. auch Enzyklopädie des Märchens, 9. Bd., Sp. 112-118 (Art. Mandragora von INES KÖHLER).

wurde zur Last gelegt, dass er drei Frauen bewogen habe, Hexenwerk dem Magistrat der Cadi[1] anzuzeigen. Wenn sie (die drei Frauen) dies nicht täten, würden sie schwere Sünden begehen. Weiter habe Pater Karl einigen Ratsherren mit dem Jüngsten Gericht gedroht, falls sie nicht gegen Hexen und Hexenmeister vorgingen. Der Benediktiner wolle auch die Beichte von behexten Personen anhören, um über sie den Exorzismus sprechen zu können. Abt Adalbert II. de Medell (1655-1696) nahm seinen Mönch in Schutz. Am 1. und 2. Juni 1678 fanden die Verhöre statt. Karl Decurtins gab zu, aufgrund einer Vollmacht des Abtes Exorzismus (Segnungen und Berührungen mit Reliquien oder mit Wein und Wasser, worin die Reliquien der Heiligen Placidus, Sigisbert oder Adalgott gelegt wurden) betrieben zu haben.[2]

Wenden wir uns nun der Figur des *Teufels* selber zu. Einige Stellen in den Quellen bringen zum Ausdruck, dass der Teufel durchaus als (unsichtbare) Gestalt unter den Menschen weilen konnte.

Urschla Delbin

«soll gegen den Brinkazi und seiner frauw gsagt haben in ein discurs, der teuffell leiche (leihe) auch gelt. Item dz die menschen den teüffel gar wohl sehen mögendt.»[3]

An die Macht des Teufels glaubte Mengia Fritli Pitschen:

«Weiters hat sie bekhendt, dz ein mohl in ihr berg geweßen und uff den tach wollen gehen, da seige sie bald nider gfallen, hat alzeit vermeint,dz der teüffel habe ihren abgeworffen.»[4]

Kurz vor seiner Flucht im Jahre 1658 mahnte Christen Bandel von Gün in Safien seinen Sohn Hans, er solle seiner Mutter im Haus helfen, beten und er solle sich vor allem vor dem Teufel in acht nehmen, denn dieser sei ein «verfürer» und ein «bschisser».[5]

---

[1] Das Gebiet zwischen Breil/Brigels und und den Rheinquellen nennt man die Cadi (abgeleitet von Casa Dei = Gotteshaus).

[2] MÜLLER: Zum bündnerischen Hexenwahn des 17. Jahrhunderts, S. 37ff. Pater Karl Decurtins hielt sich offenbar nicht an die Bestimmungen, die das Priesterkapitel der Surselva im Jahre 1670 in Lumbrein festgelegt hatte, nämlich, dass die Geistlichen nur in Gegenwart einer dritten Person eine Frau exorzieren dürfen, S. 34.

[3] Laax 1654, U. Delbin von Schluein, 7. Indiz. Vgl. Anhang Nr. 15 S. 224.

[4] Waltensburg 1672, M.F. Pitschen von Andiast, 2. Bekenntnis.

[5] Safien 1658, Christen Bandel, 4.Zeugenaussage.

Ein anderer Einwohner von Safien, Alexander Hunger, soll Bescheid über die Hexentänze und über den Geiger, der an diesen Tänzen aufspielte, gewusst haben. Ein Zeuge meldete der Obrigkeit das folgende Gespräch, das er mit Alexander gehabt hatte:

> «(...) habe ehr züg geredt und gesagt, wie dz dz sonst wol ein wunderbarli-
> chen handel und wäsen sein müsse, dz die zauperische menschen uff den
> häxen tentzen bywonent und da sölbsten auch menschen uff solchen zauper
> dentzen gigent. Daruff habe er obgedachter Alexander gesagt und geret: an
> den häxen tentzen gigent keine menschen, sonderen der tüffel gigei innen da
> sölbsten.»[1]

Margreta Risch Pitschen von Laax soll vor zwanzig Jahren in der Kir-che von Laax gesagt haben, sie glaube, dass sie Gott lästern müsse. Weiter habe sie erzählt, dass sie einen «Schatz» habe, der «khomen sey auß der höllen, er wolle, dz sy gott laugne, aber nit möge».[2] Es scheint, als wäre dies bereits der Beginn eines Bekenntnisses, das mit dem Abfall von Gott eingeleitet wurde. Bei diesem Zitat handelt es sich jedoch um eine Zeu-genaussage.

Jon Padrut von Rueun hatte, um eine unbekannte Gestalt in der dunklen Nacht vertreiben zu können, gerufen: «Theüfel, theüfel, gang von danen.» Von seinem Nachbarn soll Jon verlangt haben: «Khom zu hilf, dan der theüfel wil mich hinweg tragen(...).»[3] In einer anderen Zeugenaussage geht es um einen Kirschbaum. Jon Padrut sass auf diesem Kirschbaum, und eine Frau beschwerte sich darüber und behauptete, dass dies ihr Kirsch-baum sei. Da habe Jon geantwortet:

> «Wan der khrießbaum nit sein seige, so solle der theüfel ihm hinweg tragen,
> und angentz seige er aldo verschwunden (...).»[4]

Bei der Elster, die der Ammann Melcher Allig von Obersaxen gesehen hatte, handelte es für Urschla Wagauw nicht nur um einen Vogel, sondern um den Teufel:

> «Nach dem ist die Urschla zu mier kommen und zu mier gesagt: Ehe, ier ha-
> bet zeit gehab eich mit mier zu han habet, waß habet ihr gesech auff dem

---

[1] Safien 1659, Alexander Hunger, 7. Zeugenaussage.
[2] Laax 1672, M.R. Pitschen von Laax, 1. und 5. Zeugenaussage.
[3] Waltensburg 1652, Jon Padrut von Rueun, 6. und 7. Zeugenaussage.
[4] Waltensburg 1652, Jon Padrut von Rueun, 2. Zeugenaussage.

bolgcken. Der herr ammen sagt: Ich habt ein egekerst (Elster) gesechen. Die Urschla hat gesagt: Ehs ist der thelffel gesein.»[1]

Im nächsten Beispiel geht es wahrscheinlich um Depressionen, unter denen Menga Jon Christ Mathias von Laax litt:

> «Soll die Menga Jon Christ Mathiaß von Laax von deß Jelli Schamun Loreng frau sehr gerüembt sein, dz sy so andechtig sey, sy geantwortet: Ey waß soll ich andechtig sein, weilen sy dilg Setz Setz Nausch ganz und gar sey.»

Menga soll auch einmal in der Kirche geweint haben.[2] Sie glaubte also, sie gehöre dem «Setz Setz Nausch» (gemeint ist der Teufel: rom. sez = selber und il nausch = der Böse). Dies erinnert an den Fall des Stoffel Caduff von Luven, der «in der grossen abscheulichen sünde» gefallen war, weil er «us der christenheit ganz» sei. Diesen Schritt habe er getan «us einer grossen melancholie und krankheit». Stoffel wurde (nicht als Hexenmeister!) für zehn Jahre verbannt, sein Hab und Gut konfisziert.[3]

Es sei dahingestellt, ob wir es bei Margretha Risch Pitschen, Menga Jon Christ Mathias und Jon Padrut mit kranken Menschen[4] zu tun haben. Ein kranker Mensch oder zumindest nicht völlig zurechnungsfähig war Jon Valentin John Marty von Vrin. In der Antwort der Verteidigung machten der Landammann Morezi Arpagauss und der Säckelmeister Cristoffell Casanova geltend, dass Jon Valentin eine «so einfeltige, weiche und unverständige» Person sei, die «nit sein völlige verstand oder wüssenschaft» habe.[5]

Die Richter kümmerten sich nicht um die Gesundheit dieses Mannes. Sie hatten auch kein Verständnis für die Phantasien eines Kindes, wie das Beispiel des Hexenprozesses gegen Barbla Christ Waulser von Waltensburg zeigt. Gegen die 13-jährige Enkelin von Thrina Joss Jon Ping gibt es nur zwei Zeugenaussagen. Das Mädchen lebte voll in der Hexenwelt.

---

[1] Obersaxen 1652, Urschla Wagauw, Zeugenaussage vom Ammann Melcher Allig. Vgl. Anhang Nr. 12a S. 209.

[2] Laax 1672, M.J.C. Mathiass von Laax, 1. Zeugenaussage.

[3] Kriminalurteil vom 22.8.1678 in der Gruob, Zitat nach der Abschrift vom Jahre 1828.

[4] Martin Jon Martin Nut, der manchmal in der Nacht schrie und an die Wand schlug, war wohl krank und litt unter grossen Schmerzen. Gruob 1699, M.J.M. Nut von Castrisch, 3. Zeugenaussage.

[5] Lugnez 1699, Jon Valentin John Marty, Antwort der Verteidigung. Vgl. Anhang Nr. 18 S. 242..

«Soll sein enigkliche mit nammen Barbla gesagt haben einmal dz sy noch
Seet (Siat) gangen sint sammpt der groß muoter und Thrina Spescha: Wann
mir aldo heten der mit die geißfües, so wurden wir schwint genn Seet seyn.»

Thorthe Joss Chasper erzählte folgendes über Barbla:

«Seige deß weibs enigkliche mit nammen Barbla under deß podistat huß gesessen mit einer grossen hufen khinder, dz meidtly habe ein popelle uf die
armen khann, sich gewieget und gesungen. Sey und sein großmuoter giengen
znacht zum finster us und stellen ein bösmma (Besen) nebet der bässy Maria,
dz sy nit spüre, und sy giengen im himmelreich und hinab in hell, und thantzen in der hell, sige vil hüpscher weder in himmel (...) Ein mal seigen sey zu
Nustein gewest, vil leüt, und haben ghulfen demm herrn ammen Jacob steinen
uflessen, und dz meidtly habe do so schlechtlich geredt, dz sey haben beyde
vonn denn guot thun hinweg gechen (...).»[1]

Vor vier oder fünf Jahren habe Barbla «so schlechtlich» geredet, d.h.
ungefähr im Alter von acht Jahren. Das kleine Mädchen setzte sich auf
seine Weise mit der Welt der Erwachsenen auseinander, einer Welt, die
tief vom Glauben an den Teufel, an Himmel und Hölle geprägt war. Für
die Obrigkeit bedeutete es Gotteslästerung, wenn die kleine Barbla sang,
dass es in der Hölle «vil hüpscher» als im Himmel sei. Die 13jährige Barbla Christ Waulser wurde im gleichen Jahr wie ihre Grossmutter Thrina
Joss Jon Ping festgenommen und als Hexe hingerichtet. Es gibt nur die
obgenannten Aussagen gegen das dreizehnjährige Mädchen. Warum sie
schliesslich sterben musste, bleibt ein Geheimnis. Vermutlich wurde sie
nicht gefoltert, denn ein Bekenntnis liegt nicht vor. Wollten die Behörden
von Waltensburg die beiden Frauen Thrina und ihre Tochter Maria Joss
Ping Ping mitsamt der Enkelin von Thrina loswerden? Oder waren die Behörden sogar überzeugt, dass das kleine Mädchen eine Hexe war? Kinder
wurden immer wieder Opfer der Hexenverfolgung. Die Schriftstellerin
Eveline Halser hat die Akten von sieben Kindern, die zwischen 1652 und
1654 in Luzern hingerichtet wurden, untersucht. Drei dieser Kinder, deren
Schicksal im Roman «Die Vogelmacherin» beschrieben werden, mussten
im Alter zwischen 11 und 15 Jahren sterben. Erst im 17. Jahrhundert wurde die Doktrin von der körperlichen Schwachheit und mentalen Debilität
der Frauen auf die Kinder ausgeweitet. Diese theologisch und medizinisch
fundierte Lehrmeinung bestimmte das Handeln der Obrigkeit: Hexenpro-

---

[1] Waltensburg 1652, T.J.J. Ping, 2. und 19. Zeugenaussage. Vgl. Anhang Nr. 13 S. 217.

zesse gegen Kinder gehörten genauso zur historischen Realität wie Predigterzählungen von der Schlechtigkeit zaubernder Kinderhexen.[1]

Das Volk war mit der Dämonologie der Gelehrten durch Predigt und Katechese vertraut geworden. Ein Grund war unter anderem, dass die Bekenntnisse der Hexen und Hexenmeister öffentlich verlesen wurden. Der Teufel war in der Glaubenswelt der Menschen der Frühen Neuzeit allgegenwärtig, wie Jean Delumeau schreibt: «Die Hölle, ihre Bewohner und Kreaturen (...) (fesselten) (...) zu Beginn der Neuzeit und nicht im Mittelalter in höchstem Masse die Vorstellungskraft des abendländischen Menschen.»[2]

Die Obrigkeit fühlte sich verplichtet, dem Treiben des Teufels und seiner Agenten ein Ende zu bereiten. Dies war jedoch nicht immer leicht. Um dem Treiben des Teufels auf die Schliche zu kommen, gab es eine wirkungsvolle Methode: Die Folter. Nicht umsonst wurde die Folterkammer der «Ort der Wahrheit» genannt.

---

[1] So auch bei ANHORN, Magiologia, S. 688. Zur Dämonisierung von Kindern: CHRISTOPH DAXELMÜLLER: Zauberpraktiken. Eine Ideengeschichte der Magie, Zürich 1993, S. 206-210. HARTWIG WEBER: «Von der verführten Kinderzauberei». Hexenprozesse gegen Kinder im alten Württemberg, Sigmaringen 1989.

[2] DELUMEAU: Angst im Abendland, Bd. 2 S. 369.

5. Die Dämonologie und die Richter

5.1. Die Folter

Nachdem ein Protokoll mit den Aussagen der Zeugen aufgenommen worden war, wurde die Hexe/der Hexenmeister in die Folterkammer, den «Ort der Wahrheit», geführt. Die Folter, die seit Papst Innozenz IV. (1252) als wirkungsvolles Mittel gegen die Ketzerbewegungen eingesetzt wurde, sollte dazu dienen, eine Person von ihrem Dämon zu befreien.

«Der Satan ist der Verbrecher. Ihn gilt es in der Folter auszutreiben, ihn gilt es zu vernichten, durch die Hinrichtung und durch die Zerstörung des letzten Rests des verhexten Körpers. Der Mensch steht in einem unaufhörlichen Kampf mit dem Satan.»[1]

Die Folter sollte nicht nur ein Geständnis erzwingen, sondern es auch bestätigen. Entscheidend am Verfahren war, dass die Hexen und Hexenmeister ihre Komplizen am Hexensabbat denunzierten. Trevor-Roper nimmt an, dass die Hexenverfolgung in dem Masse zunahm, wie die Folter härter und vermehrt angewandt wurde. Das Mittelalter hätte keinen Hexenglauben gekannt, weil es zu jener Zeit keine gerichtliche Folter gab.[2]

Wie wurde die Folter in den Gerichtsgemeinden der Surselva angewandt? In den Protokollen gibt es wenig Hinweise über das Vorgehen des Scharfrichters gegen die Angeklagten. Wahrscheinlich wurden die Hexen und Hexenmeister in den meisten Gerichtsgemeinden (nicht nur der Surselva[3]) schwer gequält und gepeinigt. Baltzer Fopper von Schnaus wurde sechs Mal gefoltert, ehe er freigesprochen werden musste.[4] Mehr über die Anwendungsmethoden der Folterknechte erfahren wir im Protokoll bei Christ Mathiu, der im Jahre 1700 in Ilanz vor Gericht stand. Christ wollte offenbar seine Unschuld beweisen, denn er sei

---

[1] HANS FEHR: Zur Erklärung von Folter und Hexenprozess, in: SZG 24 (1944), S. 585.

[2] TREVOR-ROPER: Der europäische Hexenwahn des 16. und 17. Jahrhunderts, S. 120.

[3] In der Gerichtsgemeinde Castels z.B. wurde die Hexe Torti Heni mindestens 24 Mal gefoltert, bis sie schliesslich an den Qualen verstarb, siehe: SCHMID/SPRECHER: Zur Geschichte der Hexenverfolgungen in Graubünden, S. 98.

[4] Gruob 1680, B.Fopper von Schnaus, Teilbekenntnis (Diebstahl und Hurerei).

«mit grossem eiffer geeilet zur folter. Nach deme er auffzogen worden (am Seil[1]), hat er kein seüffzer gelassen, sonder entschlaffen, wie er selber bekhent hat, und schmertzen keinen empfunden, wohl aber darbei gelachet, und sein gute farb behalten, und nit begert, man solle ihn ablassen».

Als der Hexenmeister das zweite Mal am Seil aufgezogen wurde, soll er ein wenig Schmerzen in den Gliedern empfunden haben, aber seine «gute Farbe» blieb. Beim dritten Grad der Folter habe er, wie beim ersten Mal, keine Schmerzen gespürt. Während des Schmitzens[2] sei Christ Mathiu «lustig» gewesen, er habe gelacht und dem Folterknecht empfohlen, er solle «zuschlagen so lang er wolle (...)». Weiter heisst es im Protokoll:

«In der klappen[3] habe er durch und durch truzet. In allem foltern hatt man nie mahlen möge darzuhalten, daß er dem teüffel absage.»

Die Richter hatten bei Christ Mathiu den Kampf gegen den Teufel verloren. Um aber zu beweisen, dass Christ doch ein Hexenmeister sei, wurde die Nadelprobe durchgeführt. Am Körper des Angeklagten suchte der Scharfrichter nach einem Teufelszeichen, einem «stigma diabolicum» (einer Warze, einer Narbe, einem Leberflecken etc.), und stach mit einer Nadel hinein. «Das Hexenmal, so die Vorstellung vieler Richter, sei schmerzunempfindlich und blute dabei nicht (...).»[4] Christ «seige bezeichnet gsin wie andere hexen auch», d.h. der Scharfrichter fand ein Hexenmal.

Der letzte Hexenmeister der Surselva, Christ Mathiu, wurde nach den Folterungen eines Morgens im Bett tot aufgefunden. An seinem Körper

---

[1] Bei dieser Prozedur wurde den Angeklagten zuerst die Hände auf dem Rücken zusammengebunden. Anschliessend zog man sie an einem Seil, das an den gebundenen Händen befestigt wurde, in die Höhe. Um die Qualen zu erhöhen, konnte auch ein Gewicht an die Füsse gehängt werden, BADER: Die Hexenprozesse in der Schweiz: «Die Folter», S. 45-52.

[2] Die Methode, die Gefangenen mit einer Rute oder einer Peitsche zu schlagen.

[3] «Der Apperat (Kluppe) ist mit einer stark verkürzten Bettstelle zu vergleichen. An der Kopfwand hängt das Halseisen, die Fusswand besteht aus zwei schweren, aufeinanderlegbaren Laden, durch deren gemeinsame Fuge vier Löcher gebohrt sind zur Aufnahme der Hände und Füsse, in der Mitte der 'Bettstelle' steht der Stock. Nun denke man sich die 'arme Person' mit Händen und Füssen (hinter den Gelenken bzw. den Knöcheln) in die Kluppe gespannt, mit blossem Gesäss auf den frischen Sägschnitt des Stockes gesetzt, den Hals im Eisen und die Beine über den Knien zusammengeschnürt (...)», SPRECHER: Der letzte Hexenprozess in Graubünden, S. 329 Anm.9.

[4] HAMMES: Hexenwahn und Hexenprozesse, S.120.

fanden sich viele rote Striemen und grosse rote Flecken.[1] Die Richter beschlossen, dass der tote Körper vom Scharfrichter ausserhalb des Friedhofes begraben werden solle. Der Vogt von Christ Mathiu und die Verwandtschaft erreichten, dass die Obrigkeit die Leiche freigab und Hab und Gut des Verstorbenen nicht konfiszierte. Die Kosten des Prozesses mussten die Verwandten abtragen. Der Prozess gegen den Hexenmeister von Castrisch scheint in der Gruob der letzte gewesen zu sein, bei dem eine Person den Tod fand.[2]

Im Gefängnis starben Maria Caminada von Obersaxen (1653) und zwei Frauen der Gerichtsgemeinde Disentis (1675). Einen Selbstmordversuch unternahm die lahme Christina Loreng Balzer von Castrisch, indem sie sich mit einer Kette an die Schläfen schlug. Auf die Frage, warum sie dies getan habe, antwortete Christina, dass sie von schweren Gedanken geplagt worden sei.[3]

Eine der gefolterten Hexen, Frenna Rüödy von Vals, klammerte sich an die letzte Hoffnung, die sie hatte: an die Muttergottes: «Weiter hatt Frenna gesagt, so Maria die muotter gotteß auff morgen nit ein zeichen gibt, so welle sie die worchet (Wahrheit) sagen.»[4] Maria, die Mutter Gottes, spielte eine wichtige Rolle in Alltagsleben der Dorfbewohner.

Regla Conzin von Waltensburg wurde bei der ersten Tortur dreimal am Seil aufgezogen. Am nächsten Tag wandte der Scharfrichter diese Prozedur zweimal an, wobei Regla noch zusätzlich mit Ruten bearbeitet wurde. Nachdem sie in die Kluppe gelegt worden war und der Folter weiterhin standgehalten hatte, suchten die Richter an ihr das «stigma diabolicum», das sie unter einer Achsel fanden. Dies hatte zur Folge, dass Regla wieder «in loco tortura getraget» wurde. Die Richter befragten sie zunächst «de plano», d.h. ohne Anwendung der Folter. Da die Frau weiterhin bestritt, eine Hexe zu sein, «war sie vor dem hauß under den tachtropfen nochmahlen capturiert (gefangengenommen) (...)». Vielleicht handelt es sich

---

[1] «(...) viel rothe strich und grosse rothe bletz an der linken achsel, und rechten brust (...) und dem rechten arm, wie auch der rukhen gantz roth (...)».

[2] Gruob 1700, C.Matthieu von Castrisch: «Nota, und verzeihnuss desse, so an der folterung dess Christ Mathieu von Kestris zu setzen.»

[3] Gruob 1700, C.L.Balzer von Castrisch: «Ha ella cun la cadeina antrocha chell'ei stada en quault a forza d'ilg oberkheit a sa sez pichiau enten las tempras ad amparada par chei, chella seig stada en gronds a grefs partrachiaments.»

[4] Vals 1651, Frenna Rüödy, Bekenntnis. Vgl. Anhang Nr. 9 S. 191.

hier um die Foltermethode, bei der während längerer Zeit ein Wassertropfen nach dem andern auf den Kopf der Gefangenen fiel. Diese Anwendung dieser Methode scheint ein einmaliger Vorfall in der Surselva gewesen zu sein. Regla Conzin bekannte das Hexenwerk auch nicht, als sie nochmals in die Kluppe gelegt wurde. Das Endurteil lautete auf zwanzig Jahre Verbannung.[1]

Aus den Schicksalen von Christ Mathiu und Regla Conzin lässt sich schliessen, dass die Obrigkeit mit allen Mitteln versuchte, ein Geständnis zu erzwingen – anders als etwa in Genf, wo die Hexen kaum dreimal gefoltert wurden.[2]

Der Aktuar der Gerichtsgemeinde Gruob protokollierte eine Begebenheit, bei der es schien, als würde der Teufel versuchen, «seinem Knecht» zu helfen. Als die Richter Baltzer Fopper von Schnaus in die Folterkammer führten, sei ihnen «ein dieke finsternuß» vor den Augen gekommen. Sie liessen sich aber von diesem Zwischenfall nicht beeinflussen, denn ihnen sei die «hilf godeß» sicher.[3]

Manchmal versuchte der Teufel auch, ein Geständnis zu verhindern, indem er im Hals der Angeklagten steckte (z.B. bei Turte Jacob Barbla[4]) oder bis in ihr Herz gedrungen war. Als Jon Padrut von Rueun nicht sofort ein Geständnis ablegte, entschuldigte er sich folgendermassen:

> «Seig in der halß khommen, dz er habe nichts mögen sagen, denn der böß geist seig in sein hertz gewest.»[5]

Anders verhielt es sich bei Christen Detli von Safien Platz. Nachdem er im September 1696 gefoltert wurde, bekannte er seine Schuld:

[1] Waltensburg 1718, R.Conzin von Waltensburg. Regla hatte unter der Folter lediglich einige Diebstähle zugegeben. Die Strafe gegen sie wurde von dreissig auf zwanzig Jahre herabgesetzt.

[2] Die Hexe Françoise Pelletier wurde (um 1560), nachdem sie einmal das Hexenwerk bekannt und das zweite Mal bestritten hatte, eine Hexe zu sein, verbannt. «Many - probably most - European legal systems would have tortured her a third time in order to discover which of her two confessions was correct», meint E. WILLIAM MONTER: Witchcraft in France and Switzerland. The Borderlands during the Reformation, London 1976, S. 51.

[3] Gruob 1680, B.Fopper von Schnaus, Bemerkung nach den Zeugenaussagen.

[4] Lugnez 1699, T.J. Barbla von Vrin, Bekenntnis.

[5] Waltensburg 1652, J. Padrut von Rueun, Bekenntnis.

«Man solle ihme nur den kopf anschlan, er habe eß verdienet darumb daß er alleß böses gethan habe, er seige vil an hengert[1] gesin hin und uf Tschapina (...) Item sind diese hir verschribne confesion und bekantnusen zu einem besern und luteren bericht und gedächtnuß ordenlich heihar verschriben, damit eß mit einem besren verstand unsren nachkommenden könne hinderlasen werden.»[2]

5.2. Das Bekenntnis

Bis ins Spätmittelalter hatten sich die wesentlichen Bestandteile der Hexenlehre (Teufelspakt, Geschlechtsverkehr mit Dämonen, Hexentanz, Schadenzauber) herausgebildet.[3]

Im folgenden Teil werden wir kurz auf diese Dämonologie eingehen. Bis auf wenige Ausnahmen und Einzelheiten gleicht sich das Schema der Hexenlehre in allen Gerichtsgemeinden der Surselva.

5.2.1. Der Teufelspakt

Hexerei bedeutete Abfall von Gott und der christlichen Religion, oder anders gesagt, die Hexen und Hexenmeister schlossen ein Bündnis mit dem «bösen Geist».[4] Die Bekenntnisse des Jahres 1699 in der Gerichtsgemeinde Lugnez beginnen fast ausnahmslos mit dem Satz: «Sie/er habe die Furcht Gottes verlassen und sei in die Laster der Unholden vergriffen.» Was dann geschehen konnte, schildern die Akten des ersten Hexenprozesses der Gerichtsgemeinde Waltensburg 1652. Thrina Joss Jon Ping gestand, dass ihr Mann vor 40 Jahren nach Österreich gezogen sei, und dann sei

«der böß geist hinder deß Clau Melcher stadel in gstalt eineß schönen manß und in grienen kleideren khommen mit namen Hültybrant und vonn ihre be-

---

[1] Hengert = nachts ein Mädchen besuchen.
[2] Safien 1696, Christen Detli, Bekenntnis.
[3] TREVOR-ROPER: Der europäische Hexenwahn des 16. und 17. Jahrhunderts, S. 118.
[4] In den Bekenntnissen der Hexen und Hexenmeister der Surselva wurde der Teufel fast durchwegs der «böse Geist» genannt.

gert, dz sey solle ihme sein willen geben (...) darauf hin habe sey gott, die heilligen dreyfaltigkheit und der heillig thauf verlaugnet (...)».[1]

Als Thrina im Dorf Waltensburg in Verruf geriet, eine Hexe zu sein, hatte sie sich der Gotteslästerung schuldig gemacht. Gegenüber dem Ammann Mathis de Cadunauw verteidigte sie sich mit den Worten, dass die Muttergottes ihr das Hexenhandwerk gelehrt habe, falls sie eine Hexe sei.

Der böse Geist, der Teufel, kam in Gestalt eines schönen Mannes, eines hübschen Knaben oder Jünglings daher. Meistens war er grün oder braun gekleidet (als Seelen-Jäger!). Der Maria Schnideri erschien er in schwarzen Kleidern[2], Meingia John Jacob Josch sprach von einer schwarzen Gestalt mit Geissfüssen und Hörnern[3], Frenna Riteman von einem grünen Mann mit Geissfüssen[4], oder Turte Jacob Barbla bekannte, dass sie als kleines Mädchen mit ihrer Mutter auf den Hexentanz gegangen sei; dort hätten sie einen grossen, schwarz gekleideten Mann mit Geissfüssen und Hörnern getroffen.[5] Den Jon Padrut suchte der Teufel in Gestalt eines hübschen jungen Mannes oder eines schwarzen Hundes heim.[6]

Der Teufel begegnete seinen Opfern überall, im Haus oder auf dem Feld. Anna Jöry Jon Gletzy war im Bett, als der böse Geist plötzlich neben ihr stand.[7] Christina Loreng Balzer sass traurig und melancholisch unter einem Baum, als der Teufel kam und ihr Geld und einen Ring versprach. Sie sei anscheinend von allen verlassen; er wolle ihr ein guter Freund sein, meinte der Mann in schwarzbraunen Kleidern.[8] Der «böse Geist» soll der Barbla Claudi von Ilanz in Gestalt einer Kröte begegnet sein.[9]

Damit der böse Geist seine Opfer leichter verführen konnte, versprach er oft Geld. Enttäuscht und verbittert mussten die Hexen und Hexenmeister später feststellen, dass dieses «Geld» sich in Laub oder Kot verwandelt hatte. Nach der kirchlichen Lehrmeinung, die dem Volk in der Predigt zu Ohren kam, ist der Teufel eben ein «armer Satan». Die Reiche und

---

[1] Waltensburg 1652, T.J.J. Ping, 1. Bekenntnis. Vgl. Anhang Nr. 13 S. 221.
[2] Vals 1655, Maria Schnideri von Vals, Bekenntnis.
[3] Lugnez 1699, M.J.J. Josch von Vella, Bekenntnis.
[4] Vals 1654, F. Riteman von Vals, Bekenntnis.
[5] Lugnez 1699, T.J.Barbla von Vrin, Bekenntnis.
[6] Waltensburg, 1652, J.Padrut von Rueun, Bekenntnis.
[7] Waltensburg 1652, A.J.J. Gletzy von Siat, Bekenntnis.
[8] Gruob 1700, C.L. Balzer von Castrisch, Bekenntnis.
[9] Gruob 1652, B. Claudi von Ilanz, 4. Indiz.

Herrlichkeiten, mit denen er Jesus versuchen will, sind bloss eitles Blendwerk. Deshalb verwandelt sich das vom Teufel versprochene Handgeld in wertloses Zeug.[1]

Martin Jon Martin sagte aus, dass er bereits vor vierzig Jahren[2] Hexenwerk betrieben habe, von dem Zeitpunkt an, als ihm der böse Geist in Begleitung einer Frau namens Turten Jakum Mathias begegnet sei. Urschla Jeri Josch Pitschen bekannte, dass sie vor fünfzig Jahren, als sie zehn Jahre alt war, in die Sünde der Hexerei gefallen sei.[3] Anna Jöhri Peng wurde von zwei Frauen in das Hexenwerk eingeweiht, als sie neun- oder zehnjährig war.[4] Dem zehn- oder dreizehnjährigen Knaben Thieny Marty Flury soll eine Frau gesagt haben, dass die Heiligen nicht helfen können und die Muttergottes nicht so mächtig sei, wie die Geistlichen behaupten würden. Der Teufel sagte ihm, dass es keinen Himmel und kein Fegfeuer gäbe.[5] Den Hexen und Hexenmeistern des Lugnez wurde oftmals empfohlen, den Predigten der Geistlichen nicht zu glauben. Dorothe Tomasch Tuisch wurde zur Hexe, als ihr Vater vor 15 oder 17 Jahren starb. Die Mutter habe ihr befohlen, dem Kerl, der bald kommen werde, zu gehorchen.[6] Sollte Dorothe verheiratet werden? Die dreizehnjährige Barbla Christ Waulser bekannte, dass ihre Grossmutter Thrina Joss Jon Ping geraten habe, sie solle tun, was ihr «buoll» begehre.[7] Maria des M.Tieny, Maria Jeri da Pitasch oder Urschla Jeri Josch Pitschen wurden von Frauen in die Hexenkünste eingeweiht.[8] Barbla Claudi und Maria Joss Jon Ping lernten die Hexen-

---

[1] Vgl. LUTZ RÖHRICH: Lexikon der sprichwörtlichen Redensarten, Bd. 5, Freiburg i.Br. 1991, S. 1617.

[2] Aufgrund solcher Aussagen (z.B. vor vierzig Jahren) lässt sich das Alter einer Hexe oder eines Hexenmeisters in etwa bestimmen. Martin Jon Martin Nut war ungefähr siebzig Jahre alt, als er als Hexenmeister sterben musste.

[3] Die Bekenntnisse von Urschla Jeri Josch Pitschen und Martin Jon Martin Nut (beide 1699) fehlen in den Originalprotokollen. Unsere Quelle ist die Abschrift des Jahres 1828. Uri Jon Martin Nut (Gruob 1699) war vor 38 Jahren, Lenna Joss (Vals 1655) vor zwanzig Jahren, Christina Loreng Balzer (Gruob 1700) vor zwölf oder Maria Schnideri (Vals 1655) vor sieben Jahren dem Hexenwerk verfallen.

[4] Vals 1652, A.J. Peng von Vals, Bekenntnis.

[5] Lugnez 1699, T.M. Flury von Vrin, Bekenntnis.

[6] Lugnez 1699, D.T. Tuisch von Camuns, Bekenntnis.

[7] Waltensburg 1652, B.C. Waulser von Waltensburg, Bekenntnis.

[8] Lugnez 1699, Maria des M. Tieny von Planezas, Bekenntnis, Maria Jeri da Pitasch, Bekenntnis; Gruob 1699, U.J.J. Pitschen von Castrisch, Bekenntnis nach der Abschrift von 1828.

kunst von ihren Müttern. Die Hexe Margreta Risch Padruth erzählte den Richtern, dass der böse Geist im Haus ihrer Tante gewesen sei. Sie habe die Worte ihrer Tante nachgesprochen und den allmächtigen Gott, seine geliebte Mutter, die heilige Dreifaltigkeit, die Heiligen und die Taufe verleugnet. «Darauff der böse geist ihro gezeichnet an einer seiten, domohlen war sie gar klein.»[1] In protestantischen Gegenden verleugneten die Hexen und Hexenmeister Gott und die hl. Dreifaltigkeit, in katholischen dazu noch die Muttergottes, die Heiligen und die Taufe. Thrina Chatz soll die Muttergottes eine Hexe genannt haben; sie habe ausserdem die Heiligen Petrus und Paulus verleugnet.[2] Eine Frau von Domat/Ems hatte von Anna Jöry Jon Gletzy verlangt, dass sie der hl. Dreifaltigkeit absagen soll.[3] Anna Jöhri Peng verleugnete nicht nur Gott, die Muttergottes und die hl. Sakramente, sondern auch die Engel, St. Anna, St. Joseph und St. Jochen.[4] Als Hexe distanzierte sich Lenna Joss auch von ihrem Schutzengel und ihrer Namenspatronin Maria Magdalena.[5] Einige Hexen kamen aber den Wünschen des bösen Geistes nur zum Teil nach. So verleugnete Frenna Riteman wohl Gott, nicht aber die hl. Maria.[6] Auch einige anderen Hexen der Gerichtsgemeinden Vals und Lugnez verleugneten nicht die Muttergottes.

Die Hexen und Hexenmeister hatten sich bereit erklärt, dem Teufel zu folgen. So entstand ein Vertrag, der dem Verhältnis zwischen Meister und Magd oder Knecht entsprach.[7] Als Zeichen des Paktes zwischen dem bösen Geist und der Hexe bzw. dem Hexenmeister diente in der Gerichtsgemeinde Lugnez das Blut, das von einer Achsel, der Schulter, dem Rücken oder der Seite genommen wurde. Mit diesem Blut notierte der Teufel die Namen seiner Helfershelfer in ein Buch. In Obersaxen wurde der Pakt geschlossen, indem der böse Geist die Hexen zur Ehe nahm. Anna Jon Donau von Laax und Urschla Jeri Joss Pitschen von Castrisch sprangen in den Ring, den der Teufel am Boden zeichnete.[8] Hiermit begaben sich die

---

[1] Lugnez 1699, Margreta Risch Padrut von Vignogn, Bekenntnis.
[2] Waltensburg, T. Chatz von Rueun, Bekenntnis.
[3] Waltensburg 1652, A.J.J. Gletzy von Siat, Bekenntnis.
[4] Vals 1652, A.J.Peng von Vals, Bekenntnis.
[5] Vals 1655, L. Joss von Vals, Bekenntnis.
[6] Vals 1654, F.Riteman von Vals, Bekenntnis.
[7] Dazu BECKER, BOVENSCHEN, BRACKERT u.a.: Aus der Zeit der Verzweiflung, S. 320.
[8] Laax 1657, A.J.Donau von Laax, Bekenntnis; Gruob 1699, U.J.J. Pitschen von Castrisch, Bekenntnis; nach der Abschrift von 1828.

beiden Hexen in die Abhängigkeit ihres Herrn. Anscheinend wollten die Richter auch wissen, wie der Teufel hiess, wie er sich den Hexen und Hexenmeistern vorstellte. In den Protokollen stossen wir auf die verschiedensten Namen: Hültybrant, Sazenas, Pilegrin, Lutzyfer (Luzifer, Lucifer), Johanes, Beelzebub (Beleerbuckh, Beleebuoch), Felis, Holtzbockh, Grinfass, Pugxss Paum, Namo, Wolff, Grin Baschley, Grine Jacobla, Khöttlic oder Khrek Winckhelle, Gehrwintel. Die meisten Angeklagten gaben dem bösen Geist den bekannten Namen «Luzifer». Die Hexen der Gerichtsgemeinden Vals und Obersaxen sprachen meistens vom «Grünfass» oder vom «Grünen Jakob».[1]

5.2.2. Die Buhlschaft mit dem Teufel

Nachdem die Hexen und Hexenmeister Gott verleugnet hatten, fand meist der Geschlechtsverkehr zwischen Mensch und Dämon statt. «Die Vorstellung vom geschlechtlichen Verhältnis zwischen Mensch und Dämon gehört seit der Mitte des 13. Jahrhunderts zum festen Inventar nicht nur der volksläufigen Meinungen, sondern auch der theologischen Lehre. Seit dieser Zeit tritt die sogenannte Teufelsbuhlschaft als Verurteilungsgrund auf.»[2]

Beim Beischlaf bemerkten einige Hexen, dass der böse Geist Geissfüsse hatte. Das Bild vom Teufel mit Geissfüssen[3] und Hörnern wurde vor allem in der katholischen Gerichtsgemeinde Lugnez gebraucht.

---

[1] Vgl. auch IRMTRAUD RÖSLER und KATRIN MOELLER: Der Teufel und sein Name. Frühe Zeugnisse für Hexen- und Teufelsglauben in mecklenburgischen Gerichtsakten, in: Homo narrans. Studien zur populären Erzählkultur. Festschrift für SIEGFRIED NEUMANN zum 65. Geburtstag, hrsg. von Christoph Schmitt, Münster 1999, S. 357-369.

[2] BECKER, BOVENSCHEN, BRACKERT u.a.: Aus der Zeit der Verzweiflung, S. 318. Der bedeutende Scholastiker Thomas von Aquin (1225-1274) vertrat die Meinung, dass Dämonen als «succubi» (ein Dämon in Gestalt einer Frau, die sich einem Mann «unterlegt») oder als «incubi» (ein Dämon in Gestalt eines Mannes, der sich «auf» die Frau legt) mit den Menschen verkehren können. Nachfolger würden die Dämonen nicht zeugen, weil sie keinen Samen hervorbringen.

[3] Seit dem 15. Jahrhundert entsteht eine grosse Zahl neuer Teufelsdarstellungen, zumeist Mischwesen aus Mensch und Ziegenbock. Vgl. Lexikon des Mittelalters, Bd. 9, Sp. 583ff. (Art. Teufel von N.H. OTT).

Die Hexenmeister erwähnten selten die Buhlschaft mit einem Dämon. Ein gemeinsames Erlebnis verband alle Hexen der Surselva, nämlich: Während des Geschlechtsaktes sei der böse Geist «von kalter Natur». Dies lässt sich ebenfalls auf eine jahrhundertealte theologische Lehrmeinung zurückführen, die das Volk aus der Predigt kannte: Seit Augustinus diskutierten die Theologen über die Körperlichkeit von Dämonen. Hinter der «kalten Natur» des Teufels steckt die Vorstellung der Unvollkommenheit seiner Körperbildung: Der Incubus, obwohl häufig mit ausserordentlicher Schönheit ausgestattet, ist am kalten Sperma zu erkennen.[1]

Ausführlicher als auf die «Gemeinschaft» oder die «fleischliche Sünde» mit dem bösen Geist – wie es oft in den Bekenntnissen heisst –, mussten die Hexen und Hexenmeister auf den Hexensabbat, der in der Nacht zelebriert wurde, eingehen.

5.2.3. Der Hexentanz

Eindrücklich formulierte Anna Jon Donau von Laax im Jahre 1657 den Hexenflug:

> «Seige sy vom bösen geist auß dem fenster hinauß tragen worden eineß molß ohne fürschoß, mit der stauchen im halz, ohne libli, mit außgespraiteten haar.»[2]

Das gewöhnlichste «Verkehrsmittel», das die Hexen und Hexenmeister benutzten, war ein Stecken – selten der Besen! Wenn der böse Geist zwischen Tag und Nacht kam und pfiff, legte Urschla Delbin von Schluein einen Besen ins Bett neben ihren Mann, damit dieser nicht merke, dass sie weg sei.[3]

Einige weitere Beispiele, die sich auf den Besen beziehen: Eine Frau namens Greta hatte beobachtet, wie Urschla Wagauw von Obersaxen mit einem Besen um einen Gaden lief und verschwand.[4] Der Geisshirt traf auf dem Heimweg Anna Jon dil Christ von Laax mit einem Besen. Später sei

---

[1] Lexikon des Mittelalters, Bd. 9, Sp. 582 (Art. Teufel von Ch. DAXELMÜLLER).
[2] Laax 1657, A.J. Donau von Laax, Bekenntnis.
[3] Laax 1654, U. Delbin von Schluein, Bekenntnis.
[4] Obersaxen 1652, U.Wagauw, Zeugenaussagen.

sie bereits im Dorf gewesen, als er ankam.[1] Eine Zeugin namens Torthe Joss Chasper hatte im Zusammenhang mit einem Besen einen Streit zwischen den Hexen Anna Jon Lutzy von Rueun und Thrina Joss Jon Ping (die im Text die «Alte» genannt wird) beobachtet. Torthe meldete der Obrigkeit von Waltensburg folgendes:

> «Dz die Anna Jonn Lutzy seige 2 oder 3 mal in ihren hauß khommen, und under ander reden hat sey ein bässmma genommen und ob sey khört und gesagt: Wann die alten ein hexß ist, so würt sey schwindt khommen. Uf solches reden seige dz weib almal khommen eines viertel stundt, denn bössmma hinweg genommen und unwillig gsein, und gesagt, dz sy sagen, dz sey ein hexß sige. Die Anna habe gesagt: Du bist ja eine, und haben almal ein ander krieget.»[2]

Urschla und Anna Jon Donau «fuhren in Feuer und Flammen» zu den Tänzen. Diesen Ausdruck hatte Urschla Delbin in Gegenwart einiger Mädchen und Knaben benutzt, und diese meldeten der Obrigkeit, wie sich die Hexe verraten hatte.[3] Auch dieses Beispiel zeigt, dass die Hexen und ihre Künste in den Alltagserzählungen vorhanden waren. Die Hexenverfolger hatten demnach leichtes Spiel, weil kaum jemand grundsätzlich an der Existenz von Hexen und Zauberei zweifelte. Überdies ist zu sagen, dass Kinder auch als Zeugen aufgerufen wurden oder sich selber meldeten, wie wir bei den obengenannten Beispielen über den Geisshirten, die Mädchen und Knaben, und bei anderen Beispielen gesehen haben.

Neben dem Flug auf einem Stecken gab es noch andere Möglichkeiten, um sich an den Hexensabbat zu begeben. Uri Jon Martin Nut liess sich von einer gewissen Barbla zu den Hexentänzen begleiten, Peter Lorenz wurde vom Teufel getragen, Jon Valentin John Marty von seiner Mutter (als er klein war). Der Letztgenannte und Turte Jacob Barbla ritten auch auf einem schwarzen Ross zum Hexentanz; dem Thieny Marty Flury stand neben dem schwarzen Ross auch ein Bock zur Verfügung.[4]

---

[1] Laax 1672, A.J.d. Christ, 8. Zeugenaussage.

[2] Waltensburg 1652, Thrina J.J. Ping, 19. Zeugenaussage. Vgl. Anhang Nr. 13 S. 217f.

[3] Laax 1654, U.Delbin von Schluein, 10. Zeugenaussage.

[4] Gruob 1699, Uri J.M. Nut von Castrisch, Bekenntnis. Ähnliche Aussagen bei Peter Loretz von Vals, Jon Valentin Jon Marty, Turte Jacob Barbla und Thieny Marty Flury, alle von Vrin.

Die Orte, welche die Hexen und Hexenmeister zum Tanzen aufsuchten, befanden sich meistens in der Nähe eines Dorfes oder bei einem nahegelegenen Maiensäss, manchmal auf einer Alp. Bekannte Hexensabbatplätze waren:

- Für die Hexen der Gruob: Die Brücke bei Castrisch, eine Mühle und ein Brunnen in Castrisch.
- Für die Hexen von Laax : Die Brücke von Castrisch.
- Für die Hexen des Lugnez: Uresa, Alp Ramosa (bei Vrin), Zeznas, Val Gronda.
- Für die Hexen von Rueun: Pischleras und ein Ort in der Nähe von Brigels.
- Für die Hexen von Safien: Massüg oberhalb der Hütte von Casper, Gläss bei dem Brunnen Schwäbel, auf der äusseren Lüsch Staffel (Alp), oberhalb Glass auf dem Bruch Bül, oberhalb den Büllen auf der Brant Ecken
- Für die Hexen in Vals: Alp Domil (Tomül), Leis und Scherholten.

Am Hexentanz nahmen viele Leute teil. Der Grossteil der Tänzer trug Masken. Die Speisen, die aufgetischt wurden, hatten «wenig Kraft» oder waren ungeniessbar.[1] Von einigen Hexen erfahren wir, dass sie oft am Donnerstag oder Samstag zu ihrem Treffen flogen. Eine der wichtigen Aufgaben der Richter war, die Namen von anderen Hexen und Hexenmeistern zu erfahren, welche sich zum Hexentanz (rom. barlot) einfanden (vergl. Kap. 4.1 über die Denunziation). Am Tanzort gab der Teufel seinen Agenten den Befehl, den Menschen und dem Vieh zu schaden.

5.2.4. Der Schadenzauber

Im Kapitel 4.2. haben wir den Schadenzauber, den die Hexen und Hexenmeister an Leib und Gut verübten, vom Blickwinkel der Dorfbewohner aus betrachtet. Der nun folgende Teil setzt sich mit den Bekenntnissen der Angeklagten auseinander, und wir werden im Zusammenhang mit dem Schadenzauber sehen, dass es wesentliche Unterschiede gibt zwischen den

---

[1] Dies deckt sich mit den durch die Predigtliteratur vermittelten Vorstellungen von den Hexenmahlzeiten. Vgl. ELFRIEDE MOSER-RATH: Predigtmärlein der Barockzeit, S. 440f.

Zeugenaussagen und den Bekenntnissen. So konnte eine Hexe z.B. Hagel entstehen lassen oder das eigene Vieh zugrunderichten – davon wussten die Dorfbewohner anscheinend nichts! Der Teufel überreichte seinen Knechten den Stecken, um zum Hexentanz zu fliegen, und ein Pulver, um damit Schaden an Mensch und Vieh zu stiften. Manchmal erhielten die Hexen und Hexenmeister eine Salbe, um den Stecken einzureiben, d.h. um ihn flugfähig zu machen. Das graue (seltener: gelbe oder schwarze) Pulver wurde ausgestreut oder den Opfern eingestrichen. Menga Jon Martin Nut bekam von einem «Kerl» ausserdem einen Zettel, «damit sie der oberkheit und andern möge widerstehen (...)».[1] Cathrina des Balzer Pedrot bekannte, dass sie neun Tiere (Kühe, Rinder, Kälber, eine Geiss) «verdorben» habe.[2] Maria Schnideri soll eines ihrer eigenen Kälber getötet haben.[3] Die Hexe Elscha Mierer fügte dem Vieh ihrer Schwestern Schaden zu.[4] Dorothe Tomasch Tuisch gestand den Richtern, dass sie das Pulver gegen die Leute benutzt habe, die sie beleidigt hätten.[5]

Die Hexen und Hexenmeister wandten unterschiedliche Methoden an, um Schaden zuzufügen. Das Pulver wurde, wie bereits erwähnt, geworfen, eingestrichen oder gar geblasen. Trina Risch Martin Calluster blies das Pulver auf den Kopf einer Frau.[6] Die Hexe von Vrin, Turte Jacob Barbla, warf das Mittel, das sie vom bösen Geist bekommen hatte, in die Luft, und so enstand ein Wind.[7] Um das Vieh zugrunde zu richten, warf Menga Jon Martin Nut Steine, Anna Christ Lutzy ahmte das Geheul eines Wolfes nach, oder Anna Jon Padrut bellte wie ein Hund, um die Tiere in den Abgrund zu hetzen; sie soll gar ein Kalb (oder Maria Joss Jon Ping eine Ziege) erwürgt haben.[8]

Nach dem Hexentanz begaben sich etliche Hexen auf einen Gletscher, um Hagel und Unwetter hervorzuzaubern. Anna Jon Donau gab zu Protokoll, dass der böse Geist von den Hexen begehrt habe,

---

[1] Gruob 1699, M.J.M. Nut von Castrisch, Bekenntnis.
[2] Vals 1652, C. des B. Pedrot von Feistenberg, Bekenntnis.
[3] Vals 1655, M.Schnideri von Vals, Bekenntnis.
[4] Obersaxen 1652, E. Mierer von Obersaxen, Bekenntnis.
[5] Lugnez 1699, D.T. Tuisch von Camuns, Bekenntnis.
[6] Lugnez 1699, T.R.M. Calluster von Degen, Bekenntnis.
[7] Lugnez 1699, T.J. Barbla von Vrin, Bekenntnis.
[8] Gruob 1699, M.J.M Nut von Castrisch, Bekenntnis; Waltensburg 1652, A.C. Lutzy von Rueun, Bekenntnis; Waltensburg 1652, A.J. Padrut von Rueun, Bekenntnis; Waltensburg 1671, M.J.J.Ping von Waltensburg, Bekenntnis.

«sy söllen nit bleiben wie stökg und steinen, sonder in die höhe gohn, ungewitter machen, die fruchten nemen, mit ihren rueten dz erdrich schlagen, dz sy schädigen mögen (...)».[1]

Cathrina des Balzer Pedrot erzählte, dass sie Kieselsteine, Kristalle und Wasser in den Mund genommen und gegen den Himmel gespuckt habe; so habe es angefangen zu hageln.[2] Um die Rüfe in Davos Muns auszulösen, schlugen Trina Risch Martin Calluster von Degen und ihre Gefährtinnen auf die Steine.[3] Anna Jon Donau und Urschla Delbin sassen auf zwei schwarzen Steinen, um das Dorf Schluein zu zerstören, doch dies gelang nicht:

«Heigen sy ein gschrey gehört der leüthen von Schleüwiß, welche die hillf Gottes anrueffen, und dan nit weiters mögen fahren.»

Ein anderes Mal konnte Anna Jon Donau keinen Schaden anrichten, weil einige Frauen «ihre hendt kreüz weiß uff den herzen khan».[4] Jellgia Tumasch Tuisch konnte einmal dem Vieh nichts tun, «ursachen dz die hirtin alle mohl dz heylig kräüz über dz sh. vich gemacht haben».[5]

Sobald sich die Leute segneten, verloren die Hexen ihre Macht. Die Hexen und Hexenmeister konnten und wollten nicht immer Schadenzauber am Leib und Gut der Menschen verüben. Dies war ein Grund, warum sie vom Teufel geschlagen wurden. Auch die Zeugen bemerkten manchmal, dass die Hexen Opfer von Gewalt wurden. Die Hexen seien «kretzig» (zerkratzt) oder «übel tractiert» gewesen. Wahrscheinlich sind etliche Frauen nicht selten von ihren eigenen Männern misshandelt worden. In den Indizien gegen Anna Jon Donau von Laax heisst es: «Soll diese Anna zu Run da laura gsehen sein gar übell tractiert». Und unter der Folter gestand Anna, dass «der teüffel sy in dess Christ dil Risch mülle erschröklich gschlagen» habe, und ein anderes Mal habe der Teufel sie vor ihrer Haustür geschlagen. Weiter erzählte sie den Richtern, wie sie von drei Männern misshandelt wurde, als sie eines Tages unterwegs Wasser

[1] Laax 1657, A.J. Donau von Laax, Bekenntnis.
[2] Vals 1652, C. d. Balzer Pedrot von Feistenberg, Bekenntnis.
[3] Lugnez 1699, T.R.M. Calluster von Degen, Bekenntnis.
[4] Laax 1657, A.J. Donau von Laax, Bekenntnis.
[5] Lugnez 1699, J.T. Tuisch von Camuns, Bekenntnis.

trank: «Do habe sy 3 erschrökliche männer geschehen, welche danoch sy erbärmlich gschleift, biß an deß Reget da Flem gadenstat (...).»[1]

Nesa Sallaman erklärte die Kratzspuren in ihrem Gesicht damit, dass sie einen «holtz berkhel» (Specht) fangen wollte.[2] Urschla Delbin soll unter einem Stein gesehen worden sein, wie sie «khein hauben nit aufkhan, erkrazte schröklich den kopff (...)».[3] Im Protokoll über Barbla Schwizere von Pitasch erfahren wir mehr. Sie hatte dem Säckelmeister Jon Gandrion gesagt, dass der «wüste teüffel» sie geschlagen habe. In der Antwort der Verteidigung entpuppte sich dieser «wüste Teufel» als Barblas Mann![4] Bei diesen Beispielen handelt es sich um reale Gewalt. Es überrascht nicht, dass diese Männer für ihre Taten während der Hexenverfolgung nicht zur Verantwortung gezogen wurden, denn schliesslich galten ihre Frauen ja als Hexen.

5.3. Die Kosten eines Prozesses

Am Schluss dieses Kapitels gehen wir dem Kostenaufwand der Hexenprozesse nach. Die «ehrsame Obrigkeit» hatte sich entschlossen, den Hexen und Hexenmeistern den «verdienten Lohn zu geben, es sei am Leib, an der Ehre und am Gut». Die Zeugen, die ihre Aussagen durch einen Eid bekräftigten, billigten das Vorgehen der Richter. Nachdem die «Wahrheit gesucht», d.h. die Angeklagten während der Folter ein Geständnis abgelegt hatten, wurden sie auf die öffentliche Richtstätte hinausgeführt und dort mit dem Schwert enthauptet. Über den Körper und Kopf der Anna Christ Lutzy von Rueun wurde ein Wagenrad gestossen.[5] Der tote Körper der Hexen und Hexenmeister wurde verbrannt, die Asche begraben (nicht auf

---

[1] Laax 1657, Anna Jon Donau, 5. Indiz und Bekenntnis.
[2] Waltensburg 1652, N. Sallaman von Waltensburg, 3. Zeugenaussage.
[3] Laax 1654, U. Delbin von Schluein, 15. Zeugenaussage.
[4] Gruob 1700, B. Schwizere von Pitasch, 13. Indizien und Antwort der Verteidigung.
[5] Nesa Sallaman von Waltensburg erzählte einem Mann von Ruschein, den sie in Ilanz traf, dass sie Angst habe und nicht wage, nach Hause zu gehen. Und in Zusammenhang mit den Hinrichtungen sagte Nesa: «Eß ist so leüt (leidig, widerwärtig) die khörper ohne khöpf», Waltensburg 1652, Nesa Sallaman, Zeugenaussage. Beispiel: Waltensburg 1652, Anna Christ Lutzy von Rueun, Urteil: «(...)alß daß ein waggenratt durch ihro lib und haubt foren möge». Vgl. RICHARD VAN DÜLMEN: Theater des Schreckens. Gerichtspraxis und Strafrituale in der frühen Neuzeit, 3. Auflage München 1988, S. 131.

dem Friedhof!)[1] und Hab und Gut der Hingerichteten konfisziert.[2] Bei Thrina Joss Jon Ping von Waltensburg, Thrina Chatz von Rueun und Anna Bargatz von Obersaxen lautete das erste Urteil der Richter: Verbrennung bei lebendigem Leib. Durch die Fürbitten der Verteidigung (Beistand und Vogt) wurde das Urteil gemildert (Enthauptung).

Das Vermögen der Hexen und Hexenmeister der Gerichtsgemeinde Waltensburg konnte der Abt des Klosters Disentis beschlagnahmen, er musste aber ebenso die Kosten der Prozesse übernehmen. Der Abt von Disentis oder sein Anwalt (für die Prozesse der Jahre 1652 und 1671/1672 war es Altlandammann Johann Berther) führten die Anklage gegen eine Malefizperson der benachbarten Gerichtsgemeinde. Waltensburg musste den Zusatz (vier Richter von Disentis) zu den Gerichtsverhandlungen bestellen. Dieses Abhängigkeitsverhältnis ist auf einen Vertrag des Jahres 1472 zurückzuführen, bei dem das Kloster Disentis die Herrschaft Jörgenberg (die spätere Gerichtsgemeinde Waltensburg) von Rhäzüns erwarb. Die Rechte, die das Kloster gegenüber Waltensburg geltend machte, waren u.a. der Vorschlag bei der Wahl eines Ammannes und in Sachen Hexenprozesse die oben erwähnten Ansprüche. In den Jahren nach dem Kauf von 1472 kam es immer wieder zu Streitigkeiten zwischen den Äbten von Disentis und den Waltensburgern wegen der Ausübung gewisser Rechte, bis das reformierte Dorf Waltensburg sich im Jahre 1734 loskaufen konnte. Die anderen Dörfer der Gerichtsgemeinde erlangten 1803 die Autonomie.[3]

Die einzigen Angaben, die über die Kosten eines Hexenprozesses in der Surselva Auskunft geben, stammen vom Gerichtsschreiber der Gerichtsgemeinde Waltensburg. Im Jahre 1652 sollen gemäss seiner Rechnung 22 Rechtssprecher während 74 Tagen für Lohn und Kost rund 1628 Gulden beansprucht haben. Weiter erfahren wir, welche «Dienstleistungen» zusätzliche Kosten verursachten: Die Hexe Thrina Chatz von Rueun wurde mit einem Paar Ochsen nach Waltensburg geführt. Den beiden Gefangenen

---

[1] Bereits 1179 wurde in einem Konzilsbeschluss festgelegt, dass Ketzern kein christliches Begräbnis gestattet werden durfte, KNEUBÜHLER: Die Überwindung von Hexenwahn und Hexenprozess, S. 7. Was bereits damals für Ketzer galt, sollte später ebenfalls für Hexen und Hexenmeister gelten.

[2] «(...) auch ihren verlassen hab und guot es seige ligendts oder fahrens solle den kläger verfallen sein (...)», Waltensburg 1652, A.C.Lutzy von Rueun, Urteil.

[3] MÜLLER: Geschichte der Abtei Disentis, S. 59f.

Thrina Joss Jon Ping und Thrina Chatz musste der Wirt Hemden, Holz-schuhe, Bretter und Stroh beschaffen. Ein Haarschneider sollte die Hexen scheren. Der Scharfrichter musste von Ilanz oder Chur angefordert werden. Nachdem Thrina Joss Jon Ping bekannt hatte, dass sie eine Hexe sei, wur-de sie auf einer Kuh an die Richtstätte gebracht. Der Besitzer der Kuh verlangte für diesen Dienst zwölf Gulden.

Im Prozess des Jahres 1653 gegen Brida Jon Chasper von Rueun waren die Gerichtsherren an sechs Tagen beisammen (an einem Tag waren es 15, an zwei Tagen 20 und an drei Tagen 21 Herren). Dem Vorsitzenden des Gerichts wurden zwei Gulden zugesprochen, den anderen Rechtssprechern je einer. Der Gerichtsschreiber notierte ein Total von 188 Gulden und 12 Kreuzern, die allein das Gerichtsverfahren gegen die Hexe Brida kostete. Zusätzlich wurden noch Nebenkosten errechnet: Für die Gäumer, die den Zusatz von Disentis und den Scharfrichter holten, 16 Gulden; für die Zeu-gen sechs Gulden; weiter für den Schreiber zwei, für den Weibel zwei, für den Wirt (der Brida elf Tage im Gefängnis bewachte) fünf Gulden und für einen gewissen Rudolf sechs Kreuzer. Das Kloster Disentis hatte also im Falle von Brida Jon Chasper Unkosten von circa 220 Gulden an die Ge-richtsgemeinde Waltensburg abzutragen.

Im Prozess gegen Maria Joss Jon Ping 1671 erstellte der Gerichts-schreiber eine detaillierte Rechnung: Die Richter waren sechs Tage zu-sammen, das ergab 216 Gulden. Die Nebenkosten wurden folgendermas-sen aufgelistet: Dem Schreiber einen Gulden; dem Weibel zwei Gulden; den Herren, die den Zusatz holten, zwölf Gulden; dem Gefängniswächter pro Tag einen Gulden = 17 Gulden; Speise für Maria = drei Gulden und zwölf Kreuzer; Holz, Stroh und zwei Decken = zwei Gulden; dem Casper Schlosser, der den Scharfrichter holte, zehn Kreuzer pro Tag = 30 Kreu-zer; einem Mann, der einen Stuhl gab, zwei Kreuzer; den Zeugen je fünf Kreuzer = fünf Gulden und 40 Kreuzer; dem Beistand und Vogt je einen Gulden. Die Gesamtkosten dieses Prozesses beliefen sich auf 261 Gulden und 24 Kreuzer. Wahrscheinlich müssen noch die 13 Gulden vom 15. No-vember 1671 dazu gezählt werden. An jenem Tag hatten die Gerichtsher-ren ein «piera weckha» (Birnbrot) und acht Mass Wein konsumiert.

Während der Prozesse des Jahres 1672 assen und tranken die Rechtspre-cher an 14 Tagen für 199 Gulden und zwölf Kreuzer. Über zusätzliche Unkosten erfahren wir nichts.

Bei den Gerichtsverfahren gegen Regla Conzin und Anna dilg Ambrosi (1718) führte der Protokollführer genau Buch. Er notierte die Namen der 17 Richter der Gerichtsgemeinde Waltensburg. An den Prozessen versammelten sich 22 Gerichtsherren (vier des Zusatzes von Disentis und der Ammann von Waltensburg, der als Gerichtsvorsitzender doppelt gezählt wurde). Die Unkosten beliefen sich im Jahre 1718 auf 410:24 Gulden plus «extra spesen» von 111:48. Insgesamt ergibt dies ein Total von 522 Gulden und 12 Kreuzern.

Ein Hexenprozess in der Gerichtsgemeinde Waltensburg kostete demnach zwischen 200 und 300 Gulden. Diese nicht geringen Kosten haben die Verantwortlichen wahrscheinlich veranlasst, die Prozesse möglichst rasch durchzuführen (in Waltensburg dauerte der erste Prozess von 1652 noch vier Wochen, der letzte nur vier Tage!) und zu bedenken, ob die Kosten längerfristig überhaupt zu verkraften seien.

Nachdem Christen Detli 1696 in Safien durch das Schwert hingerichtet wurde und die beiden Schwestern Maria und Agta Buoleri verbannt wurden, stellten die Behörden von Safien eine Rechnung mit den Kosten der Prozesse auf. Aus dieser Rechnung geht hervor, dass Christen Detli wohlhabend war, während Maria und Agta fast nichts besassen. Das Vermögen, das bei Christen konfisziert wurde, belief sich auf 900 Gulden; bei Maria auf 70, bei Agta auf 20 Gulden. Dem Scharfrichter musste die Gerichtsgemeinde Safien 78 Gulden und 4 Batzen bezahlen. Nachdem alle Kosten der drei Prozesse beglichen worden war, blieb den Behörden ein Gewinn von 277 Gulden und 36 Batzen.[1] Der Prozess gegen Greda Büleri von Safien belief sich gemäss einer Rechnung vom 12. September 1657 auf 133 Gulden und 6 Batzen. Der Gerichtsschreiber der Gerichtsgemeinde Laax-Sevgein kam im Hexenprozess gegen Anna Jon Donau am 3. Januar 1658 auf die Summe von 122 Gulden und 6,5 Batzen. Ein Teil dieser Summe waren die Schadenersatzforderungen, die wegen der Diebstähle von Anna an die Gerichtsgemeinde herangetragen wurden.[2]

Anhand der Notizen des Aktuars haben wir gesehen, dass die Zeugen für ihre Aussagen entschädigt wurden. Wir fragen uns, ob die Behörden

---

[1] Verschribene rächnung wegen maleficischen rechten und deren confiscation so geschechen anno domini 1697.

[2] Gemeindearchiv Laax, Alter Archivbestand vor 1799. B. Akten, Gerichtsakten 1653-1687, Pli I, Dokumente 1-21.

mit dieser Bezahlung gezielt Zeugen suchten, und ob diese Bezahlung für die Zeugen einen Anreiz schaffte, gegen eine Person auszusagen?

Wie wir aus den Rechnungen ersehen, verdienten einige Leute an einem Hexenprozess. Nicht zu vergessen ist das Hab und Gut der Verurteilten, das konfisziert, d.h. der Obrigkeit zugesprochen wurde. Weil es sich jedoch bei den Verurteilten um arme Leute handelte, waren die Hexenprozesse schliesslich ein Verlustgeschäft für die Gerichtsgemeinden oder im Fall der Gerichtsgemeinde Waltensburg für den Abt von Disentis.

Damit wir uns ein Bild davon machen können, welche Kosten andere Gerichtsgemeinden zu tragen hatten, folgt eine Zusammenstellung der Anzahl der Richter:

- Hochgericht Disentis: 15 Richter und und bis zu 25 Berater.
- Hochgericht Lugnez (Gerichtsgemeinden Lugnez und Vals): 18 Richter und 15 Berater.
- Gerichtsgemeinde Gruob: 18 Richter, sechs Berater.
- Gerichtsgemeinde Laax: 13 Richter und mindestens drei Berater.
- Gerichtsgemeinde Obersaxen: 15 Richter und zwei Berater. Gerichtsgemeinde Hohentrins: 13 Richter und zwei Berater.[1]
- Gerichtsgemeinde Safien: 13 Richter und ein Berater.

Die Hexenprozesse waren in den Gerichtsgemeinden ein grosses Ereignis, eine Attraktion – dies nicht zuletzt, weil die Hinrichtungen in der Öffentlichkeit stattfanden.

---

[1] ANTON BAUMGÄRTNER: Die Geltung der peinlichen Gerichtsordnung Kaiser Karls V. in Gemeinen III Bünden, in: Abhandlungen zum schweizerischen Rechte (hrsg. von THEO GUHL), 46. Heft, Bern 1929, S. 27-46. Die Gerichtsgemeinde Safien berücksichtigt Baumgärtner nicht.

Nachwort

In der Surselva wurden zwischen 1590 und 1732 über 300 Personen wegen Hexerei angeklagt und mindestens 120 durch das Schwert hingerichtet. Einige Personen wurden verbannt; die Urteile lauteten auf ein Jahr bis auf lebenslängliche Verbannung. Aufgrund unserer Schätzungen können wir annehmen, dass in Graubünden mindestens 500 Personen als Hexen bzw. Hexenmeister sterben mussten.

Die Surselva wurde am Ende des 16. Jahrhunderts vom Hexenwahn heimgesucht, und während fast 150 Jahren gingen die Behörden der Gerichtsgemeinden gegen vermeintliche Hexen und Hexenmeister vor. Um 1590 wurden die ersten 14 Hexen in Disentis zum Tode verurteilt, und noch im Jahre 1732 wurde eine Frau von Sevgein des Hexenwerks beschuldigt. Auch vor Kindern hat der Hexenwahn nicht Halt gemacht; 1652 wurde ein 13-jähriges Mädchen in Waltensburg hingerichtet. 1654 übergaben die Behörden von Vals 15 Kinder der Inquisition in Mailand, um sie im katholischen Glauben zu festigen. Während eines Prozesses berücksichtigten die Richter auch die Zeugenaussagen von Kindern.

Die Hexenverfolgung in der Surselva erreichte ihren Höhepunkt in den fünfziger, siebziger und neunziger Jahren des 17. Jahrhunderts. Die Mehrzahl der Opfer waren Frauen, nur ungefähr ein Fünftel der hingerichteten Personen waren Männer. Bereits zur Zeit der Inquisition hatten sich die Vorwürfe wegen Hexerei mehr und mehr auf die Frauen konzentriert. Die Geistlichen hatten mit ihren Werken über das Hexenwesen – vor allem dem Hexenhammer – die Aufmerksamkeit auf die Frauen gelenkt. Überdies wirkte sich das frauenfeindliche Klima in der Gesellschaft der Frühen Neuzeit auf die Hexenverfolgung aus. Besonders Arme, Alte, alleinstehende Frauen und solche, die gegen die gängige Sexualmoral verstiessen, spürten die Folgen am eigenen Leib.

Der Hexenwahn wurde begünstigt durch die Verfolgung von Protestanten im Puschlav, Bergell, im Calancatal und im Misox, die Konsolidierung der Gegenreformation mittels der Kapuzinermission, die Bündner Wirren, die Krieg, Hungersnot und die Pest über die Drei Bünde brachten, und die sexuelle Disziplinierung mittels Sittenmandaten. Eine wichtige Voraussetzung für die Hexenverfolgung bildet ein Verfahren, mit dem bereits die Inquisitoren grosse Erfolge verbuchen konnten: die Denunziation. Die Gerichtsgemeinden meldeten einander die Personen, die als Hexen denunziert wurden, und lösten dadurch viele Prozesse aus. Die Behörden nahmen oft mehrere Personen gleichzeitig fest. Man kann zum Teil von Massenprozessen sprechen. Ein Grund für dieses Verfahren lag in den beträchtlichen Kosten, die ein Hexenprozess verursachte. In fast allen Dörfern wurden Hexen und Hexenmeister aufgespürt. Einige waren miteinander verwandt.

Der grosse Teil der Hexenprozessakten der Surselva handelt vom Schadenzauber an Menschen, Tieren und Nahrungsmitteln. Die Menschen des 17. Jahrhundert fanden oft für einen Todesfall, eine Krankheit und einen Schaden im Haus oder im Stall keine «natürliche» Erklärung. Für viele musste es sich demzufolge um Zauberei und Hexenwerk handeln. Die Ärzte standen einem Todesfall oder einer Krankheit mehrheitlich hilflos gegenüber. Sie und auch viele Priester erklärten meistens, dass eine Krankheit von «bösen Leuten» verursacht worden sei. Einige Geistliche halfen den Betroffenen oder gaben ihnen Ratschläge. Der Exorzismus bestätigte die Annahme, verhext gewesen zu sein. Wo eine Tat war, war notwendigerweise auch ein Täter!

Die Gerüchte und Verdächtigungen, die während der Hexenverfolgungen kursierten, können wir als «Rufmord» bezeichnen. Die Zeugen erinnerten sich oft an Ereignisse, die vor vielen Jahren geschehen waren. Während der Hexenverfolgung war es leicht, Sündenböcke zu finden.

Die Zeugenaussagen über den Schadenzauber lassen oft auf persönliche Konflikte und soziale Spannungen schliessen. Ein Streit oder eine Drohung und sogar eine körperliche Berührung konnten eine Krankheit auslösen. Die Dorfbewohner halfen sich aber auch selber aus dem Bann des Zaubers: Ein Bauer wechselte das Geschirr aus, als er eine Zeitlang nicht mehr Schmalz machen konnte; ein anderer bat eine Hexe um Verzeihung für seine bösen Worte; die Hexe gab selber den Rat, das Geschirr nochmals abzuwaschen, damit die Milch nicht mehr dickflüssig werde.

Bei den Verfehlungen gegen die christliche Religion und gegen Moral und Sitte wurden die Begriffe «Hure» und «Hexe» einander gleichgestellt. Die Zeugen berichteten, dass die Hexen selten die Kirche und den Gottesdienst besuchten. Ob eine Frau Eiswürfel aus gefrorenem Weihwasser einsammelte oder ob sie Ratschläge gab, wie man einen Partner finden könne: alles deutete auf Hexenwerk hin. Hierbei und im Zusammenhang mit dem Schadenzauber (besonders an Nahrungsmitteln) können wir feststellen, dass die Grenzen von Aberglauben, Magie und Christentum fliessend waren. Mit anderen Worten: Volkstümliche Magie und Zauberei gehörten in der Frühen Neuzeit zum Alltag.

Die Gründe, die schliesslich zu einem Hexenprozess führten, konnten unterschiedlich sein. Entscheidend ist jedoch, dass es das Zusammenspiel von Behörden und Dorfbewohnern brauchte, um zum Ziel zu kommen. Die Behörden waren auf die Mithilfe der Dorfbewohner angewiesen, und ohne diese Mithilfe wäre wohl selten ein Prozess zustande gekommen. Die ganze Gesellschaft beteiligte sich an der Verfolgung der Hexen, was ein Klima der Angst schuf. Der französische Historiker Jean Delumeau meint in seinem Werk «Angst im Abendland», dass die damaligen Zeitgenossen sich in einem Ausnahmezustand befunden hätten, der eine «Belagertenmentalität»[1] hervorgerufen habe. Der deutsche Historiker Richard van Dülmen umschreibt die damalige Situation mit den Worten: «(...) der Teufel als Feind des christlichen Lebens bedrohte den Menschen konstant».[2] Die Obrigkeit fühlte sich verpflichtet, den Kampf gegen die Mächte des Bösen aufzunehmen und diesen Kampf mit allen Mitteln zu gewinnen. Die Richter verlangten von der letzten Hexe der Gerichtsgemeinde Waltensburg, dass sie «dem Teufel zum Spott» die Wahrheit sagen solle. Wenn eine verhexte Person nicht das sagte, was die Richter wünschten, wurde sie meistens gefoltert, bis ein Geständnis vorlag.

Durch die Hexenprozesse konnte die Obrigkeit Macht und Kontrolle über die Bevölkerung ausüben. Die Hexenverfolger hatten leichtes Spiel, weil kaum jemand es wagte, Widerstand zu leisten. Zudem glaubte fast jedermann an die Existenz von Hexen und Zauberern. Die Angst, durch ein Geständnis des Paktes mit dem Teufel das Seelenheil zu verlieren und die Überzeugung, nichts Unrechtes getan zu haben, mag einigen Hexen und Hexenmeistern die Kraft gegeben haben, den Qualen der Folter zu widerstehen.

Das Bild der Hexe, dargestellt als alte Frau mit Triefaugen und krummer Nase, die gebückt an einem Stock geht und auf deren Schulter oft ein Rabe oder ein Kater hockt, finden wir in den Märchen[3], die nach dem Hexenwahn verbreitet worden sind. Dieses Bild hat jedoch nichts mit der

---

[1] DELUMEAU: Angst im Abendland, Bd.2, S. 469.

[2] DÜLMEN: Kultur und Alltag in der Frühen Neuzeit. Religion, Magie, Aufklärung, S. 82.

[3] Vgl. BRÜDER GRIMM: Kinder- und Hausmärchen, Bd. 1-4. Nach der Grossen Ausgabe von 1857, textkritisch revidiert, kommentiert und durch Register erschlossen. Hrsg. von HANS-JÖRG UTHER, München 1996.

Wirklichkeit der Frauen zu tun, die als Hexen beschuldigt und hingerichtet wurden. Ebensowenig gab es in der Surselva «rebellische» Hexen, die Elend und Verzweiflung dahin gebracht hätten, sich gegen die Kirche und die Gesellschaft aufzulehnen.[1] Die Hexenverfolgung richtete sich nicht nur gegen einzelne Bevölkerungsschichten, wie z.B. gegen die Hebammen.[2]

Weiter haben wir untersucht, ob die Hexentänze in einem Zusammenhang mit einem früheren Feldkultus standen. Die Quellen der Hexenprozesse in der Surselva sagen nichts über die Existenz von Fruchtbarkeitskulten aus, wie sie Carlo Ginzburg für das Friaul nachweisen kann.[3]

Die Hexenverfolgung in Graubünden dauerte bis ins 18. Jahrhundert. Als Gründe, warum die Hexenprozesse schliesslich eingestellt wurden, kommen in Frage:

1. Einige Personen konnten den Qualen der Folter widerstehen. Dies hat möglicherweise bei einigen Richtern Zweifel am Vorhaben geweckt.

2. Die Kosten eines Prozesses waren hoch, weil die Verurteilten meist nur wenig Vermögen besassen.

3. Die Denunziationen drohten einen zu grossen Teil der Bevölkerung zu treffen.

4. Nach einigen «Säuberungen» vermutete die Obrigkeit, dass sie das «Laster» der Hexerei ausgerottet und somit die Kontrolle wiederhergestellt habe.

5. Vor allem im 18. Jahrhundert regte sich mehr und mehr Widerstand gegen die Hexenprozesse.

---

[1] Cf. JULES MICHELET: Die Hexe, München 1974.

[2] Die These der Engländerinnen Barbara Ehrenreich und Deirdre English, dass die Hexenverfolgung sich gegen Hebammen und heilkundige Frauen richtete, trifft auf die Surselva nicht zu. In unseren Akten finden wir keine Hinweise auf heilkundige Frauen. Hebammen waren wahrscheinlich Mengia Jon Calluster von Siat (1652 freigesprochen) und Trina Curau Caliesch von Sevgein (Prozessausgang unklar). EVA LABOUVIE, Zauberei und Hexenwerk, S. 213, stellt in ihrem Untersuchungsgebiet folgendes fest: «(...) zum anderen waren es gerade nicht die Hebammen, die in Hexenprozesse gerieten, weil sie (...) nicht selten den Schutz der Gemeindebevölkerung genossen.»

[3] CARLO GINZBURG: Die Benandanti. Feldkulte und Hexenwesen im 16. und 17. Jahrhundert, Frankfurt a.M. 1980. Im Friaul bekämpften die «benandanti» die Hexen, um eine gute Ernte sicherzustellen. Dieser Kampf wurde vom Bett aus geführt. Unter dem Einfluss der Inquisition wurde dieser Fruchtbarkeitskult, der auf Halluzinationen beruhte, so weit modifiziert, bis man die Benandanti selber als Hexen verurteilen konnte.

Quellenanhang

Die Gemeinde Thusis und namentlich genannte Leute vom Heinzenberg vergleichen sich mit dem Domherrn Heinrich Egghard, dem Stellvertreter des Bischofs Johann von Chur, über die Anerkennung der bischöflichen Jurisdiktion, nachdem erstere entgegen dem Gebot des Bischofs Johann «Hexen und Unholde» verbrannt und andere, die ebenfalls der Hexerei angeklagt wurden, ausser Landes vertrieben und ihr Hab und Gut konfisziert hatten, worauf der Bischof den Bann ausgesprochen und die Schliessung der Kirchen angeordnet hatte.

Standort: Bischöfliches Archiv Chur, Original sub dato; Abschrift Chur-Tirolisches Archiv, Bd. B, fol. 143v-144r.

Wir die gemaind gemainlichen ze Tusis, usgenomen Hånny Tüchelmaister und Jåckly Bwman, und wir dicz nach benempten Duff Demolin, Flurin de Depalew, Martin Bowf, Düsch Donaw, Lorentz Jacob Basolga, Vettiger von Matzeyn, Cristoffel und Gaudent Decamånisch, Markeys Grand und sin brüder, Andrea Hos, Andrea Decamoretzin, Egidy Markeys, Claus Senn und Tőny Pela von Urmeyn und wir dicz nachbenempten Jann Decaniclaw von Pretz, Ragontz von Sarn, Hainrich von Flőrden bekennen und tünd kunt menklichen mit disem offen briefe von der sach wegen, alz wir alz wir vor vernd ettlich lüt verbrennet haben umb håxinen und unholden wegen etc. wider unsers genådigen herren bischoff Johansen[1] gebot, darumb uns der ietz benempt unser genådiger herr von Chur schwårlich in bennen und die kilchen verschlossen haut, also haben wir uns umb daz selb überfaren underreddt und sind ouch dez gåntzlichen in ain komen mit dem erwirdigen herren herrn Hainrichen Egghard, tumherren und statthalter ze Chur, in namen und an stat dez vorgenanten unsers herren von Chur mit allen den stukken und artickeln, alz hienach geschriben staut. Dez ersten, daz wir nw hinnen hin niemant mer umb solich sachen verbrennen noch in dehaines weges strauffen süllen noch wőllen, sunder hettind oder gewnnent wir iemant in arkgwon, umb sőlich sachen, die sőllen wir antwrten dem egenanten unserm genådigen herren von Chur oder sinem anwalt ze den rehten, die sachen ze verhőren und ze verhan-

---

[1] Johannes IV. Naso, 1418-1440 Bischof von Chur.

deln, alz daz billich und reht ist, wenn daz cristenlichen gelouben an triffet. Item daz wir ally die lůt, es syen frowen oder mann, die von der selben sach wegen von hinnen gewichen und geflohen sind, sich-rind libs und gůtes wider haym an ir gewarsamy ze komen und da selbes by dem irem ze beliben alz vor. Item und waz gůtes wir den verbrennten lůten oder denen, die also von dannen gewichen und geflohen sind, genommen haben, es sy ligendes oder farendes, daz sullen wir zestund den egenanten lůten oder iren erben wider keren und antwŕten ån all wider red. Item und umb dicz überfaren, daz wir die lůt also verbrennt haben oder wie wir mit inen umb gegangen syen, darumb ergeben wir uns luterlichen an den egenanten unsern genådigen herren bischoff Johansen ze Chur, also wie er uns dar umb strauffen und bůsz geben wirt nach sinen genaden, dez sůllen wir gehorsam und willig sin ze tůnd ån all wider red by unsern gůten tri-wen an all gefård. Und dez ze waren offem urkund vest und står ze halten, so haben wir obgenanten gemainlichen us genommen Hånny Tůchelmaister und Jåckly Bwmann von Tusis gar ernstlichen gebet-ten und erbetten den frommen vesten Hermann von Schowenstain, den man nempt von Erenfelsz, daz er sin insigel fůr uns an diß briefe gehenket haut, dez ich obgenanter Herman vergihtig bin, daz ich durch ir flisiger gebet wegen min aigen insigel an disen brief gehenkt han ze ainer zůgknůss, doch mir und minen erben an schaden. Datum in die sancte Agnetis virginis anno domini M° CCCC tricesimo qwarto.

Nr. 2   *15. Januar 1597*

Protokoll des Bundstags betr. Kriminalprozedur gegen Hexen im Veltlin.

Standort: StAGR, AB IV 4/4, Dekrete Veltlin, S. 36.

Anno 1597, den 15. Jenner.

Wegen der unholden in dem obersten terzier, seye zu Grosott[1], Sondal[2] und wo sich deren erfinden, ihrer straf halber laßt man es by den kayserlichen rechten und statuten, welche der jahren sind, verbleiben, welche aber nit

---

[1] Grosotto, ital. Prov. Sondrio.
[2] Sondalo, ital. Prov. Sondrio.

der jahren sind, sollen die dörffer, die mit solchen lüthen behafft, schulen ufrichten, den knaben bsonder und den maydlen bsonder in ihren kosten, und sollen die schulmeister zu beyden theilen sy flißig lehren bätten in italiänischer sprach und sy ernstlich zu dem gebätt halten.

Eß sollen auch solche bösse lüth ein jedes ein zeichen an denen kleidern haben, damit andere wüssen sich vor ihnen zu hüten.

Nr. 3   *1642/1650*

Kirchen- und Regimentsordnung der Drei Bünde Evangelischer Religion.

Standort: Stadtarchiv Chur, CB III Z 45.2, Schriftensammlung der Schmidzunft, 2. Bd., 1610-1650, S. 712ff.

Kilchen und regements disciplin von gmeinen 3 Pündten

Publicirt und ußgeschriben anno 1642 und wider erneuwert anno 1650.
Sitemaln es unlaugenbar ist, daß gemeine unsere sünden gen himmel schreyent, diewyl nun ein lange zeit durch gottlichen zorn die grundfestenen der erden bewegt, sein raachschwert erschrokenliche kriegen und kriegsgfahren, unerhörte teuwrung und hunger, mancherlei süchten und kranckheiten an leüten und vych uff uns ja mehr und mehr tringet, auch von seinem gerechten zorn der unwandelbahre allerhöchste gott eher nit ablassen, viel mehr seine straffen so offt über uns sibenfaltigen wird, biß wir eintweders ganz ußgewurzelt und zu nichten gemacht oder aber zur ernstlichen gemeinen buß und lebens besserung werdent getrieben worden sein.

Wann dann nun auch in unserm allgemeinen geliebten und hochbetrübten vatterland zu stillung deß grossen zorn gottes auch rettung zeitlichen und ewigen heilß kein ander nottwendiger und heilsamer mittel sein, jedermenniglich durch bezeugung selbst eigen gewüssens bekennen muß, dann daß glich wie auch in andern rechtbestelten republicen und kirchen beschehen und täglich beschicht, also nit weniger by uns, die wir so gar mitten in dem feüwr alles jammers steckent, ein recht geschaffene allgmeine christenliche ordnung, lebens besserung und bußzucht vorgenommen und in styffer würklicher obacht unabläßlich erhalten werde, welches dann in das werck zu richten geist- und weltlicheß standts vorstender ihren hochen ambtspflichten halben zuforderst gebühren will.

Alß habent desshalben geistlich- und weltliche ständ unsers geliebten vaterlands länger nit umbgehen können, sondern gemeinlich sich mit einander underredt und beratschlaget, wie und was gestalten für das eine durch gute ordnungen und gsazten allgemeinen sünden und unbußfertigem leben möchte gewehrt, christenliche zucht und erbarkeit gepflanzet und erhalten, für das ander auch und allmeistens solche einmal angestelte ordnung in jammervollen vollzug und execution, daran es bißhar by nach allein allwegen ermangelt, gerichtet und da albereit hierin besonder hochgericht und gemeinden für sich selbsten in solchen werck ein guten anfang gethon, andere aber umb etwas nachlässiger sich bißhero erzeigt und fürohin an allen orten unsers allgemeinen vatterlandes ein allgemeine regul (soviel solches deß unterscheids der orten und beider unsers landes religionen halben gesin kan) angestelt werden möge, und ist solches beider obberürter puncten halben berahtschlaget in form, wie solches substantialisch folgt:

Alß für das erste, was das gsez dieser gemeinen bußzucht und lebens verbesserung für sich selbst anlanget, damit wir das ungöttlich wesen verleügnen und alß christen ein gottseelig, mässig und gerecht leben führen mögent, derohalben zu pflanzung wahrer gottesfurcht alß deß fordersten fundaments sollen in allen ortten und kirchhörinen, die gemeinden und nachbarschafften mit allem fleiß dahin gedacht sein, daß die predigen und der heilige gottesdienst von menniglich fleissig besucht, das tägliche gemeine gebett von jungen und alten, wie solches ein zeit hero in mehrtheilß orten gebraucht worden, gehalten werde und von solchem ohne hoche ursach sich niemand eusere. Item daß die jugent besser alß bißhar an mehrtheilß orten beschehen von kindswesen auff zu erlernung christenlicher religion, dem gebett und wahrer gottesforcht gezogen, und zu solchem end in allen dörfferen so viel immer müglich schuol gehalten und die eltern, so ihre kinder hieran versaumen woltend, durch oberkeitliches ansehen dahin geleitet werden, welche auch ein fleissig ufsehen haben werdent on diejenige, so ihre kinder weder zum studiren noch zu handwercken noch zu ehrlicher arbeit, sondern allein zum müssiggang, welcher ein küsse deß teüffels und ein verderben ist guter sitten, aufferzihent, darmit das volck viel mehr zur arbeit denn zum müssigen leben oder zum wucherischen handtierungen, dardurch der müssigang in unseren landen je mehr und mehr ingeführt und erneert wird, gewonet werde, alles lichtfärtige fluchen und schweren, die grobe und vielfaltige entheiligung deß heiligen sontags, so mit saumen, fahren, marchten und in andern mehr weg beschaht, sollent an allen ortten (vermög auch alter hierüber gestelter ordnungen) üsersten vermögens abgeschaffet und gewehrt werden. Dannethin darmit by menniglich verspühret werden möge mässigkeit und ein christlicher züchtiger wandel, soll das überflüssige fressen und sauffen mit allem ernst durch die oberkeiten der gemeinden durch besondere gute gesaz und ordnungen abgethan werden, das leichtfertige faßnacht wesen, buzen, tanzen und spilen ganz verbotten und die übeltheter ernstlich gestraffet, die unnötigen würtschaften, dardurch das volck allein zu verschwendung deß ihrigen, vielmalen auch zu unehrlicher entwendung dessen, so anderen leüthen gehört, gelocket und eingezogen wird, abgestelt, so wol auch das unverschämbte huorenwesen nit allein mit scharpfer straff undergehalten, sondern auch offentliche huoren an keinen orten gedulddet und vom land gewisen. Und da die oberkeitlichen persohnen in beharrlichen eebruch oder huory leben würden, in solchem ambt nicht geduldet werden.

Und sitemal die gerechtigkeit ein grundsaul ist eines jedweden regements, solche aber (leider) by uns in allweg unterdruckt wird, nit by dem gemeinen volck allein in handel und wandel, sondern so gar by den obern selbsten, erstlich in erpracticierung ihrer tragenden embtern. Item an verwaltung derselben, damit daß die gesazten nit gehandhabet, die urteln eintweders immer mit grossen unstatten der parteyen uffgeschoben oder gegen miet und gaben verkauffet oder allein gegeben und in kein volzug gezogen oder aber auch durch widerwertige andere urteln wiederumb gestürzet werdent, und also der thron der göttlichen gerechtigkeit mit unraht gleichsam beschmeißt auff erden anzusehen, das oberkeitliche ansehen in höchste verachtung gerathen, auch gemeines land übel verschreiet ist, sollent deßhalben die fürgesezten erinnert sein, daß sy nit den menschen, sondern gott selbst gericht haltend, welcher by den richtern ist im gericht, bei welchem kein ansehen der persohn noch annehmen deß geschenkes ist. Derowegen auch die alte gemeine sazungen das practiciren anbelangende flyssig in vollzug gerichtet, kurz summarisch gericht und recht ohne gaben und geschenck, ohne ansehen der persohnen geübet, die urteln ohne verzug so bald müglich vollzogen, und also lichtfärtig nit wider gestürzet werden sollen, wie denn auch auff solches ein wachtbares aug allenthalben soll gehalten, und da rechtmässige klägten von den oberkeiten gehört wurdent, nach gemeinen mitlen getrachtet werden, daß solch übel mit billicher straff hindangenommen werden möge. Nit weniger auch was gemeinen handel und wandel betrieft, werden die obern und fürgesezten der gemeinden den verderblichen grempel und fürkauff der schandtlichen steigerung der victualien und wahren, der unbillichen zinsungen und insgemein aller deren stücken, die ein jedweder oberkeit nach flyssiger erwegung selbsten hierin

178

in ihren gerichten erheblich befindent, dergestalten vorzubuwen und zu
begegnen wüssen, wie sie solches bei gott und der welt ihnen wol zu verantworten getruwent.

Damit und aber ferner alß für den andern puncten dieser angestelten
gemeinen verbesserung und buoßzucht nit allein obberürte stuck, sondern
zumalen alles dasjenige, dardurch ärgernuß und zerrüttung abgestelt und
gottesforcht und thugent gepflanzet und erhalten würdt, styff und würck-
lich auch volnzogen werden mögent, habent wir nach flyssiger erwegung
diß fürß heilsambste und krächtigiste mittel gefunden, dz gleich wie die
buoßordnung geistlichen und weltlichen standes gemeines ambt und werck
ist. Also auch die handthabung solcher ordnung und der volzug von beiden
ständen zugleich solle fürgenommen werden, und dz solcher massen, dz
angenz nebent den ordenlichen oberkeiten und geschwornen in allen und
jeden dörfferen und pfarrkirchen zwen oder drei ehrliche, verständig und
unverschreite männer (je nach dem die kirchhörinen groß oder klein sind
und die gelegenheit zugibt) erwehlet werden, welche alß censores morum
vorstehender der christlichen bußzucht zusambt den pfarrherren auf men-
niglichen junges und altes, eheliche und ledigen, auch grossen und kleinen
standes ein flyssig ufsechen haben, by ihren trüwen eyden. Wo sy sehent,
daß die ordnungen überschritten oder sonsten ein ärgerliches wesen geführet würde, die überträter fründtlich ihrer gebühr und der gehorsamm erin-
neren, auch je nach gestaltsame der sachen und grösse der mißhandlung sy
der ordenlichen oberkeit zu gebürlicher abstraffung anzeigen, und dann so
alle gelindere mit vergeblich fürgenommen werden, solchen persohnen, alß
frefenen, verächteren göttlicher und oberkeitlicher ordnungen und gesazten, von empfahung deß h. hochwürdigen sacraments deß nachtmals
von den kirchendienern so lang abgewiesen werden, biß sie sich demütiget,
ihres fehlers bekennt und mit besserem leben mit der kirchen gottes auffs
neuwe werdent versünet haben.

Wollent aber gegen menniglich uns versechen, dz by hochbetrübten
zeiten man sich dergestalten verhalten werde, dardurch gottes zorn gestil-
let, alles unheil von dem gemeinen vatterland abgewandt, menniglich vor
schaden und schmach verhütet, und wir gewönlich in guten frieden und
wolstand erhalten werdent.

P.S. Alldieweilen dann von geistlichen und weltlichen standes fürgesezten einständig begehrt wird, daß diese kirchen- und regements disciplin
in allen evangelischen gemeinden und kirchhörinen nit allein fleissig ab-
gelesen, sondern denn auch desselben volzug mit eüserstem eyfer und ernst

verschaffet werde. Und weilen benebents ein schreiben von Zürich uns eingelanget, mit welchem sie erinneret, dz in ansehung deß sich eräugenden zornes gottes durch die schweren, underschiedlich erfolgeten erschrökkenlichen erdbidmen, neben vielen andern zorn zeichen mehr, sie das bißher geübte gute jahr singen, nebent beförderst deß überflüssigen zechens und dergleichen excessen, nit allein am neuwen jahrstag, sondern die ganze fasten und übrige zeit hierüber in loblicher eydtgnoßschafft evangelischer ortten, darmit der zornige gott desto eher durchs fasten und betten in der nüchterkeit versünet werden möchte, gänzlichen abgestelt mit der intention, daß wir ihnen zu nachfolg in unsern evangelischen gemeinden dergleichen auch anzustellen uns belieben lassen woltend, so wir euch zu beliebender nachricht nit verhalten, sondern auch also ins werck ze richten vermahnet haben wollent. Actum ut supra.

Die höupter und rähtt der 3 pünth evangelischer religion zu Chur versambt.

Nr. 4   *Chur, 7. November 1655*

Ausschreiben der Häupter und etlicher Räte der Drei Bünde, die in Chur versammelt sind, betr. Mehren der Gemeinden über die ausgeschriebene Kriminalprozedur gegen Hexen sowie Gutachten in der gleichen Angelegenheit.

Standort: StAGR B 2001/1, S. 114ff.
Regest: Materialien zur Standes- u. Landesgeschichte, hg. v. F. JECKLIN, I, Nr. 1783, S. 415.

Unser fründtlich, willig dienst, sampt was wir ehren liebs unnd guots vermögend zuvor. Hochwolgeachte, edle, ehrenveste, fürneme, fürsichtige, weise, insonders guoth fründt und gethreüwe liebe pundtsgnossen.

Als dan man (laider) verspüren muoß, daß in vill underschidenlichen gmeinden unser gmeiner Dry Pündten landen die zauber- und hexerey so starch eingerisen, daß nicht ohne ursach allerohrten unnd enden solch verderblich wesen auß zu reüten besten fleiß anzuwenden nit solle under lassen werden, darby aber auch nottwendig erfordret, hierin mit sonderbarer fürsichtigkeit zu procediren. Da aber man hört, daß in disen sachen an villen orthen sehr gefarliche proceduren verüebt und gebraucht werden, wordurch auch ehrlichen persohnen zu kurtz und unrecht beschehen könte, alß haben wier auß vätterlicher vorsorg nicht umbgehn wollen, auf eüch die ehrsamen rätth unnd gmeinden gelangen zu lassen und eüwer mehr unnd meinung zu erhellen, ob es eüch gefelig sein möchte, daß von jedem pundt drey gelehrt und erfarne ehren persohnen deputiert wurden, welche also mit rath der geistlichen aine rechte regul unnd richtschnuor, wie man an allen ohrten dißer unsren landen zugleich mit solchen proceduren sich zu verhalten habe, damit also dem rechten gmeß diß übel gestrafft und selbigem zu wider auch niemand mishandlet oder processiert werden.

Dero wegen wier eüch die ehrsammen räth und gmeinden fründtlich wöllend vermanet haben, die wichtigkeit deß gescheffts wol zu beobachten und ihre reiffe beratschlagung darüber zu fassen, und ain jede ehrsamen gmeind ihr mehr unnd meinung hierüber biß nechtskünfftigen sant Andrestag dem haubt ihres pundts unfelbarlich inlangen lassen, auf daß hierin in zeiten die erforderliche vorsechung beschechen könne. Wir wöllen auch hiermit erklert haben, daß welche gmeind auf obbestimpt termin ihr mehr und meinung dem haubt ihres pundts nit zuschickhen würt, daß solche dahin gerechnet werden, alß wan sie zu berüerter deputation albereit ingewilliget hette, aller massen sie sich zu verhalten wüssen. Hiermit den allmechtigen gott pitten, daß durch sein vätterliche gnad diß und andre übel von unß abgewent und verner verhüettet werden. Datum den 7 novembris 1655.

Die heüpter und etwelche
der räthen gmeiner 3 Pündten
der zeiten zu Chur versampt.

Gutachten über das gegen Hexen etc.
zu beobachtende gerichtliche Verfahren.[1]

Anlangende dz jenige, so wegen criminalischer procedur wider die häxen gleichfalß außgeschriben worden, hat sich dem mehren nach befunden, dz durch ein deputation auf gutheissen und approbierung der ehrsamen rähten und gemeinden ein form und regula abgestelt werde, darüber wir etliche verständige herren erwelt, welche erzeltermassen auf ratification der ehrsamen rähten und gemeinden nach beschribnen project gemachet, namlichen:

1. Eß wird einer jeden oberkeit heimgestelt, argwohnische persohnen, so eineß bösen leümbdeß, lebenßwandelß oder herkommenß weren und andern böse indicia erscheinten, nach dero beywonenden fürsichtigkeit alle

---

[1] Überschrift von einer Hand des 19. Jahrhunderts.

181

umbständ fleissig zu considerieren und dergleichen persohnen gefenglich einzuziehen und wider sie zu procedieren.

2. Wurde aber ein oder die andere persohn von 2 oder 3 persohnen angegeben und wider solche auch andere indicia, böse anzeigungen und argwönische thaten mitlauffen theten, so soll ein solche persohn auch mögen gefenglich einzogen und wider sie procediert werden.

3. Wurde sich aber begeben, dz ein unverlümbdete persohn, die sonsten eineß ehrlichen lebenß, handelß und wandelß oder herkommenß were, von etwelchen einfaltig eingegeben wurde, so soll solche nit mögen gefänglich eingezogen werden, eß were dan sach, daß sie von 5, 6 biß auf 7 gleich zusammenstimmenden persohnen mit erforderlichen umbständen angeben wurde, in solchen fahl soll sie zugleich mögen eingezogen gefenglich werden.

4. Nachdeme also ein persohn gefenglich einzogen, soll sie vor und nach der marter allein von oberkeitlichen persohnen und nit von gömeren und anderen examiniert werden, darbey man auch keine suggestiones gebrauchen soll. Inmassen bey den fragen wegen der mitthäteren man niemand mit dem nahmen vorsagen, sondern die verstrikte persohn solche selbsten mit nahmen offenbahren lassen.

5. So dan in gleichen proceduren nicht dz geringste ist, dz man mit der marter alle fürsichtigkeit gebrauche, damit selbe nit zu hoch überspannet und einem oder dem anderen durch die grosse strengke zu kurz beschehe. Alß wollen wir allein ein jede oberkeit hiemit erinneret haben, den underscheid der persohnen, eß seye alterß oder kräfften oder auch der indicien, damit eine mehr alß die andere beschwert, wol zu beobachten, und die gebürliche bescheidenkeit gebrauchen.

6. Wurde eß sich dan bey einer gleichen persohn daß zeichen erfinden und daß für dergleichen ein zeichen mag erkennt werden, so erachtet man solcheß für ein sonderbahreß indicium, dardurch man mit der marter desto strenger verfahren möge.

Und alldieweilen der commissari, die agenten der graffschafft Cleven ein gleiche form begehrt, alß ist ihnen solche biß auf fernern ordination gmeiner Drei Pündten zu observieren gegeben worden.

Nr. 5   *Ilanz, 29. Juni 1657*

*Die in Ilanz versammelten Häupter und Ratsgesandten der Drei Bünde
bestätigen auf Anfrage der Agenten der Grafschaft Chiavenna die geltende
Kriminalprozedur gegen der Hexerei verdächtigte Personen von 1657.*

Standort: StAGR, A II LA 1, sub dato.

Anno 1657 li 29 giugno. Avanti li signori capi et consiglieri delle Trè Leghe, congregati in compita dieta in Janth.

Dopo haverci li agenti del contado di Chiavenna supplicati per la con-
firmatione del rescritto dell'anno 1598 toccante le procedure criminali con-
tro le streghe, overo chi prescriverli in simili casi una vera forma et regola
di procedere è stata à ratificatione delli honorandi consigli et communi et
imponuta la seguente forma. Ordiniamo perciò, che sin ad altra ordinatione
delle Trè Leghe nel contado di Chiavenna secondo à quella si debbono
processare.

*(Es folgen die sechs Punkte der Kriminalprocedur gegen der Hexerei
verdächtige Personen).*

Nr. 6   *Chur, 12./22. August 1657*

*Ausschreiben der Häupter und etlicher Räte der Drei Bünde, die in Chur
versammelt sind, betr. Mehren der Gemeinden über die ausgeschriebene
Kriminalprozedur gegen Hexen.*

Standort: StAGR B 2001/1, S. 134ff.
Regest: Materialien zur Standes- u. Landesgeschichte, hg. v. F. JECKLIN I, Nr. 1793, S. 417.

Unser freündtlich willig dienst sambt waß wir ehren liebß und gutß vermö-
gent anvor. Hohwolgeachte, edle, erenveste, fürsichtige, weise herren,
insonders gute fründt, getrüwe liebe pundtßgnossen.
(…)
Anlangende daßjenige, so wegen criminalische proceduren wider die häxen
gleichfalß außgeschriben worden, hat sich dem mehren nach befunden, daß
durch ein deputation auf gutheissen und approbierung der ehrsamen räthen
und gmeinden ein form und regula abgestelt werde, darüber wir etliche
verstendige herren erwelt, welche erzeltermassen auf rattification der ehrsamen räthen und gmeinden nahbeschriben project gemacht, namblichen:

183

1. Eß würt einer jeden oberkeit heimgestelt, argwöhnische persohnen, so eineß bösen leümbdeß, wandlß oder harkhommens weren und andere böse inditia wider sie erscheinten, nach dero beywohnenden fürsichtigkeit alle umbstend fleissig zu considerieren und dergleichen personen gfengklich einzuziehen und wider sie zu procedieren.

2. Wurde aber ein oder die andere persohn von 2 oder 3 persohnen angeben und wider solhe auch andere inditia, böse anzeigungen und argwönische thatten mitlauffen theten, so solle ein solche persohn auch mögen gfencklich einzogen und wider sie procediert werden.

3. Wurde sich aber begeben, daß ein unverleümbdete persohn, die sonsten eineß ehrlichen lebens, handelß und wandels oder harkhomenß were, von etwelchen ainfaltig angeben wurde, so soll solhe nit mögen gfengklich einzogen werden, es were dan sach, dz sie von 5, 6 biß in 7 gleich zusammenstimmenden persohnen mit erforderlichen umbstenden angeben wurde, in solchen fahl soll sie zugleich mögen gfengklich einzogen werden.

4. Nach deme also ein persohn gefencklich einzogen, soll sie vor und nach der marther allein von oberkeitlichen persohnen und nit von gömern und anderen examiniert werden, darbey man auch keine suggestiones gebrauchen soll, inmassen bey den fragen wegen der mitthäteren man niemandt mit dem nammen vorsagen, sondern die verstrickte persohn solche selbsten mit nammen offenbaren lassen.

5. So dann in gleichen proceduren nicht daß geringste ist, dz mann mit der marter alle fürsichtigkheyt gebrauche, damit selbige nicht zu hoch überspannet und einem oder dem andern durch die grosse strenge zu kurz bescheche. Also wollen wir ein jede oberkeit hiermit erynnert haben, den unterscheydt der persohnen, eß seye alters oder krefften oder auch der inditien, damit eine mehr alß die andere beschwerdt, wol zu beobachten und die gebeürliche bescheidenheit gebrauchen.

6. Wurde es sich dann bei einer gleichen persohn dz zeichen erfinden und dz eß für dergleichen ein zeichen mag erkent werden, so erachtet man solhes für ein sonderbares inditium, dardurch man mit der marter desto strenger verfahren möge.

Und weilen der comissary, die agenten der grafschafft Cleven[1] ein gleiche form begert, alß ist ihnen solche biß uff fernere ordination gmeiner 3 Pündten zue observieren gegeben worden.

(…)

---

[1] Chiavenna, ital. Prov. Sondrio.

Actum den 12./22. augsten 1657

Die heüpter und etwelche der räthen
gmeiner 3 Pündten zu Chur versampt.

Nr. 7   *4. Februar 1659*

*Protokoll des Bundstags betr. Einlage von Nicolo Franch aus Chiavenna
betr. Kriminalprozedur gegen Hexen.*

Standort: StAGR, AB IV 1/30, Bundstagsprotokolle 1659-1661, S. 20f.

Es hat auch der doctor Nicolo Franch in nammen der graffschafft Cleffen
durch eingelegte supplication begert, mann wolle den abscheydt, so zu
Illanz wegen der criminal-procedur wider die hexen ergangen, erkleren,
wie weit und welcher gestalt die inditia oder umbständ sollen verstanden
werden, damit ehrliche lüth nicht übereillet und auch die gerechtigkeit
ihren lauf habe. Alß ist abgerahten, von jedem pundt die herren heüpter
sambt 3 herren der räthen zu deputieren, den vorigen absaz zu erduren, und
sehen, waß weiters zu moderieren sein möchte, sindt deputiert:

Herr landtrichter Benedicht von Capal
Herr landtrichter Gallus von Mont
Herr landtamma Jacob Schöni
Herr landtamma Jacob von Montalta
Herr burgermeister Johan Pavier
Herr podestat Gadina
Herr landtßhaubtman Planta
Herr cavalier Rued. von Saliß
Herr landtamma doctor Scandolera.

Nachdeme dise deputierte herren ihr relation abgelegt und selbige ihres
erachtens rahtsam befunden, den absaz, so den 29. juni 1657 zu Illanz for-
miert, in allem zu bestetten, vorbehalten im drytten puncten könnte mode-
riert werden (alß da staht, es were den sach, dz sie von 5, 6 in 7 gleich
zusamen stimmenden persohnen mit erforderlichen umbstenden angeben
wurde), dz an statt dieser worten gesezt wurde: Es were dann sach, dz sie
von 5, 6 und 7 ohrts, der zeit, nammens und zunammens halber gleich
übereinstimmenden persohnen angegeben wurde.

Die in Ilanz versammelten Häupter und Ratsgesandten der Drei Bünde
bestätigen auf Anfrage der Agenten der Grafschaft Chiavenna die geltende
Kriminalprozedur gegen der Hexerei verdächtigte Personen von 1657.

Standort: StAGR, A II LA 1, 1657, Juni 29.

Wir die heübter und rahtgsandten loblicher gmeiner 3 Pündten, derzeit in
Ylanz an vollkomnen pundtßtag auß gewalt und befelch unserer allerseitß
herren und oberen der ehrsamen rähten und gmeinden bei einanderen versambt, urkundent hiemit, daß vor unß erschinen seindt die agenten unserer
graffschafft Cleffen und mit gebürender submission anbringen lassen, waß
massen die form und weiß zue procedieren wider diejenigen, so deß he-
xenwerckhß imputiert werden, nit lauth der anno 1598 den 27 novembris
zu Ylanz, anno 1657 im februario und den 4ten julii deß gemelten jarß zu
Ylanz gemacht, gebraucht, sondern von den herren ambtßleüthen ein
schädliche form zue processieren eingefüert, derowegen underthanigist
supllicierende, ein mittell und vorsechung über solche beschwuerden und
mißbrüchen zu würkhen etc.

So dan wir diese præposition mit mehreren verstanden, habend wir ordiniert und decretiert, ordinieren und decretieren hiemit, daß die angezo-
gne von gmeiner Drey Pündten diß ortß halben ergangne decreten bestettet
und confirmiert sein und derselben gmäß die ambtßleüth in processieren
sich verhalten sollent mit diser erklärung, daß die im letst obbedeüten de-
cret vermeldete uniformitet der zeügen solle verstanden werden in eodem
actu und in allen umbstenden der zeiten, deß ortß, der gselschafft, kleidung
und dergleichen. Welche aber übertretten wurden, sollent abgestrafft werden, wie in dem ersten puncten erklärt ist, und im fahl die processierte
nicht dilation biß ankunft der herren sindicatoren leiden möchten, mögent
sie ihr recursum disen puncten betreffend vor den herren heübtern und
etwelche rähten gmeiner Drey Pündten haben. Und zue urkhundt mit deß
loblichen Oberen Grauen Pundts ehren insigel verwahret. Actum den 1./11.
novembris anno 1660.

(L.S.)

Joan Bartholome a Montalta
Grisei foederis cancellarius manu propria

Nr. 9   *12.-26. Juni 1651*

Kundschaften, Bekenntnis und Todesurteil im Hexenprozess gegen Frenna Rüödy, Witwe des Ammanns Thöny Stoffel aus Vals.

Standort: Kreisarchiv Lugnez, Vella, I. B. Akten: Hexenprozessakten 1651-1699.

Auff mitwochen, den 21. tag juny anno 1651 alhie zuo Willa in Langnez an gewohnlichen orth etz.

Habennt beide herren seckhelmeisteren, alß namlichen herr seckhelmeister Vinzenß von Caduff, sekhelmeister der gmeindt Langnez, herr sekhelmeister Phillip Ryttemman, sekhelmeister der gmeindt Valß, ein clag gefürt durch ihren mit recht erlaubten fürsprecher, herr landtamman Oth von Mundt, hingegen und wider herr landtrichter Casper Schmidt von Grieneckh, herr leütenambt Conradt von Rungs alß vogt, amman Jery Tönz auch alß vogt der Frenna Rüödy, deß amman Thöny Stoffel auß Valß hinderlassne frauw, betreffende obbemelte puncten, wie hierinen zuo ersechen ist.

Hergegen stuonden für obbemelten herrn beystandt, vögten und verwanten und gabent antwort durh ihren mit recht erlaubten fürsprecher herr alter landtamman Vinzens von Caduff, eß befrembde ihnen der gefürten clag ser höchlich, dan sie vermeint, dem herrn sekhelmeister umb den gefürten clag in allen und durh auß woll geantwortet ze haben, dan sie sige in kheinerley weg nit umb solche puncten nit inputiert, werden auch solches mit gottes hilff nit bewisen.

Nach verhörung, clag und antwort, redt, wider redt, replycha und alles deß jenigen, so vor rechten gefürt gebraucht worden ist, so ist es zuo recht gesezt, die khundtschafften zuo verhören, also seindt volgende kundtschafften genambset worden:

Erstlich Agatta, deß Hans Jörgen tohter,
Anna, deß Peter Lorenz tohter,
Catterina, deß Flury Joß hus frauw,
Anna, deß Barthollome Pitschen tohter,
deß herrn amman Jery Tenz huß frauw,
Hans Giger,
Stina Heiny,
Johannes Giger, gaumer,
Flory Petter Albin,
Michel Tenz.

Nach gegebnen scüsen seindt diße khundtschafften erkhent zuo reden:
Erstlich Hans Giger,
2. Michel Tenz, deß Jery Tenz von Montaschien,
3. Johanneß Giggerr, deß Hanß Gigerr sohn,
4. Agatta, deß Hans Jörgen tohter,
5. Ameny Catrina, deß amman Jery Tenz huß frauw.

1. Züget Hans Giger auß Valß, es seige ihme woll bewust, daß er bey bemelte Frenna zum dienst gesin seige, daß er ungevor 18 jaren alt seige gsein, so seige er wie andere jungen khnaben auch zue stubete in der naht gangen, das seige ungevor vor 30 jaren, so habe sie am morgen alles gewüst, waß er dierselbige obet angefangen heige oder wo er hin gewessen seige und waß er geschaffet habe, und habe allezeit gellachet. Nach dem das das geschrey auß gangen ist, habe er geget ihnen selbst bedacht, wan die sach also were, so hette sie woll mögen wisen, was ich angefangen hette, und daß sige etlichen mollen geschehen, aber wie vil mollen, seige ime unbewust, über daß wisse er von ihro khein argwon.

2. Weiter züget Michel Tenz, es seige ihme zuo wüssen, das er vor 10 oder 11 oder 12 jaren ungevor uff der schaff scheidig oder ein tag darnnach in Valß gewessen in deß herrn amman Thoniß huß und unnder anderem habe er gehört, der amman Thöni mit sein frauw zanckhet, und die frauw habe von ihme die lohnig begert, daß sie deß aman, ihro mans schaff geschoren habe, dan er ein andere auch hette müössen bezallen, dan gniesset sonst gnuog das (....). Daruff habe der herr amman gesagt: Ich will hütt das deinig auß richten und far darmit, gang du hexs, du bist ein hexs und wirst ein hexs sterben. Nach deme haben sie noh mit ein ander gehuset, er wisse aber weder darvor noch darnoch von sölliche sachen, daß er gehört habe.

3. Weiter züget Johannes Giger, gaumer, er seige nechtig vor der thür gestanden, so habe er gehört, daß sie 2 oder 3 moll gschü gschü gemacht, darnach habe sie, Frena, geget ihn selbst gesagt: O Jessus Maria, und darnah habe sie geget ihme züg gesagt, daß habent die schmitischen für triben, aber wen das ein für gangen gewune, so khönte es inen auch in die schissell khomen, er wüsse aber nit witerß von ihro khein besses.

Auff donstag, den 22. juny anno 1651.

Darüber nah verhörung, clag und antwort, redt, wider redt, replica, verhörung der khundschafften und alles deß jenigen, so vor rechten gefürt und gebraucht worden, ist der lenge noch mit recht und mehrer der urtel erkhent auff hüt lassen so vill alß ein clag lassen gefürt sein und den tag be-stimbt auff khünfftigen mentag, daß alß dan die gricht solle nach form erfült werden, und alß dan solen beide parten verfasset sein, wass sie in reht vermeinen zuo genissen, und in die will solle sie Frena durch die gou-mer in seinem orth woll versehet werden, und die solle mit die khette die weill angebunden.

Auff mentag, den 26 tag juny anno 1651, alhie zuo Willa in Langnez uff den offnen ordinario plazz grihts statt etz.

Habent bedt herren seckhelmeisteren, alß herr seckhelmeister Vinzens von Caduff, seckhelmeister Phillip Ryttemmann, ein clag gefürt nach formm und gerechtigkeit der gmeindt, und nah dem kheysserliche recht hin zuo der Frenna, deß amman Thöny Stoffel auß Falß hinderlassne frauw, durch ihren erloubten fürsprecher herrn landtamman Oth von Mundt betreffende ob specyfyzierten indytyen, khlagend derohalben an einem woll weisen herrn richter mit sambt die herren bey richteren und ganzen gericht auff leib und leben, ehr, hab und goutt nach erkhantnus die herren richteren und meine herren.

Nach verhörung, clag und antwort, redt, wider redt, so ist es zuo recht gesezt, die khundtschafften zuo verhören, also nah gegebenen scüsen seindt volgende khundtschafften erkhent zuo reden:

Zeüget frauw ameny Catrina, deß amman Jeri Tenz huß frauw, eß seige ihro zuo wissen, daß der aman Thöni habe sie mit sein mann und seine stiff tohteren zuo gast gelladen, do haben sie gessen und gedrunkhen, und habe also den nehsten ihren frauw amany gar wehe gethan, daß sie habe alleß müössen uff werffen, welches sie habe weder darvor noh darnnach nie dörffen thuon, daß habe also ein will gewert, weiters wüse sie nit, weiters seige ihro nicht zuo wüssen etz.

Weiter zeüget meister Luzy Schwarz, eß seige ihme zuo wisen, daß die weill er in der Frenna huß gewessen ist, so habe sie 2 oder 3 pfan brott geben, also warm und ime vast genöttiget, daß er warm esen solle. Do habe er die pfan brott genommen und heige in sein schloff khamer getragen und heige auff ein brett gellegt. Do habe sein schwester wöllen essen, do habe er züg gesagt, die pfan brott müössen nit so gschwindt gessen sein, sie hatt zimlih nott gethan, ich solle warm essen, und habe gesagt geget sein schwester, der welle die pfan brott woll wöllen lassen erkhüöllen, do habe sein schwester Menga gesagt: Du hast ein schlechte glouben, etz.

Weiter zeüget sein schwester Mengka, es seige ihro zuo weisen, daß sie gehört habe, daß die Frenna habe seinem bruoder Luzy die pfan brott anerbotten und vast genöttiget, er sole essen. Do habe der meister Luzy die pfan brott uff ein brett gestelt, do habe sie züg welen essen, do habe der Luzy gesagt, die pfan brott müössen nit gradt gessen sein.

Darüber hin nach verhörung, clag und antwort, redt, wider redt, replicha und alleß das jenige, so vor rechten der lenge nach ingewendt, ist mit reht und mehrer der urtel erkhent, weillen also es mit khundtschafften befunden ist, daß sie in sollihen indytyen deputiert ist und sie die khundtschafften wider gesprochen, so ist es mit reht und mehrer der urtel erkhent, daß sie an den orth der wahrheit, an die turtura, versuoht werden, und wie sie aldo antwortet thuott, so habent meine herren alß dan weiter vorbehalten zuo erkhennen, sie solle auh interim mit die khetten angebunden werden und an den statt, wo sie vorann gewessen, consegniert werden. Wie hoh die torthura oder wie schwer, solle an die herren, so ordiniert seindt, stohn zuo judytiren.

Interogattion wider Frenna Rüödin, deß amman Thöniß Stoffel selig hinderlassne huß frauw etc. zur zeit, so sie an der marter gestanden ist.

Sie seige uff die offen gestanden, do seige ein bräme umb gefleüchet und seige inß maul gangen, aber sie heige nit gesehen, eß seige tunckhel gewessen.

Interogiert, waß der böß geist ihro in geben heige.

Respondiert, daß sie getraumbt heige, daß neimer in schloff bey ihr gellegen, und die sach bei ihro veriht, aber wen sie erwachet ist, so ist es nit gsein.

Darauff gefraget, wer es seige gesein. Darauff antwort: Sein man oder sein khneht.

Interogiert, waß der bösse geist ihro an die sün geben.

Respondiert, sie sollen ablassen, so wölle sie sagen. Darauff sie heige angerürt(?), so hatt sie gmeindt, es seige etwaß daran. Aber sie seige khein hexs.

Interogiert, waß sie in die pfan brott gelegt habe, die sie dem Luzy Schwartz geben habe.

Antwort: Ein sömen, daß der Gechwintel ihro geben heige.

Respondiert, sie habe ingethan. Han ich etwaß in gethan, so hatt mich der böss geist mich betrogen.

Interogiert, waß sie der tohter deß Petter Lorenz in schmalz mueß gelegt habe.

Respondiert, so der böss geist sie nit verblendet heige, so habe sie nit ingellegt.

Interogiert, will sie gesagt hab, sie habe alles böß gethan, waß sie den bösses gethan habe.

Darauff antwort geben, sie müesse sagen nur darum, daß mann sie ab der marter liesse. Weiter hatt Frenna gesagt, so Maria die muotter gotteß auff morgen nit ein zeichen gibt, so welle sie die worchet sagen.

Interogiert, waß sie der Agatha geben habe, daß sie also besessen seige. Darauff anwort, der bösse geist müesse sie verblendet haben, sonst wüse sie nit, daß sie gethan heige.

Interogiert, daß sie ganz nit wüsse, von wegen die daß der (...)

Weilen sie gesagt hat, daß sie die wurz, die sie der Agatha geben heige, ein bettlerin geben, daß heige sie so vil spyß davon geben, und habe auch seinem enykhlin an den halz gellegt, und do habe sie daß khind zum hern Bischli (?) getragen abe auff den frithoff. Do daß Anelle gesagt, daß wöllen sie abthuon, es seige khein nuz, und die wurz möchte sie woll der Agatha geben haben.

Anna heige ihro geholffen werchen, do habe sie ein muoß khochet, und wan sie abgessen habe, so habe sie gesagt, eß muoß neimes in die muoss gesin sein, und seige auff die thellin gesprungen und habe khlagt, es thüö ihro wehe, und so sie etwaß darin gethan heige, so heige der böß geist sie betrogen, anderen leüten hetten auh etwaß darin thuon han.

Eß würt hür wollen storen (?), hatt sie gesagt.

Interogiert, ob sie nie mit dem töüffel zuo thuon khan heige.

Antwort: Userlich nie, aber inerlich seige ihro gar mit gedanckhen überladen.

Interogiert, sie solle die warchet sagen. Darauff geantwortet, sie habe mer gesagt, alß sie gethann heige.

Interogiert, es heige ihro angefohten und gedanken, sie möchte auh consentiert haben.

Interogiert, wen sie erwachet ist gesein, wie sie sich selbst befunden heige. Antwort: Es sig warm gesein, natürlich nah ihrem wißen.

Interogiert, ob sie den bössen geist gesehen habe.

Antwort: Sie habe niht gesehen, anderst dan wan sie gerehet hatt, so habe sie also ein schatten vor ihr gewessen, witer heige sie nit gesechen.

Interogiert, die Frena gesagt, es würt für die khundtschafften auß brechen.

Interogiert, waß sie in die muoß gethan heige.

Antwort: Sie heige neimeß in gethan, aber sie wüsse aber nit wass.

Interogiert, uff waß hin sie in gethan heige in.

Antwort: Neimes sommen und pullver heige sie in geben, damit sie psesne werde.

Interogiert, wer ihro die khunst gelernet heige.

Interogiert, waß sie in dene pfan brott in gelegt habe.

Antwort: Sie habe daß deig in gethan, wie sie den andren auh in gethan habe.

Weiter hatt sie bekhent, daß sie habe deß Petter Lorenz tohter den bössen geist in geben.

Weiter hatt sie bekhent, sie habe der Agatha Jergen den bössen geist in geben, daß der bösse geist habe sie dar zuo gezwungen, daß sie habe müössen thuon.

Weiter sagt sie wegen die wurzen, daß sie von die bettlere khaufft hatt, habe sie auch die sommen in die wurzen gellegt und der Agattha geben, sie sole an den halz anwenden.

Frag: Wie sein buollin heise. Antwort: Khöttlich.

Interogiert, ob sie im tanz oder in berlott gewessen seige.

Antwort: Ja ja, sie seige gsein. Am seill.

Interogiert, wie sein buollin geheisen heige.

Antwort: Khech Winckhelle.

Frag: Sagent nur, waß ihr im berlott angefangen heige.

Antwort: Wen ihr nit hören, so will ich alles widersagen.

Frag: Warum sie die buollin genant habe und jez widersprehe.

Antwort: Sie habe gesagt, daß sie habe den grosse stein geförhtet und habe sollihes gellogen.

Frag, wan sie uffgezogen ist an seill, ob so es war seige, daß sie in berlott gewessen seige.

Antwort: Daß ja, sy seige gsein, man solle ablassen, darauff abgelassen.

Frag: Waß sie in berlott gethan habe.

Antwort: Töübt mit ein ander, eß sige neimant gesein, alß sein buollin, aber sie seigent nit an tanz gesein, nur sonst.

Frag: Ob sein buollin also heisen wie oben.

Antwort: Daß ja.

Interogiert, wie lang sie bey sein buollin gewessen seige.

192

Antwort: Ungevor 1 halbs stondt.

Frag: Waß sie angefangen haben.

Antwort: Sie habent mit ein ander geret.

Frag: Sie solle sagen die warheit.

Antwort: Sie rede schier wider sein gwisen.

Frag: Ob der Khech Winckhly ihro zuo gemuttet bey ihr zuo ligen.

Antwort: Ja, ihr wiset woll, daß der khatt sollihes begert.

Frag: Ob der böss geist sie begert, sie solle gott widersprehen.

Antwort: Begert habe er woll.

Frag: Waß sie mit ein ander geret habent.

Antwort: Sie seigent zuo sammen gsein, aber in anfang habe sie nit khönt, aber her nach, wan er begert hatt, das sie gott verlougnen solle, do habe sie erst dan khent, daß es der khatt seige. Do habe sie gesagt: O Jessus Maria, und alß dan ist er verschwunden.

Frag: Ob sie heige nit ein khriz uff die erden gemacht und darauff getretten.

Antwort: Sie habe khein crüz gemaht.

Frag: Ob sie nit die khrüz gemaht heige und mit ein fuoß darauff gethrett oder mit dem gseß.

Antwort: Daß nein.

Frag weill sie an die seill gestanden: Ob sie die khryz nit gemaht heige und mit die füössen darauff gethrett zum zeichen, daß sie gott verlougnen welle.

Antwort: Mann solle sie ab lassen, und daruff hatt sie bekhent, sie habe mit dem rehten fuoß uff die khrüz getretten uff seinen begeren.

Nah dem znuyß essen hatt sie bekhent und bestettet, wass sie voran geret hatt: Erstlich, das sein büollin Khech Winckhele heise und daß er begert hatt, sie solle gott verlöugnen, auch begert, sie solle bey ihme schlaffen. Wegen die creüz bekhent, sie habe mit die reht fuoß darauff getretted zue zeichen, daß sie gott verlougnen welle, aber mit worten habe sie nit gesagt.

Nach deme am morgen früö vor der marter hatt sie alles gelöügnet, was sie voran geret hatt und gesagt, sie sige unschuldig.

An der marter hatt sie wider alles widersprochen und gesagt, sie seige unschuldig.

Interogattio: Sie solle die warcheit sagen, dan die khundtschafften habent schon geredt, daß das ding seige an sich selbß.

Antwort: Sie sollen ab lassen, so die khundtschafften dan sich selbß wällen nemmen.

Nach der marter am seill hat sie alles gelougnet, sie seige von solches unschuldig etz. und förchte, daß sie beschwere sein sell, so sie von solchem anzeige.

Weiter nach deme daß sie vom seill abgesein ist, so hatt sie alles bestettet, waß sie voran geret hatt.

Interogiert, wie daß ding an khommen ist.

Antwort: Es seige zuo ihro ein jungling khommen und begert, sie solle gott und die heillige drey faltigkeit und die liebe muotter Maria verlöügnen, aber sie habe die heillige 3faltigkeit und Maria die muotter gotteß nit verlougnet wellen, aber gott habe sie verlougnet und zue zeihen habe sie auff die khrüz trettet.

Interogiert, wo der böß geist ihro daß erst mall erschinen seige.

Antwort: Auff Peill, do habe er sein nammen geben.

Interogiert, wie vill molen sie in tanz seige gsein.

Antwort: 4 moll.

Interogiert, wer auff dem tanz seige gsein. Antwort: Deß Jeri Bernna töhter, namlichen 2: Catrina und Maria, Lena wüsse sie nit für gwüss.

Weiter hatt sie bekhent, daß Maria deß Peder Joß selig huß frauw seige auch an dem tanz gesin, aber nit so gwislich wie die andern.

Weiter sole die Jelga auh an den tanz gsein sein.

Weiter hatt sie bestettet, sie habe der Agata Jergen ein wurz geben und darin die somen gethan, damit sie besessne werde.

Verzeichnet, waß die Frenna am sontag naht bekhent hatt vor der marter:

Interogiert, wie alt sie seige: Antwort: 75 jar.

(Interogiert,) wie lang es ist, daß sie verhürotet ist.

(Antwort:) 50 jar ungevar.

Interogiert, wie sein buollin heise. Antwort: Gehrwintel.

Interogiert, ob sie verhürotet seige gesein, wan sie solches angefangen, antwortet, sie seige verhürotet gsein schon lengest.

Interogiert, wie der Gächwintel verfürt habe oder waß er gsein seige.

Weiter hatt sie bekhent, daß es zuo vill seige, waß sie geredt habe, dan es seige nit an sich selbß. Frag: Waß sie zuo vill geredt habe.

Interogiert, ob der böß geist sie verfürt habe. Ja, er habe sie woll verfürt, sie bestette, waß sie voran geret habe, naher hatt sie wider alles gelougnet.

194

Interogiert, wer ihro den nammen in geben, wie der böß geist heise, weillen sie gar unschuldig ist.

Antwort: Sie habe woll ein bösse geist in ihro, der selb wüsse wol die nammen in zuo geben.

An der marter:
Interogiert, ob der töüffel sie verfürt habe. Antwort: Daß nein.

Nah dem daß mann sie abgellassen, hatt sie alleß widersprohen.

Weiter hatt sie bestettet, sie habe deß Petterß Lorenz tochter die bösse geist in ein muoss in geben.

Weiter hatt sie bekhent, daß sie auch in die pfan brott, daß sie dem meister Luzy Schwarz hatt geben khan, auch das ding geben, wie den anderen, die pssessen sindt gsein.

Weiter ist sie interogiert ohne khein marter, daß sie reden solle selber, waß sie gethan habe etz.

Nach verhörung, clag und antwort, redt und wider redt, replic verhörung, die vergich, so sie vor und in und nach der marter mit ihrem eigenen mundt bekhent hatt, wie auch die bitt, so durh geistlich und weltlihe herren von ihret wegen gethan ist, und alles das jenigen, so vor rechten gefürt und gebruht worden mit reht und einheilligem urtel bekhent, die gedachte Frena vom leben zum tott und das sie solle durh den scharp richter zum ersten enthaubt werden, und alß dan solle sein leib verbrent werden, und darnnach an den gewohnlichen grichts statt soll die eschen vergraben werden, mit confyscation sein hab und guott.

Nach gegebnen urtel ist wider umb von geistlih und weltliche herren für sie gebetten worden und das man ihro diser urtel milten, und ist also ihro die gnad ertheilt, das sie solle nur enthaubt werden, und darnah solle sein leibe an den gewohnlichen grihts statt vergraben werden, wie solches exsequert ist.

Solle der amman Anthoni sel. mit besagter Frenna alß sin ehe weib gebalchet haben, und do habe gesagter amman Anthoni gegen ihro gesprohen: Ich will dich uß richten, dann du bist ein hexß und blybst ein hexss, und solcheß seige geschehen an morgen an der schaff scheiden.

Zeugenaussagen gegen Ammann Jöry Berni, mitgeteilt dem Statthalter des Gerichts Lugnez in Vella.

Standort: Kreisarchiv Lugnez, Vella, I. B. Akten: Hexenprozessakten 1651-1699.

Adj den 9. tag november anno 1651, verzeichnuß der kundtschafften, welche wir auff daß begeren deß herrn stadthalters und eines wol weissen radts in Langnetz hie in Valß ingenomen haben, nach gegebner schgüssen.

Erstlich zeuget deß Kastber Berniß haußfrau Regellen und sagt, es hab sich in der zit oder auff dem tag, alß der aman Jory Berny den rechßt tag hat gehabt wider deß Peter Rudimanß thochter Anna von wegen deß Gigeß in Damul, do sige er zuo ieren in die stuben komen und gesagt, er wolle dem Kastber gelt geben. In dem er zuo der dür in komen siege, do sige sie ab imme erschroken, daß sie schier nit habe gewist, wer es sige, do seige ire ein forcht ankomen und bosse anffechtungen und fandt dasienn. Darnah habe sie gebichtet und comunitiert, do habe es ein wenig gebessert, doch nit gar, und hat ier sölhes noch nit verlassen, und wan sie auß der stuben gangen siege, do habe sie ieren alwegen geforchten, es sige etwaß dussen, und beffinde noch hütigß tagt etlich mallen alß wen sie ambeissen in ire beinen habe.

Witerß bezüget nach gegebner schgüssen die Maria Jory Albin und sagt, daß sie ab dem Perfreil[1] boden aben sige komen, do sie nebet deß aman Jorys Berny madten komen sige, do habe sie unten in dem walt ein laudt gesprech gehort. Habe sye nider gesetz, so sey es ein graus thierlein zu khommen und wider von ihr gangen. In demme sige der aman Jory Berny mit siner thochter Barbara dem weg nach auß dem walt in sin madten geget siner hüdten auff gangen und haben gedan, alß wen sie sie nit sehen, und haben sie zuosamen gesagt, es werde etwen eins zuo verandtwürten haben. In dem vort gen in den walt ungefert zuo nechst, wo der aman Jory Berny auß dem alpweg in sin madten gangen ist, do habe es sie Maria erstochten in einem waaden oben am fuoß, do habe sie mit der hant ab griffen und do sige es beser worden, do sige sie ein wenig vort gangen, do habe sie sich nider gesetz und ha (...).[2]

---

[1] Amperfreila, Alp, Gem. Vals.
[2] Satz unvollständig.

Wider aber nach gegebner schgüsen züget und sagt die Elssen, deß Michel Rüdtimas selig hinderlassne widwen, daß vor gesagter aman Jory Berny sige offter mallen in ier hauß komen und sie wegen der unzucht angesuocht, und sie sich alzit deffentiert, dan sige er hinweg gangen und sige zwei underschitlichen mallen zuo ire in ire schlaffkameren komen und sie aber in der forem angesuecht und beyte mal ier hant angelet und mit sinem arm sie umb fangen und ier den kopff an sin kopff gezwungen und begert, mit siner zungen in ier mundt zuo faren. Und einer mal hat sie empfundten, daß er mit siner zungen ein wenig in ier mul komen, do sie sich mechtig beklagt und gewert hat und der nebet in im ernstliche betten und gesagt: Ier werent mier ein lieben man, wan ier nur solches nit teten oder begert, mit mer worten, die nit nodt zuo melten, und doch solches sige alzit bey dem tag geschen.

Und hat die Regellen Berny und Elsen Rüdiman ir kundtschafft sagt, bestet mit auff gehabtder hant uund gelerntem eeidt, daß ier sag ein warheit sige. Zu urkundt und zeugnuß der warheit hab ich Galleß Rüdiman, zu der zit aman in Valß, mit hulff und radt meiner hern mit deß landts Valß eigen in sigel bekrefftiget und geben den 9ten november 1651.

(Adresse:)

Dem hoch wol geachten, wol edlen, erenvesten, fromen, fürsichtigen, ersamen und wissen herrn stadthalter und radt der löblichen gemeindt Lengnez zu behendigen in Langnetz. Villen.

Nr. 11   *6. März 1652*

Bekenntnis der Anna Jöhri Peng von Vals.

Standort: Kreisarchiv Lugnez, Vella, I. B. Akten: Hexenprozessakten 1651-1699. - Rückvermerk: Vergicht und bekhamdnumß der Anna Jöhri Penng von Falß etc.

Auf den 6. tag mertzen anno 1652 constitut und bekhandnuß der Anna Jöhrin Peng, so sye ohne marter bekhent hat.

Erstlichen alß sie ungefahr 9 oder 10 jar alt gewesst, habent ihren die Frenna Rüedei und die groß Catrina ihren dz häxsen werckh gelehret, 2 jahren hernnah habent ihren gesagt, sye solle gott, unser lieben frauwen, dz heilige sacrament, die engellen und sant Josepff, sant Jochen, sant Anna, crüssmen, tauff, goten und göten verlaugnen, in beywessen deß bösen geist, welches sye auf ihren begeren gethonn unnd verwilliget hat.

2. Bey wellichem bößen geist sye den beyschloff wochentlich ein mahl gehabt, welcher kalter nathur gewesst, und nammbse sich Holtzbockh und habe geiß füeßen.

3. Habe er sye auf dem ruckhen auf Selffen[1] getragen und auch an anderen ohrten mehr an tantz, alwo die weyberen vil khinderen auf den schindlen und auf stuollen dem obristen den kinderen auf geopffert, welcher in miten war im füer. Mann habe ihnen aldorten wein anerboten, welches sye getrunckhen, aber zulezst sige es verblendung gewesst.

4. Binde der böß geist den kleinen khinderen ein schuor in den haltzß, dordurh sye stracks das häxsen werckh gelehrt, und noch demme sy dz häxsen werckh gelehrt, nemme er den schuor ab dem haltzß.

5. Habe sye deß Plesy Jörgen tochter Stinna den bößen geist ingeben, welcher ietzt schute.

Item ihren steiff mueter habe sye auch den bößen geist ingeben, ds sye ietzt schiter.

Item ihren geschwistrigen habe sye auch den bößen geist ingeben in khäß und züger, als der Uhrsula, der Frenna und dem Caspär etc.

Item dem knecht Jacob habe sye auch den bösen geist ingeben in züger etc.

Item witer habe sye in der Fanellen[2] 3 rinder gehollffen verderben, solches zue vollfüeren habe sye poforen sommen auf geworffen in des bößen geist nammen, die Frenna Bernni und der Moretzi Schnider habendt auch gehollffen.

Auf dem Stockh berg[3] habe sye ein ros gehollffen erfallen und solches habe der Anna und die Frenna Berni und der Moretzi gehollffen.

Hernach habe sye seinen vater 3 kelber verderbt sambt ein khuen, sie sambt Frenna Berni und Muretzi.

Witer habe sye auch ander leuthe sich begert zue schänden, aber solches habe sye nit ales volbringen mögen, uhrsach, daz sye gehn Igels[4] zur heylligen gangen und aldorten etwz auff geopfferet.

---

[1] Selfa, Alp, Gem. Vals.
[2] Fanälla, Alp, Gem. Vals.
[3] Stockbärga, Bergwiesen, Gem. Vals.
[4] Degen, Kr. Lugnez.

Witer habe sye ein mahl in sumer zue zit die leuthen vil heüw zue re-
chen gehabt, in Borden[1], in der obet sige es hübsch weter gewesst, den
anderen tag sige es leyd weter gewesst.

Item in underen Borde habe sye ein wind gemacht, dardurch vil heuw
zersteibet. Item in der Fannellen habe sye hagell gemacht und habe wasser
in dz mul genomen, gegen himmel gespritzt in des bösen geist nammen,
hernach habe es gehaglet.

Item nach deme sye ingetzogen, sige sye in 2 öhrteren an tantz gesin,
welche öhrter sye nit nambsen khönne.

Nach demme dz sye ledig worden, seige sy 7 mahl an tantz gangen, habe auch den beyschlaff ein mahl by dem buol gehabt, nachts auch den va-
ter(?) gsen, habe geiß füessen gehabt, und dem besse geist müesse die füessen khüssen.

Sye habe auch 2 mahl sellen durch das pulver, so der bös geist ihro geben, verderbt auff Selffen.

Nr. 12a   26. Juni 1652

Kundschaften im Hexenprozess gegen Urschla Wagauw in Obersaxen.

Standort: StAGR A II/LA 1, sub dato. Geschrieben von Martin Fiengck, Gerichtsschreiber
von Obersaxen.

Anno 1652 jarß, den 26. tag juny dato etc.

(...)[2]
Nach forme unsser fryheit und gerichtkheit wie obstat, ist Urschla Wagauw gefangen worden.

In ein 1652 jarß, den 26 tag juny hant meine herren von Uberssaxen in
prosseß weiß die khundtschafft auff und angenomen und konfirmiert.

Wider die Urschla. N. 1.
Item und erstlich hat Hanß Brunolt zur khundtschafft geben, und ehs
sey ime woll zu wiessen, wie daß die Urschla Wagauw in dissen lesten
vergangen friellig an einem morgent frey ist zu mier in mein gaden komen.
Do hab ich gedenckh, ehrthreige dich der thieffell so frie da zu, dan ich die

---

[1] Bördli, Wiesen, Gem. Vals.
[2] Einleitender Text weggelassen.

noch nit gerne gesechen hab. So sein wier zu reden komen von wegen der unholden. Ihe doch kann ich grundtlich nit wiessen, ob die Urschla an gezogen hab, mier ist daß greissere, daß habe zu ersten an gezogen und hatt gesagt, ob dem Flielly[1] sindt sieben der unholden. Nebent dem hab ich weillen weissen, wehr sey seigent. Dar auff hat die Urschla mier gesagt, wan du nit wilt auß sagen, so will ich dier ehs woll sagen. Nebent dem hat die Urschla mier 2 personen genambßet und sey hat mier die Thrina Kurath und der alt Meschinner. Auff daß bin ich ehrgrimbt worten und ich hab darauff zu der Urschla gesagt: Hast du daß gesechen oder du bist bey ihnen gesin. Darauff hat die Urschla gesagt: Die liet sagen ehs etc.

Dise obgemelte khundtschafft ist bestedtig mit dem eidt, mit namen Hanß Brunolt zu Ubersaxen wie obstat in 1652 den 10 heiwet.

Wider die Urschla. N. 2
Wieterß zieget Maria Janga:
Ehs sey ihren woll zu wissen, daß ich mit der Urschla Wagauw auff einem mall zancket habe, und die Urschla hat da zu mier gesagt: Ja, dein vater der hat auch gsagt, daß ich habe deinen ether Jery ain kuo umb melcht gebracht. Witer hat die Urschla gesagt: Der Michell Allig ist auch gesein, wo ich bin gesein und binß ich, so ist ehs ammen und rath und meingeß mehr, aber ich binß nit und sey auch nit.

Barbla Riedy beystetiget disse obige kundtschafft.

Maria Janga zu Uberssaxen bestedtig ire kundtschafft mit dem eidt wie obstat 1652 jars den 10ten heuwmonat .

Wieter zeüget Jery Janga. N. 3
Ehs sey ihme woll zu weissen, wie daß Urschla Wagauw in sein gaden khomen. Weiter auff daß habe ehr ein heibsche, scheine khuo gehabt, aber sey habe auch woll meilch geben, aber noch demm hat die khuo zum ersten weinig meilch geben und umb 3 oder 4ten gar nit oder wenig. Do ihe die ist an demm selbigen gescheiden, und auff daß bein ich zu dem herr gangen, da hat ehr mier gesagt: Ich weill mit dier auff gan. Und ist auch gangen und ehr ist der khuo zu heilff khomen. Ich weiß nit, ob sey dar an schuldig sey oder nit.

Jery Janga bestedtig sey khundtschafft wie obstat 1652 den 10ten heuwmonat zu Uberssaxen mit dem eidt.

Wider die Urschla. N. 4
Weiter zieget Nescha Joß:

---

[1] Flieli, Pfad, Gem. Obersaxen.

Ehs sey yher woll zu weissen, wye daß sey von deß Claß Heinriß Jery 3 geiß auff genomen. Uff daß bein ich mit den geissen ab den boden khomen, so ist mier die Urschla beygegnet und hat zu mier gesagt: Wannen khomen ihr mit den geissen. Da hab ich gesagt: Ich hab sey auff genomen. Da hat die Urschla gesagt: Denn heindt ier recht than. Die geiß sündt waitleiche, aber wie ich aba khomen bein, so habent die geiß wenig milch geben, doch under denen 3 eini hat geben wie allzeit, einy hat gar nit weillen geben und die selbiga hat die Urschla an geriedt, aber die an der andern seiten ist gangen, die hat ein wenig geben, doch am ersten abet werey ehs hin gangen.

Nessa Joß bestetig ire obig kundtschafft mit demm eidt in 1652 den 10ten heuwmenat.

N. 5
Weiter zieget Barbla Jollery, wie daß sey ein mall in deß Albrecht Riedeiß hauß bin gewessen und habe brot auff gemacht. Da ist die Urschla da gewessen und hat auch umb anderen ordt auch auff gemacht, und ich hab mier geforcht, und zum lesten hat sey mier ein grüff geben, dar nach ist ehs mier gar schwer gewessen acht wuchen. Und bein gar auß khomen und hab nit gewüssen, wo ich blieben selle, dan ich hab mier alle ziet geforchten. Auff daß hab ich ehs dem herrn gesagt oder mit seinem rath gethan, auff daß ist ehs besser worten.

Wider die Urschla. N. 6
Wieter zieget Baltzer Seimen, wie daß ehr ein mall habe jedternen gehabt, do haben wier ein leida nebell gesechen gar schwartz, daß ich hab vermeindt, ich welle sey auß demm acker thuen gan. Auff das hatt die Urschla sich 2 mall auff gestreckhet auff die fieß und hat geschweitzet, aber daß leidt wedter ist nüt uber khomen.

Baltzer Seimen bestetet sein khundtschafft wie obstadt mit demm eidt in 1652 den 10ten heiwat.

Wieter zieget die Greta an der Egcken[1]. N. 7
Wie daß sey ein mall in deß herrn Christen hauß bein geweissen, da hat der herr Christen mich in ein armme genommen und hat mier zeiget, wie die Urschla Wagauw ist durch die gassa aba khomen mit einem bessemen under dem rohgß und ist 3 mall umb deß messerß hauß (und) gaden umb gangen ein sthundt. Von thag weit habe ich sey niemer gesechen.

---

[1] Egga, Weiler, Gem. Obersaxen.

Wider die Urschla. N. 8

Wieterß zieget Hanß Allig zu Miereningen[1]:
Ehs sey ymme woll bey weissen, wie daß ehs ain mall ein grossa schnee
geschniedt im mertzen, so heig ehr mit seinemm sun Michell seine oxen
genommen und durch die thannen auff gefaren, und ist so feill schne gewessen, daß wier nüt haben megen fir an gan, sonnder der ox hat miessen
fyr an gan. Do wie wier auff khomen seint, so habe uff den Underen Bod-
ten[2] zu deß Melcherß Seimeiß gaden, so hab ich die Urschla Wagauw gesechen und deß Jery Hietzen gaden auf aller heche, und thuo ist sey aba
khommen und duo habe ehr zu ira gesagt: Ehe, waß duost du da so frie. Da
habe sey zu im gesagt: Ich warten dem Christen Sander, ehr hat mier sollen
auff komen nach ain thuoch heiw. Do hab ich Hanß Allig ihre zur anwordt
geben: Der Christen wiert woll auffer komen in dem schne, und ist auch
khein weg gesein. Und auff daß hab die Urschla im auff sein ox grieffen
und die handt auber den rungck auß gestrichen, auff sey im an 3 tag ein
kuo khranch und an dem anderen mendttag der ox, dem die Urschla im auff
den rugcken griffen hat, ist khranch worden, den dhridten die meischa[3]
khranckh worden auff dem mendtag, so ist ehs zum fierten meindttag geschechen daß kalb. Die 4 sindt alle 4 mentag ein ander nach und sindt ale
darauff gangen. Auff daß hat ehr Hanß Allig den herr techen[4] beyscheick-
het. Ist ehs ungefar 16 jar seit herr.

Die schuldt, die weiß ich nit, wer ehs ist gesein, unnd bestedtig disse
obig khundtschafft mit dem eidt in 1652 den 10 heiwet zu Ubersaxen.

Wider die Urschla Wagauw. N. 9

Weiter hat zur khaundtschafft geben der Michell Allig, im sey woll zu
weissen, wie daß ehr ein mall nach heiw gangen sey im mertzen, wie ehr
auff khomen sey auff den Underen Boten zu demm grossen stein, so hat
mein vater gesagt: Luog waß ist under deß Jerrys Hietzen gaden. Da hab
ich gesagt: Ahs ist ein weib. Auff daß ist die Urschla Wagauw aba komen
und ist ob dem weg ob den oxen durch gangen. Aber ehs hat am selbigen
thag geschniedt und ich hab den weg nit gespiert, wo sey auff gangen sey,
und auff daß ist unß der ox kranckh worten, und in einem manat haten wier
fier rindt ferlloren. Doch ich bin auch noch jung gewessen, ehs ist 15 jar
seiter har.

---

[1] Miraniga, Weiler, Gem. Obersaxen.
[2] Under Boda, Maiensäss, Gem. Obersaxen.
[3] Meische = Rind.
[4] Techen = Dekan.

Michell Allig bestedtet seine khundschafft wie obstat, in heüwet zu Ubersaxen.

Weiter zieget der Hanß Allig. N. 10
Wieter hat der Jery zu Pundt[1] dem Fallenthein Allig sein fech lassen durch thriben, und auff daß sey die Urschla aussa komen auff die lauba, da hat sey gesagt: Waß nitz doch daß.

(das nachfolgende Blatt fehlt, es wurde herausgeschnitten)

Wider die Urschla. N. 13
Weiter zieget Christen Seümen:
Im sey woll zu weissen, wie daß seyne hauß frauw kranckht gesein seige, so habe ehr den herrn Jöronimuß[2] miessen auff beschickhen in sein hauß. Da hat der herr Jeronimuß etwaß gellessen. Auff daß seindt die keinndt auff khomen in daß hauß und habendt gesagt: Die Urschla ist aber dhuna uffemm dem gaden. Da hat der herr mier ein blickh geben, auff daß ist der herr gangen und die Urschla ist unß bey komen und ist in daß hauß gangen. Auff daß hat der herr mier in den boden abgeriepf und hat gesagt, die Urschla thuondt auss demm hauß, weill sey aber nit auß, so thuondt sey mit gewalt auß. Auff daß bin ich auff gangen in daß hauß und hab gesagt: Wier miessen auß der stheuben, sey muoß ein weinig allein sein. Auff daß ist die Urschla auff gestanden und hat gesagt: Ehs ist gnuog, wen ich auß gan. Und ist auch gangen. Auff daß hab ich gesagt: Ja ehs ist ja gnuog.

Wider die Urschla N. 14
Weiter zieget die Urschla Rummesch:
Urschla Rommensch zeiget, ehs sey ihre woll zu weissen, wie daß ich ein mall in die Bardellen[3] gangen bin mit der Urschla Wagauw und hab ihre khirsche gelessen und mein schweister auch mit mier uber tag. Aber amm abent ist die schweister heim gangen, und ich bin bey der Urschla blieben in der Bardellen in einer hiete. Da hat sey kriessere muoß gemachet in der selbigen nacht. Da habe ehy die sey am selbigen abent nach holtz weillen schichen und ich hab nit wellen. Auff daß ist sey auff in den waldt gangen und hat holtz gellessen und hat zwey mall geiuetzet. Aber in der nacht hat sey zu mier gesagt: Weiltest nit auch geren heibst khnaben oder wellest nit an fachen holden. Da hab ich zur anwort geben: Ich weill nit holden und beygeren auch khein holdt knaben. Da hat die Urschla Wagauw gesagt:

---

[1] Punt, früher Hof, heute Ställe, Gem. Obersaxen.
[2] Hieronymus de Mont, 1647-1652 Pfarrer von Obersaxen.
[3] Pardella, Wiesen, Gem. Obersaxen.

Nun wen du weltetst, so welte ich dier thuon zuo kommen, ehs seig wella ehs welle oder welle du nur weltest. Da hab ich zu iren gesagt: Ich weill nit holden, seige wer ehr welle. Auff daß hat sey mich noch weiter im betley wellen lerren, aber ich hab nit wellen. Auff daß hab ich auch gesagt: Ier megent ehs woll sagen, aber ich weill luogen, ob ich ehs eüch nach sage oder nit. Da hat sey zu mier gesagt: Ich sagen ehs nit oder du sagest ehs mier nach von wort zu wordt. Weiter hat sey mich auch wellen mit iren thuon ze gan gen keirschen zu rieren. Da hab ich aber nit wellen. Da hat sey zu mier gesagt: Ehs mechte noch heibß khnaben kommen, aber ich hab alle zeit mich gesegtnet und hat mier alle ziet gegrueset.

Wider die Urschla. N. 15
Noch weiter ist ihre woll zu weissen, daß sey seige ein mall in der Bardellen gesein bey der Urschla Wagauw, und sey hat zu mier gesagt: Wilt du auch mit mier gan. Do anwort ich: Ney, ich gan nit mit eich. Und die Urschla Wagauw sagt: Und wen die hieta bruonne. So hat die thöchter gesagt: Und schen die hiete bruonni, so weill ich nit gan. Die Urschla Wagauw sagt: Ehe du werest dan fro zu gan. Uff daß hat die hiete bruonen und ist bey der firgrube auff gangen und hat die Urschla Wagauw die Urschla Rommesch weillen umb wasser schickhen. Urschla Rommesch hat nit wellen gan, so ist ein meischly in der hieten gesein. Do het die Urschla Wagauw daß wasser genomen und ist uß der hiete gangen und hat 2 schindlen do dana genomen und daß wasser geworffen und gleistet.

Urschla Demonß bestedtig ire obig khundtschafften mit dem eidt in 1652 jar, den 10ten hewmonat zu Uberssaxen.

Wider die Urschla. N. 16
Weiter zieget Melcher Messmer wie hienach volget thuoth:
Es sey ime woll zu weissen, wie daß ehr mit dem Melcher Allig ein mall in den berg gangen, wie daß ehr heige wellen ein merckh thuon. Da wier gen Pundt komen sindt, so hab ich der Urschla geriepfet. Do hat sey ehs nit wellen kheren, do bein ich ana gangen zu ieren zu Pundt under deß Jery hauß, ist for 3 jaren gesein. Da hat sey gesagt: So bin ich nie ehrkhliepf, dan ich han vermeindt, ier wellendt mich fachen. Do habendt wier zu iere gesagt, ehs komen andere mit dem weibbell, ehs sey im woll zu wiessen, wie daß der Jellein Jeny habendt wellen, deß Liedeinxß oxen wellen gen Illantz faren. Da haben die oxen sich nit wellen lassen baschnen, und auff daß haben wier vor deß Jery Janga hauß die Urschla davor gesechen, und sey ist unß nach khomen und hat so zu geluogt und ich han miessen helffen.

Melcher Meissmer bezeiget sey obig khundtschafft mit dem eidt wie obstat in ain 1652 den 10ten hewmonat.

Dieses ist nit vor noch zu verlesen.

Noch weiter zieget Melcher Messmer das hienach volget daß nechst ist:
Wie daß imm sommer geschneidt habe, so habe ehr zum weter geleidt[1].
Auff daß bein ich auß der khilchen oder glogck hauß komen und hab geluogt, ob ehs balt heren welle oder nit. Wie ich wider in die kilche komen bin, so ist die Urschla do gewessen und dervor hab ich niemandt gesechen under der lauben.

Wider die Urschla.
Item zeiget Hanß Galliß wider Urschla Wagauw.
Daß ehr Hanß Galliß hab die Urschla ehrmanet, daß sy solle desses nit leiden wie die leith reden, sonnder so sy unschuldig seye, so soll sy sych entschuldigen und fir meine herren komen und sagen, die leith reden so und so. Und so ich deß bin, so thun ihr mein richta an, wo aber nit, so seüm mir bistendig, damit ich solcheß nit leiden misse und horen. Do habe die Urschla dem Hanß Galliß anwort geben, sy weille demm Wolff oder meine herren nit einß muall seilber gan.

Hanß Galliß bestedtig sey obig kundtschafft mit demm eidt wie obstadt in ein 1652 den 10 tag heuwmonat.

Wider die Urschla. Hat dieße zeigen begert zu bruochen.
Item bezeiget die Anna Cuntze in ein 1652 jar ady den 4ten heiwmonat, alldie die Urschla begert zu bruochen mit namen wie hiernach volget:
Ehs sey ier woll zu weissen, daß die Urschla Wagauw sey vor einen jar uber nacht in mein hauß. Nach dem so ist die Urschla Wagauw an morgent fry in klilche gangen, und ehs hat leit gereignet, und die Urschla und die hat zu der Anna gesagt: Ehe komet ihr auch mit mier. So hat die Anna Cuntze gesagt: Gedt ihr, ich han nit gellegenheit noch jetza zu der kilchengang. Auff daß ist die Urschla alleinig gangen. Alß balt ist sey die Urschla widerumb komen und hat gesagt, daß sey in kilchen gesin. Und da demmnach ist die Urschla und die Anna Countze mit ein anderen in kilchen gangen und thuo hat ehs geschniedt.
Die Urschla begert disser ziegen zu bruchen.
Item bezeiget Melcher Seimen in ein 1652 jar, ady den 4ten heiw monat zu Ubersaxen wie volget thuot:

---

[1] geleidt = geläutet.

Ehs sey ime woll zu weissen, daß der Melcher Seimen daß ime woll weisselich sein, daß beschech sey vor 16 jaren, daß ehr Melcher habe der Urschla Wagauw ein fuoder heiw geholffen auß ein berg fieren, und auff dem Ober Boden[1] khomen sey, ist ehs daß fuoder heiw umß bether 2 oder 3 mall umb gefallen, und do ist ein weinig von dem fuoder abgefallen. So hab ich Meillcher Seimen gesagt habe zu der Urschla: Ehe lan du daß heiw do. Und thuo haben wier bete daß heiw daß seilbige mall auff deß Schnieder Jeryß gaden geleit und da blieben lan daß selbe mall.

Wider die Urschla.
Item bezeiget deß Marty Riedty haußfrauw in ein 1652 ady den 4ten heiwmonat.
Ehs sey ihre woll zu weissen, daß sey habe in lesten vergangen windter monat ihre geissen gehierten habe, und da sey die Urschla Wagauw von deß herrn ammen Peterß von Gassenoffa hauß uff komen sey und habe ein alpt keiß gethragen. Und do habe die Urschla gesagt: Ich han dem herrn amen Peter bethe geben und jetz hat ehr mier den alp kheiß geschencket dar geget. Do hat deß Marty Riediß hußfrauw gedenckh und hat deß gadenß thir zu thuo, dan sey mecht ihre geissen etwaß thuo, nach deme morendeß hat eine geiss daß gietze angenommen.

Wider die Urschla.
In ain 1652 jar ady den 4ten heiwmonat bezeiget Hanß Heiny.
Ehs sey ime woll bey weissen, das ehr Hanß Heiny und die Barbla von Armeß alle bedte bey ein anderen zu Pundt gesein, und haben der Hanß oder die Barbla einß dem anderen zeiget. Dan der Hanß der weiß fir geweiss nit, ob ehr das der Barbla gezeiget hat oder die Barbla ehs ime Hanß gezeiget habe, daß die Urschla habe in ire schruck gemachet, und hat der herr ammen Zoller ein sthruck gehabt mit brecht schochen nebent ihren stauck, und so vill mall die Urschla mit ihre mada ab tho habe, so hat die Urschla alle mall ein brech schochen mit ire von deß herrn amen Zolleriß heuw genommen und auff gaschnenntzet in ire schuckh.
Hanß Heiny bestedtig sein kundtschafft wie obstat mit dem eidt in 1652 jarß 10ten heiwmonat.
Die Barbla von Armeß bestethet die obige kundtschafft wie der Hanß Heiny bezeigt in ein 1652 jar den 4ten heiwet. Barbla von Armeß bestedtig ir kundtschafft mit dem eidt in 1652 den 10ten heiwmonat.

(Die folgenden zwei Blätter wurden herausgeschnitten)

---

[1] Oberboda, Maiensäss, Gem. Obersaxen.

Wider die Urschla

Item bezieget Michell Bargatzi wie volget thuet:

Ehs sey ime woll bey wissen, daß man die Urschla Wagauw in arreist genomen hat und in deß lietenampt die klein sthauba thon haben. Do ist der
Michell do zu ire in den sthauben gesein und habe die Urschla gethrestet,
daß sey geduldig sey, denn ihre geschech nit unrecht. Auf daß gab die
Urschla dem Michell ein antworth und sagt: Ehe, warumb fachet sey mich,
zum ersten hedtet sey andere reste gesuecht.

Michell Bargatziß bestedtig sey khundtschafft wie obsteth 1652 den 10
heiwmonat.

Wider die Urschla Wagauw.

Wieter bezeiget Michell Fieng wie hienoch volget 1652.

Ehs sey ime woll bey wissen, wie ehs beschechen ungefar vor 3 jaren, daß
ich ein mall in den berg gangen bin meineß vaterß vecht zu hierdten. Do
ehr in daß meilly thobel komen ist, da ist imme die Urschla Wagauw by
kommen. Do sprach ehr zu ire und hieße sey: Got wylchkomm sey, sey
belonet imme. Do sprach der Michell von wana sey kheime. Do habe sey
zum Michell gesagt: Du wirst ehs ehrfaren oder ihne werden. Do gieng ehr
vor ire in den berg, do fandt ehr alleß recht im gaden wie andere zeit, vor-
byhalten die forderste khuo, die ist gelegen und ich habt uff weckhet. Do
isth nit recht gesein und ist khranckh und in gefar gesein. Doch isth lestlich ahn halten und wider gesundt wordten.

Wider die Urschla.

In ein 1652 jar den 30 jully zieget Jacob Schaumun zu Ubersaxen.

Item so bezeiget und redet allso, daß ungefarlich seige 13 wuochen gesein,
daß ehr von der kirchen kompt sig an ein heillig sontag. Do noch sy die
Urschla Wagauw auch in sein hauß komen und nach dem sey gessen heige,
so sige der Jacob Schaumun auff dem offen gellegen, und die Urschla sige
auch do bey gesetz, und balt sige ehr Jacob von offen abkomen und daß ist
umb 3 oder 4 stundt noch mitag. Do heige ehr welle ein wertige kleidter
sich bekleiden und gen Waltespurg[1] gan. Do sige die Urschla auch nebent
imme gesetzt, und wie ehr het weellen sein hossen in zühen, so sige ehs
ime ein grossa stick in seine bein komen, und thuo sige ehr an we, und sie
habe ehr ein sollche we thedt gehabt haben, und ehs sey nit geschwollen,
sonder wie daß andter auch ist.

---

[1] Waltensburg/Vuorz, Kr. Ruis.

Jacob Schaumun bestedtig sey obig khundtschafft wie obstat mit dem eidt in 1652 den 10ten heiwmanat.

Wider die Urschla.
Item so bezeiget deß Jacob Schaumun frauwen mit namen Barbla Kundtrath.
Daß sey mit Urschla Wagauw gezetet habe und so heige sey gewüssen, daß meine herren zusamen sige, so auch einer in namen der hochen oberkeit. Do sey do hat die Urschla gefragt: Thuot eüweren Jacob daß bein noch so we. So hab die Barbla gesagt: Jetz sonder nit demmnoch, sonder ehr ist mit mein khnaben auff den got Hiert[1] gangen und witerumb komen, daß ich meine, ahs sige beisser wordten. Do habe die Urschla gesagt: Daß hat gewiß die Elscha Mierer ime an thon. So hab die Barbla gesagt: Ich glaub nit. Do habe die Urschla gesagt: Woll die und die hat ehs mier gesagt. Dan die Elscha forchthet, daß man sey fache und hat alle weill ein meisser under dem pfaulff, dammit sey were kheine.

Barbla Kunrath bestedtet ire obig khundtschafft mit dem eidt in ein 1652 jar den 12 heiwmonat zu Ubersaxen.

Wider die Urschla Wagauw.
Item bezeiget die Meinga Weiß.
Ehs ist ire woll zu weissen, daß die Urschla Wagauw da zu mallen khrancht gesein ist. Do habe die Meinga sey gaumbt, und in einer nacht ist die Urschla in ihre khranckheit ein sthaundt vor thag ungefar, und do hat Urschla mit ihre selbß in welsch brumblet, daß die Meinga sey nit hat keinen versthein, dan sey hat nüt weilsch kheinen. Dar noch schrey die Urschla über leuth: Jessuß. So gieng die Meinga zu ire und sagt, daß sy solle nit so lauth schreyen, dan wier 2 sey allein. Die Urschla sagt: Ich muoß woll schreyen, sechet ier nit den grinen thieffell da una stan, der will mich ehe weg thragen. Do sagt die Meinga: Oho, Jessuß, saget ihr nit so ehs ist nit, den wier seyn allein, ehs ist baltag und dan weillen wier nach den herr Julln[2] schickhen. So beichet ehr und geibt eich daß heillig sacrament. Die Urschla sagt: Ehs nütz mich nit. Die Meinga sagt: Oho, Jessus, well ehr ist nit do, ehr magt unß nit thuon weder mier noch eich. So sagt die Urschla: Ehr mag woll, ehr ist so listige. Daruff ist sey ehrsthüllet, und do hat die Meinga der Urschla wider zu geriepfet, und die Urschla sagt zu der Meinga: Ehs ist besser. Und do die Meinga hat gehert die figellüt singen, so ist Meinga zur thier auß gangen und habe zu ire eheman gesagt: Die Urschla,

---

[1] Hirt, Steinmann, Gem. Obersaxen.
[2] Julius de Mont, 1650-1652 Pfarrer in Obersaxen.

die hat ein sthreinga nacht gehan, den ich will do nüt mer allein sein, dan die Urschla hat woll recht von dem beissen geist gesagt oder uss (...) sein. Noch dem ist die Meinga widerumb aba gangen, do habe widerumb zu geriepfet und habe gesagt: Ehs ist tag. Do hat die Urschla gesagt: Ist tag, so will ich auß komen. So hat die Meinga ire aussa geholffen, und do ist der Jery komen und hat gesagt, daß die Urschla nit solle etwaß gausseß sagen. Dar uff hat die Urschla khein bscheidt geben, dan sey hat auff die Meinga geluoget. Do gieng der Jery zu der thir auß, so saget die Urschla: Ihr habet ehs schon gesagt dem gefadter Jery.

Noch weiter zeiget Meinga Weiß wider die Urschla.
Daß die Urschla Wagauw ein mall uss der Bardellen komen sey, habe zu der Meinga gesagt: Ich habe mein muoß khriessen gellessen. So hat die Meinga gesagt: So hat och etwer geholffen. Die Urschla hat gesagt: Ich bin in gangen zu eüwer schweister, die hat mier ihre meidten bedte gelassen, daß klein ist bey mier blieben und die Stheina ist heim gangen. Und die Urschla hat auch gesagt: Ehs sindt 2 oder 3 meidten von Waltspurg da gesein und 2 heibsche khnaben von Daniwß[1], und die haben gfischet und daß maidtley hat nit mit mier ana wellen, ehs ist so gesthackhs gesein. Und do hat ehs mier daß kriesse muoß alß vorsodten. Nach dem hat die Urschla euch gesagt, daß die hüte sey empfangen, dan wier haben leidt gefieret, und daß maidtley hat nit umb wasser wellen, doch ich hab ehs ring ehr leistet.
Meinga Weiß bestedtig ihr obig khundtschafft mit demm eidt wie obstadt zu Ubersaxen in 1652 dem 10 heiwmonet.

Item bezeiget herr amenn Melcher Allig wie hie nach volget:
Erstlich ist ehs woll bey weissen, daß ehr zu mollen amen und auch richter gesein. Duo zu mallen ist die Urschla Wagauw vor mich unnd gantz verba-netheß gericht, ist die urthell gleich gesein von denen recht sprechren, daß ich hab die schedig sollen geben in der haupt urthell. Do zu mall hab ich der Urschla die kheistig ab gefeilt, do zu mallen hab ich ein egersta uff dem bagcken geseichen. Nach dem ist die Urschla zu mier kommen und zu mier gesagt: Ehe, ier habet zeit gehab eich mit mier zu han habet, waß habet ihr gesech auff dem bolgcken. Der herr ammen sagt: Ich habt ein egekerst gesechen. Die Urschla hat gesagt: Ehs ist der thelffel gesein.
Amman Melcher Allig bestedtet seyn khundtschaft wie obstadt bey demm eidt, den ehr zum rechten gethon habe in ein 1652 jarß den 11ten heiwmonat zu Ubersaxen.

---

[1] Danis, Dorf, Gem. Breil/Brigels.

Nr. 12b   *Obersaxen, 1. Juli 1652*

Klage gegen Urschla Wagauw.

Standort: StAGR A II/LA 1, sub dato.- Geschrieben von Marti Fiengk, Gerichtsschreiber
von Obersaxen.

In 1652 jar ady den erstent heiw monat zu Ubersaxen ist khlagt wort durch
unßer genedig herrn von Razinß, allß die hoch oberkeidt, auch durch sein
recht ehrlaupten firsprecher herr amen Mathießs Zoller und verfiert hin ein
klagt wider die Urschla Wagauw wie ehs in prodtcoll verschriben ist mit
glaubwirdig kundtschafften bezeigen wirrt.

Hier fir sthuendt die Urschla Wagaw mit ihre vogt mit namen Melcher
Kasper Alig wie auch herr amman Peter Riedy alß beystandt und gäben
anwort durch ihre recht ehrlaubten fyrsprecher herrn ammen Hanß Casper
Allig von Moregkh[1] und gäben andword auff forme und weiß, daß die
Urschla deß obgemelt klagts in keiner wiß noch formen sey scheuldig und
auch keine khundtschafft uber sey nit bie der warheit reden in ungerechte
sthauecken nit scheuldig zu sey und gefunden werden.

Nr. 12c   *19. Juli 1652*

Aussagen der Urschla Wagauw während und nach der Tortur.

Standort: StAGR A II/LA 1, sub dato.

In ain 1652 jar, den 19ten jully hat Urscha Wagauw in und noch der marter
bekeindt alß volgen thuot:

Erschlich bekeindt, daß sey noch mit einer theicker(?) ungefar vor 36 jaren
zu Igelß[2] gesein und haben 2 weiber uff ain ander gesechen und haben sey
gefiertet, und seind unß noch komen biß ora Deguoschnaß[3] inß thobbell.
Do sündt 2 beisser geister in gestalt 2 heibschen khnaben und sagt: Heibsche meitley, wo weilet ir hin. Die meite antworten: Wier keinen die khnaben nit. Und die khnaben haben ein faß mit wein und haben den 2 meidten
thrinckhen weill gen uss ein seilberer beckher, aber meidten haben nit
weillen, und die 2 knaben haben den meidten uff ehr hin brocht. Aber

---

[1] Moregg, Güter, Burgruine, Gem. Obersaxen.
[2] Degen, Kr. Lugnez.
[3] Cuschnaus, Wiesen, Gem. Cumbel.

wier sein beiser ussa khomen gegen demm khrietz, so haben sey die 2 knaben nit mer do gesechen, sonder sey sindt verschwannen.

Zum 2 bekeindt, daß sey zu Zarcanen[1] habe gezedtet, und do ist ein
heibscher khnaba brunkleidt zu ihre komen in den acker unnder der gassen
in der grauben, und ist gar heibsch gesein. Do hat sy gefragt, wie ehr heisse. Ehr sagt, ehr heisse Wolff Gingley. Dar uff hin hat ehr woll beygert.
Do sagt der beisse geist, ehr sey ein heibscher khnaba und sey von N.N.
Und ehr hat ier etwaß gelts gebenn in bundteß, und ledtlichen ist ehs nit
gesein, und do haben sey mit ein anderen bockh thier. Uff 14ten do ist ehr
wider umb zu ire komen und begert ire zu schlaffen, also so seig sey will-
farnen. Uff daß begert der beiße geist, daß sey verlaugnet der thauff und
die haillige 3faltigkheit, und do habe sy verlaugnet gott und die heillig
3faltkeit, und ehr hat auch begert, daß sey daß heillige krietz verlaugnet,
dan in sein landt ist der bruoch, daß krietz verlaugnet. Uff daß so hat der
beisse geist ein kritz uff daß erdrich gemachtet und sey mit ire rechten fuoß
deß krietz thuo zerthredten und verflückhen. Do hat der beisse geist ier ein
griff geben und sey am rechten arm zeichnet, und hat ehr ire auch steckhen
und salb geben. Der stecken und salb ligt under ire huß in der mura under
grauwen stein. Und ist der beiß geist auch all zeit in ire hauß komen und ire
woll lust mit ein anderen gethriben und seig so kalter nathur gesein; nit
allein deß, sonder uff die hegschen thentz geriedten und gefieren lassen,
ehr dan sey vorriedter, sey so habe sey den stecken gesalbet und dar uff
gesessen und gsprochten: Hury uss in ire buollen und aller beisser namen.

Zum 3 thanntz gefarnen uff Lorißboden[2] und do ist ein theisch mit ein
blouwen thuoch bereidt und alle woll loust, wein und gesodteß und brod-
teß. Daß ist erste mall, daß sey mit demm besen geist gethantzet hat, noch
deß der beisse geist sey beschlafft hat, demnoch ehr sey verachtet, dan ehr
hat ein andere füll heibschere in einer samet besetze gehan, und ist 36 jar
sidter deß Loredesboden thantz. Dan sey habe vermeindt, das sey hab ein
scheneß gewandt an gehan, doch lestlich hat sey ire irdt gewanndt an gehan.

Zum 4 zu Sant Martin[3] am thantz gesein und habend thuo ein groß
schnee zeschneüwen, daß die liedt haben miessen dester mer heuw
bruochen, dan ehs ist im herbst gesein.

Zum 5 im Lochley[1] am thantz gsün, habe weillen, daß under Lochley zu
Raufflein[2] thuon gan, doch sey haben nit megen, ehs hat zu Sant Martin

---

[1] Zarzana, Weiler, Gem. Obersaxen.
[2] Lorischboda, Gadenstatt, Gem. Obersaxen.
[3] St. Martin, Weiler, Gem. Obersaxen.

zum wedter angfangen ehelliedten – ist ouch do bey thantz gesein; die Thrina an der Egcka, ist an geben fir ein hegschen.

Zum 6 ist sey am Nall[3] und habet badet und leidts weter gemachet, und ist daß seilbige wedter in Laungnetz aba gangen und gesechen worten.

Zum 7 zu Schleuwiß[4] under dem dorff uff den wissen und sindt ungefar 15 oder 16 bar do gesein, und ist ein man obe durch gangen von sein gescheffen wegen und hat gesagt: Jessus. Do ist ehs alleß zerstoben.

Zum 8 zu Gummmell[5] haben sey leidts wedter gemachte, sey sindt uffen berg gangen und haben geleister genommen und uss geworffen in deß beissen geist namen. Do hat ehs gehaglet und gereignet und ist im augsten gesin. Dan ehs hat acker leit gescheindt.

Zum 8[6] hat zu Schleiwiß haben sey ein wenig guot mit sampt ein nuß boum zu grundt gericht und nemmen ein schaff, über ein sthein ab trieben zu thot.

Zum 10 zu Igleß[7] haben thantzet und sey haben den bach weill durch dorff ab richten und daß dorff zu grundt richten.

Urscha Wagaw hat auch an geben, daß die Anna Bargatze ist am thantz gesein. – Maria Bargatz ist auch am thantz gesein.

Nr. 13   *Waltensburg, 2.-8. Oktober 1652*

Kundschaften, Indizien und Bekenntnisse im Prozess gegen Thrina Joss Jonn Ping von Waltensburg.

Standort: Gemeindearchiv Waltensburg/Vuorz, V. 2.9.

Ady den anderen tag october anno 1652 in Waltenspurg haben meine herren kundtschafften in genommen und sint verhört worden wider deß missethatten und argwonn, so dz armm weibs persohnn mit nammen Thrina Joß Jonn Ping von Waltenspurg sol begangen haben.

Erstlich haben wir bericht vonn der oberkheit Obersax, dz die Urschla Wagauw habe bekhent in der marter, nach der marter, dz Thrina Joß Jonn Ping seige in der hexsen thantz gewest.

---

[1] Lochli, Güter, Gem. Obersaxen.
[2] Rufeli(?), Güter, Gem. Obersaxen.
[3] Nall (rom. Naul), Alp, Gem. Obersaxen.
[4] Schluein, Kr. Ilanz.
[5] Cumbel, Kr. Lugnez.
[6] Nummerierungsfehler, richtig muss es heissen: 9.
[7] Degen, Kr. Lugnez.

Zum 2. soll sein enigkliche mit nammen Barbla gesagt haben, ein mal dz sy nach Seet[1] gangen sint, sammpt der großmuoter und Thrina Spescha: Wann mir aldo heten der mit die geißfües, so wurden wir schwint genn Seet seyn.

Zum 3. hat sein sohns fraw mit nammen Miertha ein mal Seet lan, und die alte seye bey neben gsein, aldo habe es in ein mal ein gantzes creütz brochen, do habe die Miertha gesagt, es müesse etwz nit recht sein.

Zum 4. zeüget der herr amann Mathis de Cadunauw, dz die Thrina sol gesagt haben, wann sey ein hexß seye, so habe unsser lieben frawen sy gelehrt, oder sy seige so gewüß ohne schuldt alß unsser lieben frawen, ein weders habe sey gesagt.

Zum 5. züget Lorentz Pfister, dz dz weib seye einmal vonn Andest[2] khomen, die Thrina habe des ermelter Lorentz fraw umb gottes willen gebetten schmaltz, und sy habe ihren abschlagen, darnach haben sy selbigen jahr nit mer köhnen schmaltz machen, biß sy haben ein ander khübel thuns lüchen, alß dann ist recht schmaltz worden. Ob dz weib die schuldt habe khann, mögen sy nit wüssen.

Zum 6. soll die auch in etlichen orten gesagt haben, sy seige so gewüß ohne schuldt wie unsser lieben frawen.

Zum 7. züget der Zander Christ Padrut Pitschen, dz er habe denn weib etlich mallen milch umb spinen geben. Ein mal habe des Zander fraw in sein napf geben, als dz weib der napf wider zu bracht und sy milch darin thun haben, so habe es als thickhet. Wiewollen sy der napf gewescht und brent haben, so habe es nit ghulfen. Darnach seye dz weib widerumb khommen, und deß Zanders fraw seye unwillig gewest und gesagt, wie die milch thickhe, es müesse etwz nit recht sein, und dz weib habe geantwortet: Wesch noch ab, es würt hören, und fürohin hats nit mer thickhet.

Zum 8. züget der weibel Jacob, dz er diß verscheinen winter habe nit khönnen züger machen, und er und sein schwöster haben in eine khessy gekhesset, und wiewollen sey die milch gschieren abwexslen haben, so seye der schwöster almallen hübsch züger worden, ihme, weibel, aber nie mallen. Ein mal ist dz weib khommen, weil sy gschmaltzen haben, und hat schlegmilch gebeten, der weibel aber habe gemurmelt und gesagt, er wolle den solchen nit geben, als hat der vatter thuns geben, und fürohin habe er auch khennen züger machen.

---

[1] Siat, Kr. Ruis.
[2] Andiast, Kr. Ruis.

Zum (9.) zeüget der Jos weibel, dz er und sohnn mit nammen Christen, ungevorlich vor 2 jaren zu Casty[1] gemeyet, aldo seye dz weib mit sein enigkhliche Barbla nebent ihnen auß und in gangen, 3 oder 4 mal, und der sohn zum vatter gesagt: Warumb gechen die so offt in und auß. Der vater gesagt: Sy wolten wol so baldt fliechen und mögen nit. Inn demme sint 2 agerst[2] in die mada khomen, den sohnn gar nach. Der sohnn habe demm vatter gesagt: Beschauwen wie die thier thun, und er Jos gesagt: Hay, wirff dein sägetze, und er habe die segetze geworffen. Die eine seige hinweg flogen, die ander vermeint er, dz er habe troffen, doch möge er nit wüssen, buckhet ist sy und auch hinweg geflogen. Über ein weil seige dz weib sammbt meidtly khommen zu ihnen, weil sy haben morgen gessen, in demme habe der Joß wollen ein wenig brot geben, hat sy nit wollen nemmen und gesagt: Ich hab brot gnug. Er Joß ihren anschawen hat, ist sey gantz blutig gsin und 2 kratz ann der stirnen gehabt, sy alsbaldt ein grossen stein ußgnommen und gesagt: Beschawen, wie der unflat meidtly mir geworffen hat, und er Joß antwortet: Wann sy dir der stein ins grünt geworffen hete, so werest du zerschlagen. Sein sohn bestetet solche zeügnus.

Weiter zeüget der Joß weibel, dz der Thrina thöchter mit nammen Maria habe ihnen ghulfen schniden, in demme hat sy vonn des Joß fraw ann sontag wollen ein khrinen schmaltz haben, dz und nit anderst. Der Joß zur sein fraw gesagt: Gibt hüt nit, doch hat er lassen geben. Nach demme hat die milch ein lange zeit thicket. Die Thrina habe offt des Joß söhnen fraget, ob sy vill milch melchen oder nit. Der Joß ist bald unwillig gsin und gesagt: Ich wil sie erschiessen, und fürohin ist besser worden.

Zum 10. zeüget Gorig Joß weibel, er in sein huß gewest ist, inn demme seige des fendrich Jaronnes thöchter khommen, ihmme zeüget, er solle khommen. Als er hinauß gangen, habe dz meidtly ihme zeüget, in der gassen habe er ein fuxß neben den zun gesechen, hat ein stein hinauf genommen und thun, wann er werffen wolle, und die fuxß hat nit wüchen wollen, als er aber der stein worffen hat, ist sy allgemacht gangen, under Jacob Melcher stadel hinab. Alß dann habe er acht khann, seye dz thier baldt darnach wider khört und wider des Joß weibel stadel ihnen gangen, und hinauf vor des weibs hauß. Möge nit wüssen, ob dz in dz hauß gangen seye oder nit.

---

[1] Casti, Heimgüter, Gem. Waltensburg/Vuorz.
[2] Ägerste = Elster.

214

Zum 11. zeüget der Risch Jonn Pflorin, dz sein fraw lang ins khindt-
nöthen gehabt, als dann habe der herr Nut[1] ein gemein gebet, hat dz weib
gespotet, dz es unvonnöten were für dz zu beten, und dz seige ihme Risch
gesagt worden, und er habe ungehrn khann. Alß dz weib ihme Risch umb
gottes willen gebeten hat, habe der Risch ihren gesagt, wann sy sich
gschämmt hat für sein fraw zu biten, were sey nit würdig, dz er etwz gebe,
thuo hat sey murmelet und ist unwillig darüber gsein, doch hat er geben,
und ann selbigen abend habe die milch thickhet, und wie wollen er dz
eimmer gewescht hat, habe nit wollen auf hören. Ein lange zeit darnach
habe er gemeydt under dem dorff, aldo seige dz weib khommen, er Risch
habe ihren gesagt: Ich habs eüch erzürnet, ich bit dz ihr nit für übel haben
wollen, und dz weib ihme gesagt: Ja ja, ihr seint ein guoter frommer mann,
behuet euch gott, und siter hats nit mer thickhet.

Zum 12. soll der Muretzy vonn Ruwis ge Sigliaus[2] ge futren gangen.
Wann er zum wasser steg khommen, ist aldo ein schwartzen hundt gewest
und wollen ann ihmm sein, so hat er gschwindt 2 steinen in den händen
genommen, und der hundt strags vor der stalthür geflochen ist und alda nit
weichen wollen, hat er die steinen geworffen und throffen ob ein aug, dz es
blüetet hat. Inn demme ist der hundt gangen under den vich, wo gerumt
hat, hat ein khuo er in bahren geworffen. Wann er hinder sich geluogen
hat, so ist der hundt abermallen in der stal gewest, als in zornn hat ein
gablen erwüscht und widerumb hinweg bracht und denn vich zu essen
geben, und ist in hauß gangen. So ist der hundt aber ins hauß khommen, in
der raby, und er Muretzy auß den huß hat müessen flüchen, ob den hauß
ein steckhen bekhommen und under den hauß der hundt jagt und troffen,
dz der hundt durch ein rein hinab trollen ist, und vermeint, er werde hin
weg gehen. Und er Muretzy widerumb in selben hauß gangen ist, der
hundt strags khommen durch einen khleinen löchly hinein, dz er verwundert haben, denn anderen so langt jagt, dz er hat der hundt hin weg bracht,
und ist gegen Waltenspurg über den wasser steg gangen. Er Muretzy bekhent, dz er habe gnug khann zu wehren, wie auch der hundt weder darvor
oder darnach wil niemandt gsechen haben. In demme hats befundten, dz
die Thrina sey der selbig zeit kranckh gewest und ann der stirnen ein ruden
gehabt.

---

[1] Ludwig Otto Molitor, 1634-1668 Pfarrer von Waltensburg.
[2] Sigliaus, Gadenstatt, Gem. Andiast.

Zum 13. zeüget Jacob Wolwet vonn Waltenspurg, er ein mal mit sein vich uf den berg gfahren gsin und habe 3 früege khüe gehabt, die hübsch entlann habent. Wann er in Qurkhin gront[1] khommen ist, so ist die Thrina sammbt sein enigkliche aldo gsessen, und er hat nit zu ihren gesagt und sy auch nit ihmm. Wann er hinauf khommen ist, hat die ein dieselb nacht khälberet und vonn strech 2 khein milch wollen geben, und dz ein in 2. nacht khälberet, dz uter blaw und wüest gehabt und milch wollen geben, dz drit baldt darnach auch khälberet hat, und haben al drey gschlagen, dz er hat nit mögen melchen. Er alzeit die glaub gehabt, dz sy seye schuldig.

Zum 14. zeüget der Jakob Wolwet, dz sein fraw habe der Thrina ein wenig milch geben, und siter hat sy khein züger khönen machen. Im demme ihren plaget, dz sey khönne nit khässen, er wolle schonn khönnen züger machen, und vermeint, es seige hübsch züger worden, hat sein frauw us der stuben gerüeft, zu ihren gesagt: Beschauw, wie ich hab khönnen hübsch züger machen, hat geluft, so ist nichts gewest dann ein wenig schum, und siter khein züger khennen machen, bis ein mal dz sy morgen gessen haben und der thir beschlossen. Inn demme hat dz weib klopfet, aldo hat sein fraw hinauß beschauwen und den mann gesagt: Ich wil ein wenig brot geben. Der mann gesagt hat: Gib mir, ich wil hinauß tregen, und ist auß gangen, und der Thrina gesagt: Mangelbar werest du wol, aber würdig weiß ich nit, ob du bist oder nit, und ist unwillig gsein. Gesagt: Es ist lange zeit also mit mir gangen, wie obstat, wann es aufhört, so ist guot, wo dz nit gschechen thete, so sint meinen herren beyeinanderen, wil heüt ann zeigen und klagen. Die Thrina gesagt: Schweigen, es würt schonn bösser werden, und der selbig tag ist hübsch züger worden.

Zum 15. zeüget deß Christ Jonn Siewy selig hauß frauw, dz sy in der Thrina hauß ge für hollen sein, habe die Thrina ein schönnen rothen büxsel uf der für blatzen gehabt, aldo seye die Thrina erschrockhen und schwint mit einer schössel bedeckht, die Thrina Siewy gesagt, wz do bedeckhe, antwortet: Wz ist nit nit. Als dann habe die Thrina Siewy die Miertha gefraget, wz für ein hübsche rothen büxsel die alte habe, hat die Miertha geantwortet, sy wüsse nit, und habe nie gesechen. Als dann habe die Miertha die alte fragen, wz sy für ein rothen büxsel habe uf der blaten khann, hat sy gesagt, sy habe nichts und habe solches nie khann, wann eine sage, so leüge sey wie hexß und ein huoren.

---

[1] Curtgin gron, Heimgüter, Gem. Waltensburg/Vuorz.

Zum 16. zeüget die Thrina Siewy, dz dz weib ein zeit darnach seige in deß Christ dilg Lutzy hauß gangen, als deß ermelter Christ fraw seye khindtbäterin gsin, als dz weib in der stuben gangen, die khindtbetery gefreget, ob sy gesundt seye oder nit, und wol milch habe. Die khindtbeteri seige gottlob gesundt gsein und habe wol milch gehabt, und gegen dz weib desses gaben sich beniegt. Als dz weib vonn stuben gangen, seige die khindtbeteri strags vonn milch gar throchen worden und darnach khein gsundtheit nit khann.

Zum 18.[1] zeüget Paul Janckhy, dz sein volckh habe ein rhomm zogen und nit khönnen thun schmaltz werden, und er habe vermeint, die schiben zu klein seige, habe genommen die schiben, zerspalten, ins bachofen geworffen, und weil dz es brent hat, seige dz weib khommen und gesagt: Wz, haben ihr nit köhnnen schmaltz machen, do machen ihr ein hüpschen schiben, ihr sollen nit sorgen, es würt schonn schmaltz werden, und mit selben zognen romm ist strags schmaltz worden, und siterhin hats khein irthum geben. Darnach ein mall seige er Paul und etlich weiber zur stubete gewest und redt ghalten, dz es denn Risch Cantrenn seige 2 rinder in einer kheten gebunden und dz müesse etwz nit recht sein. In demme er Paul gesagt: Wann dz nit recht ist, so möcht ich auch suspet haben, dann mir ist geschechen wie obstat, und meldung thut, der ander tag seige dz weib zu ihmme Paul khommen, und umb solches reden, dz sy undereinanderen khann haben, uf zogen, dz sy ann ihren solche suspet haben.

Zum 19. zeüget Thorthe Joß Chasper, dz sy vor ein zeit durchs thorff hinauf khommen, so seige deß weibs enigkhliche mit nammen Barbla under deß podistat huß gesessen mit einer grossen hufen khinder, dz meidtly habe ein popelle uf die armmen khann, sich gewieget und gesungen. Sey und sein großmuoter giengen znacht zum finster us und stellen ein bössmma nebet der bässy Maria, dz sy nit spüre, und sy giengen in himmelreich und hinab in hell und thantzen. In der hell sige vil hüpscher weder in himmel. Alß die Thorte diß gehört, habe sey dz meidtly angriffen ann einem armm und gesagt: Wz sagest du, und sey habe aber mallen gesagt wie obstat. Ein mal seigen sey zu Nustein[2] gewest, vil leüt, und haben ghulfen demm herrn ammen Jacob steinen uflessen, und dz meidtly habe do so schlechtlich geredt, dz sey haben beyde vonn denn guot thun hin weg gechen. Wz sey aldo geredt haben, seige ihren unwüssen, doch des

---

[1] Nummerierungsfehler: Punkt 17 übersprungen.
[2] Nustein, Heimgüter, Gem. Waltensburg.

herrn amman Jacob jungfraw, so er khann hat zur selbigen zeiten, sey werde gar wol wüssen, welche jetz in der nochpurschafft Brigels ist. Item sag sey weiter, dz die Anna Jonn Lutzy seige 2 oder 3 mal in ihren hauß khommen, und under ander reden hat sey ein bässmma genommen und ob sey khört und gesagt: Wann die alten ein hexß ist, so würt sey schwindt khommen. Uf solches reden seige dz weib almal khommen eines vierttel stundt, denn bössmma hinweg genommen und unwillig gsein, und gesagt, dz sy sagen, dz sey ein hexß sige. Die Anna habe gesagt: Du bist ja eine, und haben almal ein ander krieget.

Anno 1652 inn Waltenspurg haben die armen persohnen, welchen schonn vonn leben zum thott gricht worden seint, in und nach der marter bekhent, dz die persohnen seigen in ihren hexsen thäntzen gewest alß hernach volget:

Erstlich bekhenn Thrina Joß Jonn Ping, dz die persohnen seigen (...)[1] gewest (...)(...)(...)[1]
   Item mer eine mit nammen Christina.
   Item mer eine vonn Thruntz, mit nammen Anna.
   Item eine von Schleüwiß.

   Waltenspurg: Item mer Anna Jonn Bastian und Anna Jonn Lutzy und Nessa Sallamann.
   Andest: Eine von Andest, mit nammen Barbla.
   Item (...)[1] von Schlantz, und Thrina dilg Plasch.
   Item mer ein mal 3 männer.

   2. bekhenn Thrina Chatz von Ruwiß, dz die seige mit ihro gewest:
   Ruwiß: Erstlich Barbla Jonn Chasper, Jon Padrut, Padrut Jonn Padrut, Anna Christ Lutzy.
   Set[2]: Julscha dilg Durig und mit nammen Menga.
   Waltenspurg: Thrina Joß Jonn Ping.
   Brigels: Ihren 2 mit nammen Maria und Anna.

   3. bekhenn Julschla von Seet:
   Erstlich mit ihro Menga dil Plasch und Anna Jöry Jonn Lutzy.
   Waltenspurg: Nessa Sallaman.
   Ruwiß: Anna Rudolf Fridtly. – Shlanz: Stina.

---

[1] Fehlstelle infolge Mäusefrass.
[2] Siat, Kr. Rueun.

4. bekhenn Anna Christ Lützy von Ruwiß:

Andest: Die Barbla.

Set: Die Julscha, Urschla und Maria Jon Crist Padrut.

Ruwiß: Deß (...)[1] und Barbla Jonn Chaspar und sein schwöster Brida.

Waltenspurg: Deß Jonn da Fallera fraw. Item eine von Fallera mit nammen Stina, und der erst mann hat geheissen Simmen und der jetzige Thommen.

5. bekhen Jonn Padrut vonn Ruwiß, dz die seigen bey ihm sein, die Barbla von Andest und die Maria Joß Jonn Ping von Waltenspurg.

6. bekhenn Barbla Christ Walsser, dz Nessa Sallmann und Anna Baschgiaun, Mierta Jonn Ping, weiter eine vonn Andest, Brigelß: Thrina Christofel und Cristina Cundrau, Julscha vonn Thawanassa. Ittem mer bekhent Anna Jery Jonn Gletzy von Seet, dz die seigen mit ihro gewest.

Erstlich Barbla Jonn Casper und Menga dilg Plasch und Anna dilg Plasch vonn Panix und Barbla Jöry Henny und deß Jonn Padrut 4 persohnen, und Brida Jonn Chaspar. Ittem Maningla vonn Schlantz hatt bekhent, dz die seigent mit ihro gewest alß volgt:

Erstlich Barbla Jonn Chyspar und sein schwester, Schlantz: Trina dilg Plasch. Ittem mer hat Anna Jon Padrut von Ruwiß hat bekhennt, dz die seigent bey ihro gewest alß volgt:

Erstlich Ruwiß: Brida Jon Chyspar.

Ittem Seet: Menga Jon Calluster und Ursulla Jon Pitschen.

Ady denn 8ten october anno 1652 in Waltenspurg hat Thrina Joß Jonn Ping bekhent in der marter.

Erstlich sagt sey, dz sey seige, inn der examen hat sey bekent, dz sey in der hexsen thantz sowenig gewest als unsser herr gott. Weiter hat sey bekhent, dz sey habe müessen thun, wz der teüfel hat wollen. Weiter bekhent sey, dz sey seig under deß Clau Melcher stadel gewest und mit den teüfel taxiert, dz sy solle thun, wz er wolle, und wollen dz sey bey der teüfel lege. Weiter hat der teüfel begert, dz sey solle gott verlaugnen, dann er seige meister, und bei im glegen, Heltybrant hat geheissen, weiter dz sy heige vonn die helligen dreyfaltigkheit begert wie ein hutler. Weiter hat er begert, sey solle die heiligen dreifaltigkheit verlaugnen und der heillig thauf. Weiter bekhen sey, dz sey seige gangen, wo der theüfel hat wolen, dann in der ersten ist er hübsch bekleidet gsein. Weiter bekhenn sey, dz seige bey

ihmm gelegen. Weiter hat sey bekhent, dz sey seige inerthalb Sguain[1]:
Thun wz ich wil, wann dir etwz brestet, so klag nach mir, und alles versprochen, und ist bey ihm glegen. Weiter die heillige dreyfaltigkheit verlaugnet und die heilligen. Weiter bekhent, dz sey zumm finster aussen
gangen sampt sein enigkliche und hat müessen gehen, wo er hat wollen.
Weiter bekhent sey, dz sey seige in der hexsen tantz gewest, und hat zu
essen geben und gelt, und vermeint, dz es seige fleisch und khes und wein,
und spillleiten gewest.

Weiter hat sey thantzen, weiter bekhent sey, dz sey habe thantzen in der
nacht und der tag, und frühen hat sey müessen gonn und es hat ertragen,
und wann sey sint heimkhommen, so sint schwint khommen. Weiter bekhenn sey, dz Thrina Catz von Ruwis in der hexsen thantz gewest in Plaun
Pischler[2]. Weiter bekhennt sey, dz seynt 1 gewest, mit nammen Cristina.

Weiter hat sey bekhent, dz einer vonn Thruntz mit nammen Anna seige
in der hexsen tantz gewest, wo jetz annerhalb der Rinn ein newen stadel
ist. Weiter bekhenn sey, dz sey ist genn Schlewis gewest, underhalb denen
milly, und ist einer vonn Schläwis bey ihren gewest, und die vonn Ruwis
und vonn Thruntz, und vermeint dz es seige allerley uf der tisch gewest,
und ihren holderstockh sint bey ihren gewest, und sint ihren 5 gewest, und
der theüfel hat ihren müeßen tragen, der teüfel vonn kalter natur. Weiter
bekhenn sey, dz sey gesagt habe, dz sey seige ohne schuldt, als unsser herr
gott und unsser lieben fraw. Weiter bekhenn sey, dz sey ein rothen büxsel
gehabt und salb darin gehabt, und der steckhen darmit salben und verbrent.
Weiter bekhenn sey, dz sey wie ein hundt gemacht hat, wie der Muretzy
zeüget hat. Weiter bekhenn sey, dz die Ahne Bistiann seige in der hexsen
thantz gewest und Ahna Jonn Lutzy und Nessa Sallamann seigen zu Su-
lums[3] gewest. Weiter bekhent sey, wann sy hat nit wollen lassen züger
machen und schmaltz, so hat sey dargegen sprützet. Weiter bekhent sey
des Joß weibel zeügnus, weiter hat dar geben einen vonn Andest. Weiter
bekhent sey noch, wz sey vor der marter, in der marter und nach der marter
bekhent hat zum anderen mal zum driten in der exsamen beken sy weitter,
dz der Barbla Jeri Hänni sig in der hexß tantz gsin.

---

[1] Scuein, Heimgüter, Gem. Waltensburg.
[2] Pischleras, Gadenstatt, Gem. Rueun.
[3] Sulom, Wiesen, Gem. Siat.

Bekanttnuß Trina Josch Jon Ping

Nach demme eß ein loblich oberkheit alhier in Waltenspurg underschei-
denlich und vilfaltige khlagten, inditzien, wider die Thrina Joß Jonn Ping
ein gelangt und fürnemblich hexery halben, so hat ein loblich oberkheit
bey ihren eiden und ampt pflichten mit minderen nit thun khönnen noch
mögen, als solche persohnn inn ihren gwalt zu nemmen. Und nach demme
solche inditien deß gottßhausseß anwalt eingehendiget, so habendt j.f.g.
herrn prelaten deß gotthauß Dissentis nach seinen habenden frey- und ge-
rechtigkheiten durch seinen anwalt uf vorgemelte persohnn auf villen
puncten in klag gefüert, worüber dann die beklagte auf den gefüerten klag
sein antwort gethan und deren punten ein und kheinß nit geständig, noch
khantlich sein wollen, obwollen vil ehrlich persohnen der jnditzyen halben
khundtschafft gegeben. Hierüber ist die persohn in ort der warheit erkhent,
aldorten hinder ihren nach kheysserlich recht die warheit zu ersuochen,
darauf dann sey inn und nach der marter in nach volgender gstalt bekhent:

Erstlich bekhenn sey, dz nachdem ihren mann nach Österich gezogen,
dz nach zu guoten threüwen bey 40 jahren sein möchte, so seige der böß
geist hinder deß Clau Melcher stadel in gstalt eineß schönen manß und in
grienen kleideren khommen, mit nammen Hültybrant, und vonn ihren begert, dz sey solle ihme sein willen geben, so wolle er verschaffen, dz sey
ihren noturfft versorget seye, und sey zum ihm verwilliget. Darauf hin
habe sey gott, die heilligen dreyfaltigkheit und der heillig thauf verlaugnet.
Nach demme seigendt sey zu Dawart la siu[1] genant zusahmmen khommen,
und dorten haben sey gemeinschafft gehabt, aldo hat sey ihmme versprochen zu thun, waß er wolle.

2. Habe sein buol ihren ein büxsly mit salb geben, mit wellichen salb
sey ein steckhly gsalbet, mit welchen sey zum finster hinauß ofter mallen
uf die thantz und borlot gefahren.

3. Ist sey 3 oder 4 mal in Dawart la siu genant auf die thäntzen gsin, aldo spilleüthen gewest, wie auch vonn allerley cost ein bereites thisch gewest.

4. Seig sey in Ruwis gebiet zu Pischläras[2] genant auch auf einen thantz
gewest.

5. Seige sey aber mallen zu ein thantz zu Schlewis gewest, under den
dorf und under die mülly, aldo bant wachsen thut.

---

[1] Nicht identifiziert.
[2] Pischleras, Gadenstatt, Gem. Rueun.

6. Mehrers seig sey zuo Thruntz gredigs Grawaß[1] uber denn Rin, aldo jetzt ein neüwen stadel gebaut, auf solchen thantz gewest.

7. Dz sey etlichen mallen ehrlichen leüten mit khunst, so sein buoll ihren gelehret, auch etwz pulferly, so er ihren geben, die boßheit gebrucht und gegen die gschier gespritzt, dz ihnen die milch thickhet, und auch weder züger noch schmaltz machen khennen.

8. Auch habe sey in gstalt eines hundts erzeügt und ann einen alten mann wollen sein, böllet und gwietet, welches zu Sigliauß[2] geschechen, und nach demme seig sey in der gstalten gegen Waltenspurg, da la Wal da Catunß[3] biß zu einen grossen stein gangen, aldo seig sey verenderet und widerumb in sein menschlichen gstalt gesechen, und etwaß weiters dz unden vonn nöthen zu melden ist.

Nr. 14   *1652, Oktober 13.*

Zeugenaussagen gegen Nessa Sallamann von Waltensburg, die später lebenslänglich verbannt und mit einer Busse von 100 Kronen bestraft wird.

Standort: Gemeindearchiv Waltensburg/Vuorz, V. 2.11.

Ady denn 13ten october anno 1652 haben bericht ingenommen wider Nessa Sallamann von Waltenspurg.

Erstlich zeüget richter Christ, dz er und der meister Anthonny, und haben denn anderen foxiert[4], und der richter Christ zum meister Anthony gesagt, dz er der Nessa die jupe verzere, und amm morgen habe die Nessa alleß gewüst, obenann zu ihro gesagt habe, mög er nit wüssen.

2. Item mer zeüget herr lütenamt Lumbrisser frau, und Paul Jacob Platzy dochter, der tag, dz wier in unsser gwalt genommen haben, so seige die Nessa zu ihnen zur stubete gewest und gesagt, ich weiss nit, ob ich aldo sicher bin, und in demme hinweg gangen und sey gesagt: Ein frommer mensch darf nichtß förchten.

---

[1] Gravas, Häuser, Gem. Trun.
[2] Sigliaus, Gadenstatt, Gem. Andiast.
[3] Val Cantuns, Wald, Gem. Waltensburg/Vuorz.
[4] Fuchsen = necken, spotten.

3. Zeüget deß meister Anthony frauw, dz die Nessa habe bachen inn deß weibel bachen ofen, und wan sey und ihro thochter seint hinab gangen, so hat deß meister Anthony frau nichts gesechen, und wann die Nessa ist hinauf khommen, ist sey gantz khretzt gewest, und deß meister Anthony frau habe gefragt, warumb sey also gekretzt sey, und die Nessa habe antwortet, sey habe ein holtz berkhel[1] wollen fachen, und der habe also khretz.

4. Zeüget herr fendrich Gilly, dz sey seigen ein jungen purst beysammen gewest und haben in der Nessa hauß umb ein khurtanna püren schickht, und in dem dz sey gessen haben, so heig sey ihro ußlachen, und ann morgen hat sey alleß gewüst.

Nach demme zeüget der weiter, dz ihren 3. beysammen seigen gsin und redt durcheinanderen gehabt, der Nessa wüsse alleß, so wollen ihren heimlich dz vor thor nemmen und durch der thobel hinab werfen, und sey habe abermollen inn morgen aleß gewüst.

5. Anna Joß dilg weibal zeüget, und Anna dilg weibel, dz haben khört vonn ihren brüederen oder schwagern, dz gedachte Nessa und seine schwöster Thrina ein ander bekrieget heigent, und der Thrina die Nessa gesagt: Weist dz du ein hübsch knäbly durch der thobel hinab geworfen hast.

6. Hab sey sollen marckhstein verrukht haben.

7. Zeüget der Gugliamm von Ruschein, dz er seig genn Illantz gewest uf S. M.t.[2] und wollen nach Waltenspurg khommen, so hat er die Nessa Sallamann anntrofen und sey gefragt, wo er hin wolle, und er gesagt nach Ruwiß und wolt so balt nach Waltenspurg, sey gesagt: Ich wil auch mit eüch, aber siter dz sey haben die weiberen gefangen, so darf ich jetz nit heim. Und er gesagt: Warumb, einer welcher unschuldig ist, darf nichts förchten, dann die hexsen mögen nichts thun. Und sey gesagt: Eß ist so leüt die khörper ohne khöpf. Und er gesagt: Jo eß ist nit hübsch.

---

[1] Berkel = Specht
[2] Ev. St. Martinstag.

Indizien, Kundschaften, Bekenntnis und Urteil im Hexenprozess gegen Urschla Delbin von Schluein.

Standort: Gemeindearchiv Laax, 14.1: Protokoll des Kriminalgerichts, 1654ff.

Inditia contra Urschla Delbin von Schleüwis[1],
so eingezogen den 4 hornung anno [16]54[2].

1. Soll dise Urschla in deß Jon Josch hauß gangen sein und ein kleineß kindt in der wiegen also liebkoset, dz danethin dz kindt hinder sich zogen und sein mutter nit saugen wollen, andere weiber woll.

2. Deßgleichen soll sy mit deß Christ Jacob Valentin kindt gemacht haben, und auch dergleichen effect darauff erfolgt.

3. Soll zu dem herrn amman Michell geredt haben, do er mit seiner frauw eingesegnet, er werde noch fridt noch kinder mit ihro haben: Item do sy von dem P. Christoffel[3] exorziziert, solle sy erschinnen sein etc.

4. Solle der Anna Petschna von Seffis[4] mit einer handt uff der rukhen geschlagen haben, dz danethin ihro der rukhen ein lange zeit geschmirzet.

5. Solle dem Jöri Donau von Schleüwiß gmacht haben, dz ihme khein ziger nie wollen werden.

6. Soll dem Jölli Schamun Loreng uff der linkhen axlen geschlagen haben, dz danethin der halz angefangen zu schmirzen, und nit anderst, alß durch exorziziern deß herrn Beati[5] können erlediget werden. Item seyge sy zu gesagtem Jölli khommen und gsagt, er solle nit ein solches gschrey von ihr außmachen etc.

7. Soll gegen den Brinkazi und seiner frauw gsagt haben in ein discurs, der teüffell leiche auch gelt. Item dz die menschen den teüffel gar wol sehen mögendt.

---

[1] Schluein, Kr. Ilanz.

[2] 4. Februar 1654.

[3] P. Cristoforo da Tuscolano, Kapuziner, 1633-1642 Pfarrer in Sagogn und Schluein. Vgl. CHRISTOPH WILLI, Die Kapuziner-Mission im romanischen Teil Graubündens mit Einschluss des Puschlav, o.O. 1960, S. 84.

[4] Sevgein, Kr. Ilanz.

[5] Beat Cadruvi a Cadonat, Pfarrer von Degen 1639-1647. Vgl. J. JACOB SIMONET, Die katholischen Weltgeistlichen Graubündens, in: JHGG 49 (1919), S. 171.

8. In gesagter Urschla huß zu Lax[1] soll sy zu der Maria Jon Thieni und Barbla Christ Coray und auch 2 knaben von Schleüwiß gsagt haben, iez welle sy in feür und flammen fahren.

9. Soll in ein schwarze kazen verwandlet gsin sein, und von der Fida M. Lizi von Schleüwiß gesehen worden.

10. Soll gegen der Maria dil Bartlamiu gsagt haben, sy wolle auf yede platten machen hanpff wachsen.

11. Soll sy angeben sein von der Anna Brinkazi von Übersaxen[2], dz dise Urschla mit ihro in underschidlichen hexentenzen gsin, und darauff gestorben.

12. Soll dise Urschla gsehen worden sein zu S. Sebastian capell[3] under einem stein gar übell tractiert.

13. In dem examine de plano solle sy bekhent haben, underschidliche diebstälen begangen zu haben.

14. Soll allezeit eineß bösen nammenß gsin, so wol zu Schleüwiß, alß zu Lax.

Hierauff sindt kundtschaften verhört worden.

1. Zeüget Jöri Donauen frauw von Schleüwiß, dz dise Urschla khommen sey in seineß tochtermanß hauß, do sein tochter kindtbettere war, mit fürwandt, einen schiltbrodt zu erwenden. Seige sy zu obrist in der stuben nidergesessen, dz kindt aber schlaffte. Darauff sey die Urschla der stuben ab gangen und zu gedachte frauw klagt, dz gott yeder man kinder gebe, nur sye könne keine bekommen, und also hinweg gangen. Darauff dz kindt in der wiegen erwachet und hat die mutter underthon zu saugen. Habe eß die mutter nit saugen wollen, andere weiber woll: habe die mutter wol gmerket, dz kindt müsse inficiert sein, und deß P. Damiani[4] rohts pflogen, welcher gerathen, sy solle weichwasser und geweichte palmen auf die brüsten thuen, welches sy gethon, und darauff besser worden.

2. Zeüget herr amman Michell, dz do er mit seiner hußfrauw zu Chur eingesegnet khon anno [16]37 den 10 aprilis, haben sy von der Urschla ganz nichts gewüßt. Seige sye gehelings zu Chur zum amman Michell

---

[1] Laax, Kr. Ilanz.

[2] Obersaxen, Kr. Ruis.

[3] Kapelle St. Sebastian, Gem. Laax.

[4] P. Damiano da Nozza, Kapuziner, 1634-1650 Pfarrhelfer in Sagogn. Vgl. WILLI, Die Kapuziner-Mission, S. 84.

khommen und gsagt, sy meine, er werde mit diser frauw kheine kinder nit bekhommen und wenig klügk haben, welcheß war worden, wie sy gsagt.

3. Zeüget weiter erstgesagter herr amman Michell, dz nochdemme er von Chur khommen und gespürt, dz under ihnen wenig fridt sein welle, seige er zum P. Christoffell gangen und rohts pfleget, welcher 4 tag noch ein ander in deß amman Michell huß khommen und exorziziert, welcher yedeß mall ein zedele ob der stuben thür gethon und befohlen, man solle niemandts frömbdeß hinein lassen. Seige ein persohn khommen, so unvonöthen zu melden, und hineinwollen. Der amman Michell aber der persohn also trauet, dz sy hinweg gangen. Ein anderß mall sey der pater wider hinweg gangen, und er amman Michell ihne beklaitet. In der widerkher seige dise Urschla in der stuben uff dem offen mit seiner frauw gsin und uff dem kopff gesuecht. Darnach von tag zu tag mit ihnen gebösseret.

4. Zeüget Anna Petschna von Seffis, dz do sy dem herrn amman Valentin gedient, ein mol wasser gnummen, heige die Urschla sy gfroget, ob sy nit wüsse, wo sein bese Gretli sey. Darauff sy gantwortet, der herr von Schleüwiß hat sy in Blengas[1] verschikgt. Hat die Urschla darauff repliciert: Wol, wo die hexen ihren tanz oder berlot verrichten. Und darauff der Anna auff den rukhen geschlagen, dz ihro ein zimliche zeit der rukhen geschmirzet. Stehts angefangen, so bald sy geschlagen.

5. Zeüget deß Jöri Donauen frauw weiters, dz sy vor etlich johren diser Urschla geben ein schüssell voll milch auff einer wienacht abendts, und seitdemme ihro khein ziger wollen werden, biß nechst volgenden liechtmeß. Do habe ihr man den kessell auffs feür gethon und mit einer rueten geschwungen, und ein ax nebent dem feür genommen und gsagt, so etwar iez frembdeß khämme, wolle er umbringen. Darauf habe sy die frauw geförchtet und in sein stuben gangen. Seige dise Urschla khommen, die thör anklopfet. So bald sy die Urschla gsehen, habe sye gsagt: Gang gschwindt hinweg. Sie darauf hinweg gangen, und von dem tag an widerumb angefangen ziger zu werden.

6. Zeüget weiterß Jöri Donauen frauw, dz die Urschla ein mohl ihro 2 borren[2] holz gestolen. Seige sy zu der Urschla gangen und von ihr begert, sy solle dz holz wider geben. Habe die Urschla gantwortet, dz habe der Sez Sez machen thuen.

---

[1] Alp Blengias, Gem. Vrin, Kr. Lugnez.
[2] Von surselvisch 'buora': abgesägter, runder Klotz.

7. Zeüget Jölli Schamun Loreng, dz er dz hauß, wo er jezo wohnet, von dieser Urschla erkauft. Und seige sy ein moll khommen, mit ihme zu verrechnen. Der Jölli ein halbs wein aufgebracht und mit ein andern getrunkhen. Habe die Urschla zu dem Jölli gsagt: Förchte nur nit, dz ist ein guteß hauß, und mag dir nichts übels widerfahren. Er, Jölli darauff gsagt, waß solt eß dan können übels widerfahren. Darauff die Urschla dem Jölli auf die linkhen axlen gschlagen, dz danethin der halz angefangen zu schmirzen, dz er nit anderst vermeint, dz gsicht werde hindersich gezogen, biß er vom herrn Beato begert, er solle exorzizieren. Do dan er wol gsehen, dz er inficiert seige, und also vom herrn Beato erlediget worden.

8. Zeüget weiter Jölli Schamun Loreng, dise Urschla seige ein mol zu ihm khommen in sein agkla[1] ob dem torff und sich erklagt, waß er für ein gschrey von ihro außmache, dz sy von ihr man und fründen täglich hören müsse. Und darauf gebetten, er solle doch ihrem man sagen, sy sey von dem unschuldig.

9. Zeüget Brinkazi von Felerß[2], dz er und sein frauw eineß abendts mit dieser Urschla in ein discurs khommen, und gegen ein andern klagt, insonderheit der theüre deß gelts, so diß johr seige. Habe die Urschla gsagt, man sage, der teüffell leiche auch gelt. Item dz man sage, die menschen können den teüffell auch sehen.

10. Zeüget Barbla Christ Coray und Maria Jon Thieni, dz sy vor etwelchen johren in der Julscha stuben gsin mit noch zwen andern knaben von Schleüwiß. Habe dise Urschla gegen ihnen gsagt, jez welle sy in feir und flammen fahren, und selbigen tags nimmer mehr dise Urschla gsehen.

11. Zeüget Fida M.Lizi von Schleüwiß, dz sy vor ein johr ungefohr sein bäse haimgesucht habe zwischend tag und nachts, welche krankg gelegen. Seigen 2 schwarze kazen zu ihr khommen, so bald sy auß ihren khommen, und beklaitet biß an der bäse hauß. Do sy widerumb auß dem hauß khommen, seigen dise kazen wider khommen und beklaitet biß an ihr hauß, und do verschwunden. Gehelings seige dise Urschla und noch eine vor ihr fenster gstanden und gfragt, waß sy do thüendt. Und darauf geantwortet, dz sy zu seiner schwester begerendt. Und hiemit eine der gassen auff, die ander der gassen ab gangen.

12. Zeüget Maria dil Bartlamiu, dz dise Urschla gegen sye gsagt, do sy gegen ein andern klagten wegen wenig hanpffs, so selbigeß johr worden,

---

[1] 'Acla' (surselvisch): Gadenstatt, Vieh- und Heustall mit Wiesen ausserhalb des Dorfes.
[2] Falera, Kr. Ilanz.

dz sy könne machen auf yede plata hanpff wachsen. Sy Maria darab verwundert, die Urschla darauff repliciert, so fehr sye tal sorte mist möchte haben.

13. Zeüget wachtmeister Jöri Donau und bstetet seiner frauw zeügnuß, allein habe er dise Urschla nit gsehen, etc.

14. Zeüget Salome Christ Jacob Valentin von Schleüwiß, daß dise Urschla wol in sein hauß gsin seige, habe auch ein kleineß kindt in der wiegen gehabt, welches noch wenig tagen erkrankhet, und der geistlichen rohts gepfleget, ihr roht gevolget, und mit dem kindt besser worden.

15. Zeügendt jungfrauw Barbla Montalta und Barbla sekhelmeister Risch Coray, dz sy verschinen herbst uß zu deß S.Sebastian capel gsin auf dem grosen stein. Do wol ein stundtlang mit ein andern kurzweilet und niemandt anderst gesehen, seige deß wachtmeister Clau frauw den weg aufkhommen und mit ein finger gezeigt auf die Urschla, so under dem stein war. Und khein hauben nit aufkhan, erkrazte schröklich den kopff. So bald die Urschla sy gsehen, seige sy aufkhommen, und ganz zornig sye fürübergangen, ohne einzigen wort. Sye aber seigendt auf dem stein verbleben. Solche kundtschafft bestetet deß wachtmeister Clau frauw.

16. Item verlesen ein extract deß protocols zu Ubersaxen, daß die Anna Brinkazi, so droben hingerichtet, dise Urschla angeben, dz sy mit ihrn auf underschidlichen hexentenz gwest seige.

Auff dise gegebne kundtschaften gab recht und urthell, dz dise Urschla solle in die kette geschlagen werden, und der ordenliche zusaz nach alten bräuchen ehisten berueft werden.

Den 12 hornung lauffenden ist die Urschla von einem ehrßamen gricht sambt den zusaz nach reiflicher betrachtung aller kundtschaften und gründen in die tortur erkhent.

Confessio.

Bekennet erstlich, dz sy daß kindt deß Jon dil Josch von Schleüwiß inficiert, und dz habe sy gethon durch kraft deß bösen geists.

Item dz sy weiter deß Christ Jacob Valentin gleihermasen inficiert, auch durch krafft deß bösen geists.

Item dz sy herrn amman Michell und sein frauw auch inficiert, dz sy khein frid nit können haben, und dz sey auch gschehen durch krafft deß bösen geists.

Item dz sy der Anna Petschna mit einer handt den rukhen ab gestrechen, und auch inficiert, dz sey auch gschehen durch krafft deß bösen geists.

Item dz sy den Jölli Schamun Loreng gleichergstalt inficiert, in deme sy ein handt auf die axlen geschlagen, und dz sey widerumb gschehen durch krafft deß bösen geists.

Item daß sy dem wachtmeister Jöri Donau gmacht habe, dz khein ziger nit wollen werden, auch durch krafft deß bösen geists.

Bekennet weiter, daß sy eineß tags in ihrm hauß die iunge purst habe spilen lassen, underm spilen sy fast geschworen. Abendts desse seige der böse geist under eineß iungen knaben gstalt zu ihr khommen und begert, dz sy solle die heilige dreyfaltigkeit, Gott, sein heilige mutter und alle liebe heiligen verlaugnen. Darauff habe sy verlaugnet.

Bekennet weiter, dz sy auff die berlotten oder hexentenz gsin underschidenlich, alß zu Fuerbaß[1] 2 mol, unden in der Ißla[2] under dem stadll Falun[3] 2 mol, in der Grawa bey Kestriser brukg[4] 2 mol, zu Übersaxen ein mol.

NB. Angeben Maria Delbin von Schleüwiß mit sein sohn Christ und sein tochter Anna. Item Julscha Thomasch von Schleüwiß. Item Christ Pitschen von Ruschein, ein junger kerliß mit ihro zu Fuerbaß gsin 2 mol. Item Barbla und Anna Jon Donau von Lax seigen uff die hexentenzen gsin mit ihro under in der Ißla bey dem stadll Falun, und zu Fuerbaß und Kestrischer brukg. Item die frau Clau Casura von Felers, die hingt, mit ihr zu Fuerbaß 2 mol, zu besorgen, dz sein tochter auch seige, doch habe sy auf die tenz nit gsehen.

Item habe sy gsehen deß Hanß Carle schwester Ursula ein mol, do sy durch Fuena[5] gangen beym Milhbach[6], dz sy dz wasser von dem Millhbach gnommen und hindersich über seine axlen gworffen, dz sy gäntzlich vermeine, dise sey auch eine.

Item ein ander mohl seige sy in der Ißla am Rhein gangen und unden beym Rhein gsehen, dz deß Hanß Carle frauw mit einer rueten in den

---

1 Fuorbas, Gadenstadt, Gem. Schluein.
2 Isla dadens oder Isla dado, Wiesen am Rhein, Gem. Schluein.
3 Fallun, Wiesen, Gem. Schluein.
4 Brücke, die über den Rhein von Schluein nach Castrisch führt.
5 Fueina, Wiesen, Gem. Falera.
6 Ual da Mulin, Gem. Falera.

Rhein gschlagen und gmacht, dz selben abendts gar ungestümmig geregnet. Daß sy auch eine seige.

Werden auf solchen tenzen durch einen gegen windt getragen und gehelings widerumb zurukg. Sey auf den tenzen allezeit ein geiger, der spile leiß, leiß.

Do sy auf die tenzen oder berlotten sollen, kämme der böß geist zwischendt tag und nacht und avisiere sy durch einen pfeiff, do sy dan erschinen müssen.

Bekennet weiter, dz ihr schaz genennet werde: Felis. Wan er sy anrühre, habe er mit einer gar kalten hand angerüert. Auch ein gar bösen stankg von feür und schwebel von sich geben.

Do sy auf die berlotten gfaren, habe sy ein bese bey dem bett gethon, dz der man nit gspüre, dz sy hinweg seige. Bekennet, dz sy in disem armen standt 16 oder 17 johr gwesen.

Auff verhörter kundtschafften seiner der persohn selbst gethoner bekandtnuß vor, in und noch der tortur gab recht und urthell, dz dise Urschla solle noch keyserlichen rechten mit dem schwerdt vom leben zum todt gerichtet werden, nach solchem der cörper verbrent und die aschen auf der walstat begraben werden. So geschehen auf den ascher mitwoch lauffenden jahrs[1].

Gab recht und urthel weiterß, dz sein gut dem sekelmeister in nammen der gmeindt solle verfallen sein.

Nr. 16   22. Januar 1697 bis 27. Januar 1698

Indizien, Bekenntnis und Urteil im Prozess gegen Thrina Gartmann von Camana.

Standort: Gemeindearchiv Safien, Kuvert Nr. 45. Hexenprozessakten, 1650-1698.

Anno 1697 den 22ten februar in Saffien hat ein ehrs. oberkeit die von zeit zu zeit ein gelangte criminalische indicia und klag puncten alhäro verzeichnet wie folget contra Cathrina Gartmani uf Camanen.

1. Erstlich daß sey mit wunderlichen gebärden gewohnlich in besuchung deß hl. wort gotteß instelle, eß seige eintweders zu spat oder ehe dan daß die verrichtung deß hl. wort gotteß oder daß gesang vollendet, vor anderen

---

[1] 18. Februar 1654.

230

ehrlichen lüthen uß der kirchen gegangen und also verachtlicher weiß daß selbige visitiert.

2. Ist erwisen worden, dz obige Thrina in ihrer jugend also bestrichne under weilen gewesen seige, alß wan sey sich mit etwaß angestrichen hete.

3. Ist weiter berichtet worden, daß obige Thrina seige befunden worden in ihro jugend und ledigem stand an einem gewesen orth, dz sey mit einem sennen den beischlaf gehabt habe, dz sei an der that selber seige befunden worden.

4. Hat sey sich in ihrer jugend oder ledigem stand der gestalten unküsch gehalten, daß sey mit einem eheman, so zur selbigen zeit sein ehelich weib hate, die hury getriben und ein bankert[1] erzüget, welcher eheman ihro in der verwantschaft war ein halben grat näher alß zum driten. Und hiemit gröblich gesündiget wider göttliche und weltliche gesatz, eß seige mit huri, ehebruch und blutschenderi, umb welche fehler obige Thrina anno 1666 von einer ehrs. oberkeit ist gebuset mit starcker wahrnung und vermahnung, sich inßkünftige in solchem und anderen üblen behutsamer zu verhalten. Wider verhoffen, daß solcheß von ihro nit gestatet wurde, solcheß nur ein wahrnung und kein straff, und fürderhin diß und anders wurde zusamen gnommen werden und nach ihro verdienen gestraft werden lut proticoll.

5. Hat obige Thrina sich also härt näckhig und unbehutsam verhalten und obige oberkeitliche wahrnung spötlich geachtet und mit obgemeltem eheman die hury, ehebruch und bluthschand forthin getriben, dz sey daß ander unehelich kind mit ihme erzüget und hiemit gottlichen und weltlichen gesatzen, straffen, wahrnung niemalen gehorsamet und widerstrebet, dz sei noch mahlen von einer ehrs. oberkeit ist bezüchtiget worden mit starcker buoß und fuoß fal anno 1668 luth praticol, mit starcker wahrnung und vermanung sich zu beseren und behutsam zu verhalten mit disem zusatz, dz sei wüsen solle sich mit obgemeltem eheman zu entmüsigen, weiter gemeinschaft zu haben, eß seige zu ehren oder unehren. Im fal aber und wider verhoffen sey Thrina einigeß solcher wahrnung und straf widerstrebt, so sol diß und dz vorgehende zusamen wider sei klagt und darum gestraft werden, es seige an ehr oder gut, nach erkantnuß einer ehrs. oberkeit, mit widerholung, dz sey sich obiges ehemans in all weiß und weg entmüsigen solle.

---

[1] Bankert = uneheliches Kind.

6. Hat obgemelte Thrina vorgemelten geistlichen und weltlichen oberkeiten wahrnungen, straffen und göttlichen gesatzen also widerstrebet,
verachtlich, liechtfertiglich und spätlich in den wind geworffen, dz wider
aleß wie vermelt sey sich mit gemeltem eheman usert gmeinen dri pünden
nacher Wartauw[1] begeben und sich aldort mit ihro lasen in segnen, um
welchen freffel sey abgestraft worden mit starcker wahrung sich zu beseren lut praticol anno 1669.

7. Ist sey mit buoß uff erlegt, dz sei sich nit husheblich uff Camanen
uffhalten solle, alwo sey sonsten zuvor husheblich gewesen mit obigem
eheman, weilen sey ein ursach gewesen zu entrennung einer ehefrau so
obigeß ehemans sein zuvor ehelich weib oder ihro fründt durch oberkeitliche hülf von obigem man scheiden müsen, zu welchem obige Thrina nit
die geringste ursach gewesen, auch zu beraubung ihro sina obigeß ehe-
manß seiner zuvor habendem eheweib lut praticol.

8. Ist bericht geben worden, daß der jenige man, der Thrina Gartmani
zur zeit daß seineß weibs fründ wie obgemelt, begert sey von ihme zu
scheiden, so habe selbiger man klags weiß zu gewüsen mäneren gesagt, sei
solend ihn von seinem vorigem weib helfen scheiden, so weit alß möglich
seige, dan er möge nit anderst thun.

9. Anno 1659 ist obige Thrina von einer malleficischen hingerichteter
person in Saffien angeben worden, dz sei mit ihro uff etlichen parloten und
hexen täntzen gewesen seige.

10. Anno 1696 von der letst hingerichtete person in Saffien ist sei an-
gäben worden, daß sei mit ihme uff etlich vil underschidlichen orten uff
parloten und hexen täntzen gesin seige.

11. So ist obige Thrina nach deme ein ehrs. oberkeit die letst in Saffien
hingerichtete person ingezogen und justificiert gantz wunderlich und
veranderte worden der gestalten, dz sei die gewüsen getriben, in deme die
oberkeit etwaß zu sammen kunften gehabt, uff ein mal dem land die fersenen gekehrt und den flüchtigen fuoß gesetz wie gewüsen bericht im grund.

12. Ist erwisen worden, daß der Thrina der nächst verwanthe einer zu
einem gwüsen man gesagt, er habe einem man etwaß zahlt, darnoch seige
usem wunder kommen, dz jetz die Thrina sicher seige und inß land dörffe.

13. Ist züget worden dan im letst vergangnem herbst obiger Thrina
tochter die Thrina ein mal ab Sculemß[2] in Saffien kommen seige, sagende

---

[1] Wartau, Bezirk Werdenberg, Kt. St. Gallen.
[2] Sculms, Gem. Versam.

zu gewüsen personen, ihr muter syge darusen und die lüth haben so vil zu reden. Eß seige wahr, ihr muter habe sich versündiget mit ihr vater, und angeben seige sei wol, sei haben gewüsen bericht, aber der bese sathan machte sich in ihrer gestalt gestelt haben. Sei hoffe, eß seige doch nichts, und ihr mutter seige uff Sculemß, aber sei wolle jetz heim, und darnach köm sei ein lufft vernemen, daß sei wid um ussgange nach ihro muter. Am anderen tag seige sei zurug kommen und ussgangen, und am driten tag mit der muter zurug kommen.

14. Ist erwisen worden, daß der Thrina der nächste fründt einer nach deme daß sei inß land kommen zu zweyen mäneren im rath oder rathß herren kommen und sei angesprochen, daß sei der Thrina verhülfflich sein wollend, dz sei ihro sach köne richtig uffen land züchen oder ihro sonsten kein intrag thun, dan die lüth die schwetzen so vil, und obgemelten zwey geschwornen dest haben ein namschafte suma gelt geben wollen.

15. Ist argwöhnig, daß sei sich bei ihro gwüsen nit gut befunden, wilen sei ihro gut nach nach dem landsatz den töchtern glichsam übergeben.

16. Ist züget worden, daß der Thrina nächste fründ einer zu einem rathßheren kommen und klagß weiß selbigen gefragt, sagende er habe gehört sagen, sey wolend die Thrina in züchen. Er solle ihme doch sagen, ob die oberkeit etwaß wider sei habe, daß ursach were. Er habe sei lang examiniert, aber sei mache sich gute, sei habe gute gewüsen. Etwaß möchte sei gefelt haben mit ihrem man, aber kind habe sei keine verderbt.

Process contra Cathrina Gartmane auff Cammanen so wider sey ist klagt worden anno 1698 den 27ten jenner in Saffien.

Anno 1698 den 26ten jenner in Saffien hat ein ehrs. oberkeit die jenige criminalische veryichten und klagt puncten contra Cathrina Gartmane uf Camanen, so sey an der tortur in examene de plano bekent und bestätet in folgender gestalt von puncten zu puncten uff gezeichnet und verschriben, so der kleger über sei zu beklagen.

1. Erstlich hat sey den flüchtigen fuoß[1] bestätet, daß sey selbiges gethan, wie weit oder uß waß trib nit noth zu melden.

2. Hat sey bekent die hury, ehebruch und blutschand, so sey getriben mit einem man etc., so mäniglich bekant wie klagt und nach ussert dem wie klagt und gestrafft, habe sei mit gemeltem man gantz ding umbhen zogen, aber ausertdem habe sei mit keinem manß personnen nicht zu

---

[1] Catharina Gartmann war zuerst geflohen, später dann wieder zurückgekehrt.

schaffen gehabt, weder wenig noch vil, und daß an der tortur de plano, und gott zum zügen gnomen, dz er so gewüß ein zeichen geben wolle auch noch dz zum zeichen geben, dz sei daß erst mal uff genommen habe zu tragen, wan sei mit manß personnen zu schaffen gehabt habe etc.

3. Hat sey bekent, daß sey mit einem manß person etc. in ihro jungen tagen den beyschlaf gehabt habe, und mit keinem andern meher, und daß sei sonsten unschuldig seige, so war solle gott ein insechen thun an ihro leib.

4. Hat sey bekent an einem anderen mal, daß sey vil underschideliche dieben stückh begangen habe, so sei specificierlich angezeigt, und darnach uf daß weiter gesagt, sei seigen so nit gar groß, mit denen wolle sei komen, wen eß groser weren, so wollte sei eß nit sagen etc.

5. Hat sey bekent, daß sey in ledigen standt mit dem driten manß personen mit namen etc. die hury getriben, mit den umstenden etc., und daß ausert der gmeindt.

6. Hat sei mit lachendem mundt bekent, daß sei ussert der gmeindt mit einem manß personen mit namen etc. die hury getriben, mit dem verlauff wie sich zu tragen und ussert denen wie oben verschriben, habe sei mit keinem manß personnen nichts zu schaffen gehabt, so gewüß solle gott ein zeichen an ihren leib thun, und so gewüß alß die sonen scheine.

7. Hat sey bekent, daß sei mit dem fünfften manß personen mit namen etc. usserthalb dem wie mäniglich bekannt die huri getriben mit einem frömbden an dem und dem orth etc.

8. Hat sei bekent, dz sei einem gwüsen manß personen mit nammen etc. an einem gewüsen orth die ehe versprochen, und darnach seige er ihro nit hübschen gnug gesein, und habe ihm die ehe glaugnet und nit wollen behalten mit umstenden, wie und wo sich verloffen etc. Und habe mit obgemeltem manß personen den beischlaff gehabt und hiemit ehebruch und huri mit ihm getriben.

9. Alß sey gefragt worden, warumb sei gott nit die ehr gebe und der oberkeit die warheit und ihro sünd nit fri rund ein mal offenbare und also täglich abtheille und sich selber und ein ehrs. oberkeit also uff halte, uff welches sei geantwortet, es seigen jetz nach etlich und dan wan er deren so vil seigen, so seige eß dan zu ghoffen mit der urtel und kome desto schwerer.

10. Alß sei ist gefragt worden, warumb sei nit bekenen wolle, wan sei daß zu gefalen thun wolle eß gebe dz ansehen, sei wolle eß sagen und köne eß doch nit uss sagen, sonderen würge eß allezeit ab, warumb sei dz thüe.

Woruff sei mit lachendem mund geantwortet, wan sei eß noch ab würge, so habe sei eß noch im hertzen.

11. Ist ihro weiter gesagt worden, sei solle ihro sünden bekenen und offenbaren, woruff sei gesagt, sei seige nit meister über daß, waß sei im hertzen habe.

12. Sind under vorverschribnen manß personen, mit denen sei den beischlaff gehabt hat, zwen die ein anderen in der verlegenschafft, in der fründtschafft waren geschwüsterte kind.

(Urteil) Dito den 27ten jenner.

Hat ein ehrs. oberkeit vor und obgemelte Cathrina Gartman uff offnem platz vor rächt gestelt und sei wegen ihren verychten und bekanten sünden und misetaten durch der gmeindt sekelmeister oder kleger, durch sein mit rächt erlaubtem fürsprächer luth dem keiserlichem rächt beklagt worden um die jenig puncten, so uff dem process von puncten zu puncten ordenlich verschriben und offenlich verlesen ist.

Über welchen klagt obgemelter Thrina vogt und beistand sampt ihro etwelche der nächsten fründen durch ihro mit rächt erlaubten fürsprächer solchen klag mit vilen umstenden und grunden der lenge nach verantwortet, so unvonnothen weiter zu melden.

Also nach betrachtung allen umbstenden, wie sich mit der Thrina Gartmane zu tragen hat, wilen sei in der hand der oberkeit gewesen, auch in betrachtung ihro verychten und bekantnussen, daß sei an tag hat gäben vil underschidenliche huren stückh wie auch blutschenderi und ehebruch und dieben stückhen, und sei desen vor gott nit hat geschücht und geschämt zu begechen, so erkent ein ehrs. oberkeit rächt in gottes nammen mit einheiliger urtel bei ihren eiden erkent, wilen sei also gottslästerlich bezüget ihro unschuld und darnach schuldig ist erfunden worden, und auch ein zeichen an ihro leib, von gott begert, hiemit sole ihro durch den scharpff richter an der lingen hand den kleinsten finger abgehauwen werden, und darnach zu bezüchtigung ihro sünden sol sei an dz halß eisen oder brangen gestelt werden, und sei ein stund da lassen stehen. Und darnach sol sei uss meiner herren banden erkent sein, und waß weiter bei ihro nit hat können volbracht werden oder inßkünftig an tag kommen wurde, ist dem kleger sein rächte vorbehalten, auch nach deme sei sich inßkünfftig verhalten wurde alweg zu betrachten.

Item sol sei auch abtragen die costig, die in disem criminal uff gangen sind.

Also nach gäbner urtel habend der vorgemelter Thrina vogt und beistand sampt ihro fründen also fründlich und instendig bäten umb ermilte-
rung dieser urtel mit vilen umbstenden und gründen, dz ihro doch der finger solle geschenckht und nach gelasen werden, ab zu schniden.

Über welches instendiges fründliches biten und bätten hat ein ehrs.
oberkeit den finger ab zu schneiden, die urtel in gnaden ermiltret und nach
gelasen, mit dem geding, daß sei im überigen dan der urtel ordenlich
statthun sole.

Nr. 17   17. Februar 1699

Zeugenaussagen und Bekenntnis im Prozess der Maria Jori von Pitasch.

Standort: Kreisarchiv Lugnez, Vella, I. B. Akten: Hexenprozessakten 1651-1699.

Clag puncten contra Maria Jory da Pitasch:

1. Seige eine gewisse persohnen nächtlicher zeit von Lumbrein gehn
Mullina[1] gangen, habe er under dem weg einen feyr gesehen umb ein mal
jets sonders betauret, aber in weiter hinein gehen seige ihme mit einem
unerhörte grossen feyr umb geben, do er vil persohnen beobachtet, er ser
erschrokhen unndt schier in ohnmacht gefallen, in werende zeit er obige
Maria gesehen undt erkhendt.

2. Seige bedachte Maria in eines anderen man hauß kommen, da seige
selbiger man haußfrauwen von der kunckhel unndt rad auffgestanden unndt
in der kuchen gangen, daß mütag mal an zu richten. Interim seige die beklagte persohn in der rad unndt kunkhel gangen unndt gespunen, unndt
noch deme sei deß manß frauw in der stuben kommen unndt weiters seiner
gewohnheit noh spinen wollen, seige sei incontinent contractiert unndt
gantz lam worden, doch durch geistlichen mitlen desses umb ein mal ge-
messet. Seige abermahlen disse beklagte Maria in obiges manss hauß
kommen, der man darüber unwillig worden, zümblich mit scharffen worten
auß dem hauß gejagt. Darüber widerumb sein frauwen in einen schweren
krankheit gefallen, daß er widerumb noh geistliche mittlen begeben müssen. In selben weiß zu Illantz in einem würts hauß begeben, den selbigen
würth ihme gesagt, disse seine frauw seige maleficiert, er weiters gegangen
zu einem geistlichen personen, unndt die selbe gleich falß ihne gesagt,

---

[1] Mulina su oder sut, Gadenstatt, Gem. Lumbrein.

eüwere frauwen ist bezauberet, unndt geistliche artznei bestelt unndt gesagt, sei werde vomitieren zu ersten schwartz, zu andern blau oder grien, zum 3. gel auff werffen, welches geschehen, aber doh die frauw wegen disse bezauberung sterben müessen.

Item wider umb denselbigen man geholffen türs heuw rehen an einem schönen heüteren tag. Wie sie daß mitag mol eingenommen, do habe disse Maria den geschir genommen unndt auff den kopff gethan unndt auff gestanden unndt 3 circel gethan undt gesagt: Bin ich nit ein häx, ich kan das geschir nit finden incontinent, wie wol bey schönen wettern geschwindt ein nebel auff gestanden unndt einen schröklich hagel darauß entstanden.

Item eins molß habe der heimb küe hürt 3 s.h. küe eins mals nit mit heimb gebracht, do der hürt morgendß in aller frie hin begeben zu suohen, seigi er gedachte beklagte hauß verbey gangen, gesehen seines erachtens berierte Maria gesehen gegen sein hauß kommen mit einem huodt auff dem haupt unndt noh ihme geschrien: Heit hat es nits bößes wider faren, aber es würd schon ein andern mal geschehen. Er der hürt hin auß gegen der Zurter alp [1] gangen unndt die 3 außgeblibne 3 küe under einen tanen gefunden mit krieß gebunden, er der heilige nam geschrien, seige eß strackhs von sich selbst auffgangen unndt die küe in einen grossen geschwindigkeit heim gewesen. Gleich darauff seige disses hürten vatter von Salgin[2] hin auß begeben, do habe seine küe wollen über einen stein turn ab faren wollen, er geschwindt den eine in der schellen rimen gefallen unndt die selbe erhalten, wie wol einen schwartzen katzen der küen in der schweiff gewessen, aber eine ist über ab gegangen. Do seige es geschrien worden: Kom abe und trag die stückhen hin auff. Solches seige in obige treurung geschehen, ein anderen mal den bedeüten man weiters getreuwet, er geschwindt wider umb darauff schaden enfangen unndt ihme eine küe verreckht.

Weiters eins mal zu einem jung gesellen gesagt: Du sollest zu disse weibern nit gehen, dan disse könen sich wie katzen machen unndt zu der stall fensterlein ein fahren.

Item von 2 justitierte persohnen an geben, daß sie mit ihnen an hexen tantz gesehen.

Hernoch die persohn beystandt unndt vogt durch ihren fürsprecher in antwort hinder bringen lassen, nach deme sie examiniert unndt beratschla-

---

[1] Alp Zuord, Gem. Vignogn.
[2] Silgin, Weiler, Gem. Lumbrein.

get, daß sie in allen obige wider ihro geklagte puncten in allem unschuldig seige unndt werde niemohls solches in der that erfunden werden.

Hierauff der seckelmeister der gemeindt zu raath setzen lassen, unndt die kundtschafften ernambsete unndt begert, solliche vor recht zu produtieren, welhes nach form gestattet, unndt sündt für dissen molen noch 3 folgende verhörth:

1. Zum ersten zeüget Melch Jery da Mullina, eß seige ihme zu erineren, daß er eins malß in der nacht vor ungefahr ein jahr von Lumbrein hin weg gangen unndt noher hauß gehen, habe er under wegs einen feyr under dem weg gesehen, aber vermeindt, es were ein natürlichs feyr unndt nit geforchtet. Wie er aber besser hinein gangen unndt den oberen weg inen gegen seinen hauß zu, habe er gesehen, daß disses feyr weiters gegen ihme hinauff ruckten. Incontinent war disses feyr umb seiner persohn und gleichsam in der miten, so ein übermassen grossen klarheit ware, er ser erschroken, gleichsam schier in ohnmacht gefallen. Daß feyr verschwunden, so villen persohnen seines bedunckhens waren, under anders disse Maria erkanth seines erahtens.

2. Zum anderen zeüget John Töntz, er seige dero Maria schuldig zu bezallen gewessen, sie seige in seinem hausß kommen den zünß abzehollen, sein frauw in der kukhen gangen, daß mitag mal an zu richten, da seige disse Maria zu der selbige kunckhel gangen unndt gespunen, biß daß mitag zu gericht ware. Da habe sie mit ihnen geesset, noch dem essen habe seiner frauwen noch gewohnheit widerumb spinen wöllen, so baldt aber daß sie der spinen in der handt genommen, seige es strackhs in den henden unndt glider kommen, daß sie nits habe mer regken, sonder den spinen fallen lassen müessen unndt an allen glider erlameth unndt zu bet ligen unndt gar nits mer movieren könen. Darauffhin er zeüg dem herrn Joseph[1] pfarrher zu Wrin ab gehollet, welher kommen unndt die frauwen versorgt unndt ir gar nits rekhen könen, der her aber über ihro gelessen, seige geschwindt mit ihro besser worden unndt gleichsam den handt auff lupffen könen unndt ihme herr den handt anerbotten. Jedoch seinen schwager Thomasch gehn Trunß zum pater Carlo[2] geschikht unndt der selbig kommen, habe er alles vergessen gehabt, waß der pater ihme befohlen hate, da er selber noher Trunß begeben müessen. Under wegs in ein würts hauß ein gekert, ein

[1] Joseph Maria Ferrari, 1677-1682 Pfarrer von Vrin.
[2] Pater Karl Decurtins (1650-1712), Benediktiner von Disentis, bekannter Exorzist, wirkte 33 Jahre lang an der von ihm erbauten Wallfahrtskirche Maria Licht in Trun.

238

halbs wein getrunkhen, der würt gefragt, wo er wolle, er zumm ersten nits wöllen sagen, doch lestlich erzelt, habe der würt gefraget, waß fama disse verdachte person were, wo argewohnet, er referiert sein muetter und schwester weren gerichtet, habe der würth gesagt: Seigist versicheret, disse persohn ist in dissem grossen laster vergriffen, sie hat nit in der kunkhel solhes angericht, sondern ist zum essen in geben worden, würst erfahren, daß der pater Carlo solches auch sagen würdt, er alß dan sein weg gefaren unndt zum pater Carl kommen, ihme an gezeigt. Darauff er gesagt: Wür wollen schon helffen, daß besser würdt, unndt geistliche mitlen unndt artznei geben, gesagt, es würdt wehe thuon unndt gegen den halß triben, daß man gleichsam meinte, sie werde müessen ersticken, aber es würdt doch nits tuen, undt würth underschidlich materien vomitieren zu lest, so es schartz kombt, so höret auff artzney ein zu geben, disse dein frauw ist es in einem löffel verpulpfferet, sie hat ingeesset unndt nit an der kunckhel gemacht. Also habe er gethon, wie ihme befohlen unndt seige alleß also abgeloffen, wie der patter gegen ihme geredet, darauff auch besser mit seiner frauwen worden. Jedoch in der frieling habe er den pater Antonio beschickht der damollen zu Wrin ware, welcher kommen undt gelessen, darauff seige sie völlig genessen.

Constitut und bekhandtnus der Maria Jeri da Pitasch an der tortur oder marter, den 17 hornung anno 1699.

Erstlich habe sie etwas ander leüten empfrembdet, ein mohl 5 bazen und ein ander mohl 4 oder 5 bazen und ein halbe krinnen gspunen hampf oder linis, so auch der leüten ehr gestollen oder gescholten, so auch in unsichtigen gedankhen vill mohlen gerathen und sein willen darzu gegeben undt mit sich selbst gesündiget mit einem finger bis weillen mit der persohn veruckhen gesündiget.

Item habe sie etwelche wüsch strauw empfrembdet.

Item bekhendt sie, dz sie in dem laster der unholden begriffen, sie sey ein mohl in der mulli gewest, do sey vor der mulli kommen ein graue geiß, undt dan habe ein persohn namenß Maria Plasch gesagt, sie solle einen anbetten, so werde sie getragen werden, undt dan habe selbige Maria Plasch gesagt, dz deß tier ihro dohero getragen, es sei vort gangen in grossem sprung.

Item sey der teüffell in seinen hauß komen und ihro gesagt, wan sie ihme dienen wole, do wolle er gar vill gelt geben, sie aber ein wenig widerspert, letstlich consentiert undt dan habe sie gott und alle heilligen verlaug-

239

net, aber die muoter gotteß habe sie nit gelaugnet. An selbigen mohl habe sie mit dem teüffell fleischlich gesündiget, dan habe er etwas grauwe pulffer geben, darauf ihro auf dem haubt geschlagen undt sie schier nit wüste von sich selbst, alsbalt sie an sich kommen, sey sie in den Verlixer[1] boden gesin.

Item dz sie zu Ferlgix an dem tantz, so Melch Jöri gezüget, gewest sey, aber sie habe nit tantzet.

Item habe sie dem John de Andrea die s.h. zeitkuh über die felssen abgericht, mit auff selbigen der grau pulver werffen.

Item sey sie underschidliche mohlen in Cavell[2] Cresta Regina[3] am tantz gewest, darzu komen etwelche oder vill auß Fallß[4], welcheß sie köne niemandt.

Item habe sie deß John Tentz frauw am ersten mohl maleficiert mit gewisse pulfer, so der bösse geist ihro gegeben.

Item an dem tag, so sie dem John Tentz geholffen heüwen, do sie dz gschier auff sein kopf gelegt, bekhend sie, dz sie selbigen tag ain ungewitter habe geholffen an richten.

Item sey sey dz erste mohl in Fallß an ein orth, so genand wird Caspusa[5] zum tantz gewest, ein gewisses holsß habe ihro aldorten getragen, welches der bösse geist geben habe. Hernoher habe sie selbiges in vergangen herbst in dem tobell zu Silgin[6] verbrent, nach volendetten tantz haben sie etwas geesset, es sye allerley form speissen gewest, aber es nichts setiges gewest und wan es verschwunden ist, do war selbige speis luther beinen oder roßmist.

So auch ander mohl auff Pedanatschen[7] tantz gsin, auf ein gewisses tier in form eineß rindts.

Item bekhendt sie, dz was die Greickli John Jacob und sein gespanin an gefangen haben, habe sie bis weillen von denen kindern erforderet und bisweillen auch der bösße geist ihro gesagt, daß sie gewüst habe.

Item bekhendt sie, daß in anfang ungfor, do sie in den laster gefallen, sey sie auff dem feldt gewest, do sach sie ein schubpen fich durh den Prau-

---

[1] Farglix, Hof, Gem. Lumbrein.
[2] Alp Cavel, Gem. Lumbrein.
[3] Cresta Regina, Heimwiesen, Gem. Lumbrein.
[4] Vals, Kr. Lugnez.
[5] Nicht identifiziert.
[6] Silgin, Weiler, Gem. Lumbrein.
[7] Planatsch, Galtviehalp, Gem. Lumbrein.

240

vaschger[1] boden aus komen, alsdan sey der bösse geist ihro erscheinen und gesagt, sie solle auff dz vich deß pulverß schütten, sie aber nit wollen thuon, do habe er gsagt, wan sie nit thue, so wolle er zu todt schlagen. Endlich hab sie des pulvers in dem tobell geworffen, do sey dz vich allso gesprungen wie der meister Martin Mang zeüget hat.

Item bekhendt sie, dz sie zu Cresta Regina oder an anderen orten habe geholfen hagell machen, sie heigen an dem gelätscher ergrabet undt dan in der höche geworffen, darauß ungewitter geschechen 4 mohlen.

Item sey ihro in hinauß fieren ein gedanckh eingefallen, dz sie der oberkheit nit die warheit reden soll, von bös geist werde widerstandt gemacht, der böse geist sey auserth Lumbrein in hinaus fierung erscheinen undt solches gesagt.

Interogatio. Ob sie ander leüten mehren schaden zu gefüegt habe, antwortet dz ney. 2 s.h. kelber in Pedanatsch[2] abgericht, darauff puver geworffen. Sie habe ehender sich schlagen lassen, undt wan sie in seinem hauß gewest, habe sie guote ruohe gehabt.

Item habe sie auff deß Jacob Peder dochter der vor ermelte grauwe pulver geworffen, darauff grobe ruden auff des angesicht außgeschlagen, hernoher selbige gesagt, sie solle sein gesundtheit erwenden, sie aber gesagt: ich hab nichts deines genomen.

Item sey sie in Cavell ein mohl an tantz gewest und zu Cresta Reginna 4 mohl und zu La Mulina[3] 1 mohl und zu Pedanatsch oder Caspussa 2 mohl.

Nr. 18   *Vella, 7. Februar bis 2. März 1699*

Kundschaften, Bekenntnis und Urteil im Prozess gegen John Valentin John Marti von Vrin.

Standort: Kreisarchiv Lugnez, Vella, I. B. Akten: Hexenprozessakten 1651-1699.

Den 7 tag hornung anno 1699 jors zu Willa in Langnetz an gewonlichen orth undt gerichts statt.

Hat man criminall gericht gehalten in ambt des herrn landtamen Jullio von Arpagauß der jung allß landtamen der gmeindt und richter undt herr sek-

---

[1] Pruastg dadens/Pruastg dado, Weiler, Gem. Lumbrein.
[2] Planatsch, Galtviehalp, Gem. Lumbrein.
[3] Mulina su oder sut, Gadenstatt, Gem. Lumbrein.

kelmeister Melchior auch von Arpagauß allß seckelmeister der gmeindt und ambts verwaltung.

Hat allso der bemelter herr seckelmeister in namen der gmeindt ein process formierth undt darüber ein klag fieren lassen durch sein mit recht erlaubten fürsprecher herr landtamen Johan Schmith hin wider John Valentin John Marty von Wrin in substanz auff volgender gstalt:

Benandlich solle der obmentionierter beklagter in underschidlichen orthen undt mohlen mit sein eigne mundt bekhendt und auß gered haben, dz er mit mehr persohnen in den grossen laster der unholden vergriffen seigen, sie giengen zum fenster hinauß und dan durch der wandt eckh hinauff bis auff dem tach, worzu sie sich mit fuoß eissen sich besetzen müessen. Allß dan sey es gantz eben aldorten und danach reiten sie auff schwartze katzen bis in die alb Ramosa[1], aldorten sey es dan ein tantz und sey mit priter gemacht gar schön, und under die pretter sey feyr, dz es durch die pretter wärme, so dan kome aldo ein schwartzer mahn auß einem loch, der tantze ein weill mit ihnen und danoh stehe er in mitten und schreibe in einen buoh. Solches undt der glichen solle er beklagter underschidlichen mohlen oder in underschidlichen orthen bekhend und selber gered haben, wie er herr seckelmeister vermeind mit kundtschafften zu erwisen.

Dero halben klagt der herr seckelmeister in namen der gmeindt vor einem wol wisen herrn richter undt gericht, sie wollen den vorbedachten beklagten Johan Valentin durh ihro autoritet zur gebürender stroff und censur zichen, ihme zu stroff und anderen zum exempell, und setzt hiermit sein klag auff des beklagten hab und guoth oder auff sein ehr und leben, jeder zeit noh erkhandtnus eines herrn richters und gericht, noh deme es mit kundtschafften erwiset wird mit mehreren.

Da stuonden in daß recht herr landtamen Morezi Arpagauß, allß beystandt sambt herrn seckelmeister Cristoffell Casanova, als vogt des vorbedachten beklagten, so wollen auch die persohn selbst, und gabent antworth durch ihr mit recht erlaubten fürsprecher herr landtamen Marty von Mundth, es befremde ihnen sehr, der gefierte klag auff ein so einfeltige, weiche und unverständige persohn. Es könne vielleicht sein, dz er etwas möchte gered haben, aber er sey ein persohn, die nit sein völlige verstand oder wüssenschafft habe, vermeinend hiermit ein ersame oberkheit solte auff selbigen reden kein fundament machen, es geschehe auß einfeltigkheit, bitent allso umb gnad.

Noh klag und antwort ließ der herr seckelmeister zu recht setzen noh form des rechts die kunschafften zu verhören, welches noh form gestatet

---

[1] Alp Ramosa, Gem. Vrin.

worden und volgende ernambset und noch gegebne scüssa auch beeidiget worden und dannoh verhört.

1. Da züget erstlich Jacob Petter Jacob Tomasch, das er sich erinere, das der beklagter John Valentin zu ihme gesagt habe: Er undt andere persohnen gehen zum fenster hinauß und durch ein wandt eckh hinauff, allwo sie miessen fuos issen haben bis auff dem tach, allwo sey gantz schön eben, und alls dan riten sie auff schwartz katzen durh Las Fopas[1] aus und auff und dan oben ein bis in die Allp Ramossa, allwo sey ein gar schön eben platz mit preter gemacht, darunder sey fyr, dz es durch die pretter warme, alldo tantzen sye, und do komen gar vill leüth zusamen, allß balt kome aldo ein schwartzer mahn, der auch ein weill mit ihnen tantze, balt hernoh aber sitze er in mitten und schreibe in einen buoch, und er habe geiß fieß.

2. Item züget Balzer John Petter Gallaß undt bestetett obige kundt- schafft mehren teillß.

3. Züget (...)[2], es sey ihme dessentwegen nichts zu wüssen.

4. Züget Jelli John Curau, dz der beklagter John Valentin zu ihme ge- sagtt haben, dz er und noch ein persohn alle hexen oder hexenmeistern sigend und gehen auff dem tantz.

5. Noh klag und antwort, kundschafften und alles, was vor recht ist ge- fiert worden, so ist es mit urttell erkhend, der beklagte solle in die ketten und band erkhent sein.

Bekhandtnus des John Valatin den 9 hornung (1699) vor herr vetter land- tamen Ott und herrn vetter Martin Cabelzar ohne marter.

Erstlich habe sein muoter ihme dz erste mohl auff den tantz getragen, dz er so klein war – do gehen sie zum fenster hinauß und durh den wand eck hinauff bis auff dem tach. Do sey es gantz eben, und dan sein sy auff schwarze rossle geriten auff bis auff Py[3] undt dardurh ihn bis Sut las Furcklaß[4], do sy mit pretter gemacht, aldo haben sy getantzet, und allso im ersten mohl, dz sein muotter ihme an tanz getragen, sey ein schwarzer mahn auß einem loh kommen und dan sein muoter gefrogt, was dz für ein kind sey, sy gesagt, es sey sein kind. Do habe er miessen gott und sein liebe muoter und die heylige drifaltickeit und die heylige sacramenten und alle heilligen verlaugnen, und dan habe der schwartz mahn ihme mit ein messerli ein ader auff der hand eröffnet und mit sein bluoth in einen buoh

---

[1] Foppas, Gem. Vrin.
[2] Name des Zeugen fehlt.
[3] Nicht identifiziert.
[4] Sut las Fuorclas, Alpweide, Gem. Vrin.

geschriben. Do sigen sie alle wuchen etliche mohlen gangen unfelbarlich er, sein muoter, sein vetter John und besy Turte und besi Barbla alzeit, do war allzeit dz rossly bereith ihnerhalb dem haus. Es habe der schwartz mahn ihme wollen thuon etwas rinder zu grundt richten, do sei er zu oberist auff gewesen, und dan haben die ander selbiges gericht, er miesse gehen, wan der vetter John mit dem kleid kome, wie er dz erste mohl geben und kommen ist. Dan haben sie auch steckhen und salben, die selbigen wan sie gehen und wan sie wider zuruckh komen wollen mit etwaß salb, dz er in ein bückhsli habe, welches der vetter John versorge, dz salb büctsli undt der steckhen und auch dz kleidt. Er sagt, der vetter John sey der ergerist, welcher ein mohl ein betty schnuor bey sich hette, do habe er grad dorten müessen außwerffen auff tantz platz, und daz habe der schwarze mahn durh einander machen den vetter John tuohn zu schlagen, unndt er habe niemand anderß könt allß diß seinigen, dan sie haben alle den angesicht bedeckht allezeit, undt er sey dz letste mohl vor 14 tag auff den tantz ge-west. Witers sagt er auch, dz noh deme sie getantzet haben, so habe der schwartz mahn allezeit auch etwas zu essen geben, proth und brotis, aber es ersetiget nichts. Er sagt auch, dz der schwartz mahn allezeit geiß fieß habe undt wan sie zum tantz gangen sind, so haben sie ir bett neben den vetter Christ ein beßen gelegt, do hab er geschlafft bis sie komen sind.

Ein mohl habe vetter John ihme geschlagen, dz er nit an tantz gangen sei durh befelh des besen geist.

Alle obige puncten bestetet John Vallentin vor und an der marter und auch darnoh. Darauff wolle er leben und sterben, dz es die wahrheit seige allso.

Den 17ten hornung anno 1699 zu Willa auff den platz nach sazung der gmeindt undt keisserliche rechtt.

Hat der herr haubtman Jörg Arpagauß allß statthalter des herrn seckelmei-ster der gmeidt ein klag fieren lassen durh sein mit recht erlaubten fürspre-cher herr landtamen Johan Schmith under herren landamen Jullio Ar-pagauß allß richter sambt herr landschriber Jacob Colenberg allß verord-neter herr beyrichter in namen loblicher gmeindt Gruob in ihren abwesen-heit, so auch herr comissary Julli Capaull alls beyrichter in namen loblicher gmeindt Flimbs, hin undt wider Johan Vallentin John Marty von Wrin in substanz, allß in vorhin geschribnen klagt gesetzt ist, dz er selber mit sein mundt bekhendt habe, dz er in den grossen laster der unholden begriffen sey mit mehren.

Dargegen stuondten in dz recht herr landtamen Morezi Arpagauß alls beistand sambt herrn seckelmeister Cristoffell Casanova allß vogt und die beklagte persohn selber und gabent in antwort durch ihr mit recht erlaubten fürsprecher herr landtamen Marti von Mund, gstalt, dz die persohn selber bekhend und dz mehre teile des klags oder gar zufriden ist, aber biten gott und ein ersame oberkheit undt gantze gmeindt umb verzichnus und barmhertzikheit, dan er sey ein einfeltige persohn und sey von juget verfieret worden mit mehreren.

Darauff zu recht gesetzt und volgende kundschafften verhert:
Jacob Petter Jacob Tomasch enderet sich etwas.
Balzer John Petter Gallus bestettet auch mehren teills.
Jelli John Curau bestetet hier vor sein gegebene kundtschafft.

Nach verhörung, clag undt darüber gethone antword, verhörung der kundtschafften undt alleß dz jenige, so vor recht ist gefiert worden, so ist es mit recht und urttell erkhend, dz er nit genuogsam verantwortet habe, sonderen solle zu ferner bestettigung der warheit an dz ort der warheit erkhend sein, jeder zeit gemeß und auff dz miltiste allß ihmer müglich ist.

Den 2 mertzen anno 1699 auff offnen platz noh sazung der gmeindt und keiserliche recht hat man deß John Valentin bekhandtnus offentlich gelesen, welche er bestett in allen und durh auß.

Allso noh verhörung desses, so in consideration der grossen laster und sünden, allß ist mit recht undt urttell erkhendt, dz diser beklagter dem herrn seckelmeister in namen der gmeindt nit gnuog verandtwortet habe, gestalt, dz er noch sazung der gmeindt undt keiserliche recht durh dem scharpf richter durch dz schwert jutitiert und hingericht werden von leben zum todt undt dan sein leib der gfründen schencken undt übergeben.

Der allmächtige gott verleihe ihme gnadt, verzeiche seine sünden und gebe die ewige seelligkheit. So geschehe in namen gottes vatterß, sohns und heyliger geist durh fürbit der glorwürdige muoter gottes Maria.

Auch sein hab und guoth solle dem fisco verfallen sein mit geding, daß zu vor alle rechtmessige schulden sollen bezalt werden.

Nr. 19   *6. Dez. 1699 bis 5. Februar 1700*

Prozess gegen den Hexenmeister Christ Mathiu von Castrisch, der an Verletzungen der Folter gestorben ist.

Standort: Stadtarchiv Ilanz, I. B. Akten zu Faszikel IV, Kriminalakten 1600-1756, Nr. 375.

Den 5 februar anno 1700 klagt ein herr sekelmeister Hans Weibel in nammen der gmeindd durch seinem mit recht gegebnen fürsprecher junker vicari Ambrosi Schmidt von G(rünek) hinwider den Christ Mathieu von Kestris in substanz wie volget:

1. Fama
2. Imputatio. Duplex
3. daß er gesagt einer sicheren person, sie solle kein anst haben, wan er nit komme und die erfolgte rumor
4. daß er sich nit verantwurtet auff die imputation
5. daß die lavureta hete man können underwegen laßen
6. daß ein person redliß worden auff gehorten getümel
7. gehört ein getümel im stall
8. wegen gerüreten und verdorben s.h. schweinß
9. daß ein person im hauß hirsch geßen und krank worden
10. auff gethane droung ein groß gethümel, und erschüterung gehört worden.

Den fünfften februar anno 1700 hat ein herr sekelmeister Hans Weibel im nammen der gmeind Grub under dem ampt deß herrn landtamman Leonhard Marchio durch seinen mit recht gegebnen fürsprecher junker vicari Ambrosi Schmidt von Grünek ein klag geführt hin wider den Christ Mathieu von Kestris in substantz wie volget:

1. Wegen der fama, daß er von zeit zu zeit in bösem verdacht gsin.

2. Daß er Christ von zweien hingerichteten persohnen angegeben worden, daß er auff underschidenlichen täntzen seige gesechen worden, wie auch hat die drite person, so in die tortur gezogen, bekent, daß sie darauff sterben wolle, daß er seige gsin an den täntzen, und wie man die person zu ihme geführt hat, ist sie bestanden und hats vor ihne bekrefftiget, daß er seige zu underschidenlichen mahlen mit gsin, und an underschidenlichen orthen, absönderlich einmahl habe sie der böse geist nit wollen heim tragen, habind sie müßend selber heim gan. Seige er, Christ, an einem stotzen oder graben kommen und gefallen, und wie er habe nit können auffstan, habind sie ihn müßen auffhelffen.

3. Daß ein sichere person ihme vor vielen jahren gearbeitet und wie es schlafenzeit gsin, habe er der person ein bett gewisen in der stuben mit bedeüten, er solle schlaffen, und wan er nit komme, solle sie kain acht haben, und wie es darauff in der nacht für ein gethümmel entstanden, daß

246

der die gemelte person nit können schlaffen, sonder vermeint, es wolle alles under und obsich gan, und also böses geargwohnet.

4. Daß eine person ihme gesagt, daß er für ein hexenmeister verschreit seige, er es nit widersprohen.

5. Daß er Christ eine raths person gefragt, ob es gericht seige, auff die endliche verjehung gesagt: Quella lavuretta pudessan ei bein schar.

6. Daß er zu sommers oder heüen zeit am berg dem seinen knecht zu nachtessen geben und sich gsöndert, auch den knecht zu schlaffen im oberen stall auff dem heü gewisen mit bedeüten, er wolle im underen stall schlaffen, und wie die person oder knecht mitten in der nacht umb den stall gehört gigen, auch empfunden den stall erschütlen, und wie sie in forcht und argwohn gerathen dardurch, daß der Christ nit müsse gut sein.

7. Daß der Christ Mathieu zu einer zeit in die alp Cavel kommen, und wie er im staffel kommen und ein s.h. schwein gesehen, welcher, wie er vermeint, seige besser ghalten alß die andere, mit seinem steken gerürt und gesagt, dieser habe ein besseren patron alß die andere, und wie der s.h. schwein darauff nit mehr sauffen wollen, weder schoten noch milch, und in 3 oder 4 tagen verdorben seige.

8. Daß sein knecht in seinem hauß ein hirsch gessen, alß er hat sollen gen berg fahren, und der Christ Mathieu nit wollen mit essen, allein der Jon Paul sein eniklein habe ein wenig gessen, wie der knecht gen berg gangen, und biß am abend nach dem nachteßen nichts empfunden, aber nach dem nachteßen ihme wehe worden, daß er sich vier tag nit regen mögen, und acht tag unpäßlich gsin.

9. Daß der gemelte Christ einem man gedreüet, daß wan er sein sohn nit mit rhue laße, so wolle er ihme den lohn geben, und wie der man mit einem anderen grad darnach im berg mit einanderen geschlaffen, und wz für ein getümmel, erschütterung, forcht und angst sie habind in der nacht außgstanden.

In antwort begegnet junker Brincatzi von Castelberg alß vogt und herr landammann Moriz de Arpagauß alß beistandt, durch ihrem mit recht gegebnen fürsprechern herrn Nuth von Casuth.

Volgent der klag kundschafften.

Züget Ruben Cawiezel: Sie seigend allein im streit gsin, und Mathieu habe von ihme zuforderen kan ein halb R.[1], und er sich gerümet, daß er sige

---

[1] Rheinischer Gulden.

kirchen vogt gsin, darauff er Ruben gesagt, du magst gsin sein, wer du wilt, so sagt jederman, dz du seist ein hexenmeister und er Mathieu habe ghört und geschwigen.

Züget meister Peter Bieler:
Vor ungfar 2. johr gwerket, und an abend nach dem eßen habe der Mathieu gesagt, er gange gen heimgarten, er wüsse nit wan er komme, und er solle gen schlaffen gan. Er seige gangen, und miten in der nacht habe eß angefangen rumplen, daß er kein ruh kan, und gsehen habe er nit. Am anderem tag habe er ihre schwester gewerket, da habe die schwester befohlen, am abend er solle wider da kehren und schlaffen, er habe nit wollen und gesagt, wie es ergangen. Da habe sie gesagt, er solle dan schweigen.

Züget Martin Chispar:
Es seige nit lang ist, daß der Lenard kommen und der Mathieu gefraget, ob es gericht sige, er gesagt, dz nein, und morgen er gesagt, daß ja. Da habe er gesagt: Ei, quella lavuretta vessan ei pudieu schar.

Thorote Banadeg züget:
Christ Matiu, er habe ein mal den Jelli murer gerüfft und seige in hauß gangen, bald außkommen, und dz zum anderen mohl und habind gstritten, und wie er fürauß kommen, habe er gesagt: Jelli, Jelli, last du mein bub nit mit friden, so will ich dir ein mahl den lohn geben.

Züget Jeri Banadeg:
Es seigind viel jahr, daß sie Jeri und Jelli gen Wrin gangen und den Jelli geladen mit ihm zu schlaffen, und alß sie mit einanderen entschlaffen und niemand gsehen, seige eß umb miternacht kommen zu obrist am tach und eß krahet habe, und von oben biß zu undrist dz es den stall erschüt, da wie es auffghört, habind sie gschauet, ob es im stall wo gschadt, und es seige alleß reht gsin und gsehen habind sie niemand.

Züget Jelli Dunauet:
Vor ungefahr 10 jahr seige er undere dem staffel gsin und der Christ seige dort gsin, und der Christ habe den s.h. schwein gerürt mit dem steken und gefragt, weß der seige und auch gesagt, daß der ein beßeren patron habe alß die andere, darauf dz thier nie mehr wollen sauffen und seige in ungefahr 4 tag verdorben.

Züget im gegentheil der Tschentz:
Daß auch nach der zeit zweien hauß thieren also widerfahren, wie mit deß Christ Jacob Balzar geschehen, daß es nit habe wollen sauffen und verdorben, daß es seige in dem jahr ein presten gsin.

Züget Christ Jacob Cabalzar:
Daß er seige sein nachbaur gsin und habe nichts von ihm gsehen, daß ein argwohn müchte verursachen, sonder habe viel gelesen und habe auch nichts von ihm ghört.

Züget Barklamieu Caduff:
Daß er viel mit ihm ghandlet und von ihm wüße nichts, alß alleß guts von ihme, und nichts daß suspetos were, habe auch von ihme nit böses gehört sagen.

Züget Jon Bürkli:
Daß er mit ihm ghandlet wie ein ehrlicher man, daß er sein arbeit nach versprechen redlich zalt habe, er habe ein post zu forderen ghan und heige die zalt für anno 98. 95 gsezt gsin, habe ihn an einem mittwohen gerüfft, daß er wollte, man könnte dz recht setzen, und habe den landammann begert, dz er eß thue.

Züget Reget Corai:
Daß sie seigend nachbauren, und nur ein wand sie scheide, und habe nit ghört rumplen, sonder alleweil leßen, auch weiters nichts böses.

Meister Joh. Fantauna züget:
Daß er ihme viel gewerket, und er ihme auch viel mal tabak geben, habe nichts böses gsechen, sonder wol, dz in der zahlung der arbeit were es ihme gfelt gsin, und der Christ habe anzeiget, es seige gfelt.

Züget Christof Fantauna:
Daß er ihme gearbeitet, und wüße von ihme nichts dan alleß guts.

Martin Chispar deponiert:
Daß er habe sein vieh getränkt, und da seige der Lienard Jeri Josch von Ilantz kommen, da habe der Christ Mathieu ihn gefraget, ob hüt gericht seige gsin. Er, Lienard geantwortet, daß nein. Darauff wollen wissen, ob morgen gericht seige, sagte Lienard, daß ja. Darauff er Christ gesagt mit lächlen: Quella lavuretta pudessan ei bein schar.

Jon Nig soll bericht ablegen.

Risch Thieni:
Deponiert Risch, daß zu einer zeit in deß Christ Mathieu hauß gewesen, und er Christ seige nit in der stuben gsin, wie er aber habe wollen weg gan, so seige stegen ab gangen, und alß noch an die thür kommen, habe er in under hauß zunechst wo er war ein übergroß gereüsch und getümmel gehört, alß werenß waß die dort schlagen und springen theten so sehr, daß er erschroken und redloß worden, und gsehen habe er niemand.

Zum anderen deponiert er, daß ein mahl in deß Christ Mathieu stall gelegen in der nacht, da habe er ein über groß gereüsch gehört, daß es den stall erschütet, und er geförchten, aber gsehen habe er niemand.

Drittenß deponiert er, daß er zu einer zeit ihr vich am berg gehietet, und alß er an einem tag dort gessen hirsch, daß die Trina kochet hatte, und darauff gen berg gangen, habe es ihme so wehe than, daß er acht tag müssen ligen.

Wegen Christ Mathieu verhalten:
Meister Peter Bieler von Vallandaß soll wüßen, daß er dem Christ Mathieu gewerket, und der Christ abend zu ihm gesagt, er solle kein acht haben, wan es wz geschehe, wie eß ergangen, kann er berichten.

Deponiert Jelli Dunauet vettern von Lufis:
Daß er vor ungefahr zehen jahren in der alp Cavel gewesen, da seige der Christ Mathieu zu einer zeit herein kommen, habe gesehen ein s.h. schwein, so deß Christ Jacob Balzar gewesen, welchen er auff dem rukhen mit dem steken gerürt, sagende: Der hat ein beßeren patron alß andere. Darauff dz thier fürohin nit wollen weder eßen noch trinken, und in drei tagen verdorben, habe auch grad zuvor, ehe dan er mit dem steken gerürt, schoten gesoffen.

Deponiert Ruben Cawiezel den 6. decembris anno 1699.
Daß er zu einer zeit auf dem berg mit dem obigen Christ Mathieu von Kestris s.h. vieh gemerktet, und seigind miteinanderen in zweitracht gerathen, darzwischend der Christ Mathieu ihme gesagt habe: Bin ich so lang kirchen vogt gsin und hab so viel mahl die bibel durch gelesen, solte ich nit so gut sein wie du oder beßer. Darauf der Ruben ihme zur antwort geben: Du magst sein wer du wilst, umb ein mahl sagt jederman du seigist ein hexen meister. Darauff der Christ darvon gangen und unverantwortet bleiben laßen.

Ist ein rechtsatz mit urthel erkhent, daß der Risch Thieni zügen mög und die Torothe auch.

Züget Risch Thieni:
Vor ein jahr seige er halb zeit bei ihm gsin nach dem nachtessen tabak trunken, und der Christ Mathieu auff die gaß gangen, und er habe von hauß heim wollen, und der Christ seige noch mit kommen gsin, seige er zur ersten hauß thür über d'stegen abgangen, und alß er die vorder thür auffthun wollen, habe er ein groß getümmel und schlagen gegen dem holtz im underen hauß gehört daß er erschroken und redloß worden, auch sich an der mauren gelenket, bald wie er zu sich selbsten kommen und außgangen und auch gschauet, ob niemand da were, aber niemand gsehen.

Züget weiters:
Daß er im meyen vor ungefohr die halbe zeit bei ihm in dienst gsin und er vor dem mey markt mit den s.h. vieh gen berg gangen, da habe die Trina ein hirsch kochet, und er sines orths gessen, und der Jon Paul auch ein wenig, und der Christ Mathieu nicht, dan es seige zu früe, seige gangen und habe an abend zu nacht geßen und nichts empfunden. Seige in deß Christ Jacun Balzar stall gangen nach dem nachteßen und tabakiert, habe wehe empfunden, seige zu seinem stall kert, habe ihm in der nacht fast wehe dahn, und gstoket blut, von der nasen gangen, daß er sich vier tag nit regen mögen. Woher es rühre, habe er nit gewust, nach und nach habe es aufghört, habe darnach schier ein argwohn gfaßet.

Züget weiters:
Zwischend 15.,16. und 17. jahr im somer gheüt im berg, und der Christ Mathieu ihme zu nachteßen fürgstelt schmaltz und keß, und gesagt, er solle recht eßen, und seige beßer inen gangen, habe auch gesagt er solle im oberen stall schlaffen, und er Christ wolle im underen schlaffen, dan im underen habe er vom meyen strau ghan, und er, Risch, heü im oberen. Und es seige in der nacht dunkel worden. Habe er bald ghört ein wenig ein gigenstrich, bald sterker, bald habe es dan recht giget. Er seige erschroken und still bliben und gemerkt, eß könne nit weit darvon sein. Habe es dan darauff giget und den stall erschüttlet. Ein argwohn habe er auff dem Christ gefaßet, dz er nit just seige, allein gesehen habe er nit.

Nach verhörter klag, antwort, und auch kundtschafften, und wz in dem recht komen, so ists mit urthel erkent, daß der gegentwertige Christ Mathieu solle gebunden an den ort der wahrheit geführt werden. Gott gebe etc.

Nach verhörter klag und antwort, auch kundschafften ist Christ Mathieu mit urthel in banden erkent. Gott wolle, daß ihme nit unrecht geschehen.

Suenter quei chilg ei aschi tadlau ploing, rasposta, pardichias a tutt quei cha enten dreg ei vagnieu, schi eisei cun truament anchunaschieu, chilg present Christ Matthieu deigig ngir farmaus en cadeinas a manaus silg lieug da la vardad. Deus dettig la grazia chell possig gir la vardad a daventig a nagin antiert.

Nota, und verzeichnuß deße, so an der folterung deß Christ Mathieu von Kestris zu setzen.

1. Am ersten Abend daß er zur folter gezogen, hatt er sich mit grosem eifer geeilet zur folter.

2. Nach deme er auffzogen worden, hat er kein seüffzen gelaßen, sonder entschlafen, wie er selber bekhent hat, und schmertzen keinen empfunden, wohl aber darbei gelachet und sein gute farb behalten und nit begert, man solle ihn ablaßen.

3. Im anderen mohl gleich wie oben, jedoch hatt es geschinnen, daß er ein wenig schmertzen an den glidern empfinde, gleich wohl hat er sein gut wort und farb behalten und nit begert, man solle ihn ablaßen.

4. In der dritten tortur williglich zur selbigen kommen und auch kein schmertzen wie in der ersten empfunden, wohl aber begert, man solle ihn sterken lassen.

5. Bei dem schmitzen[1] lustig gewesen und darbei gelachet, auch gesagt zu dem meister, er solle nur sein vermögen thun und zuschlagen, so lang er wolle, er müße wohl hören, und seige kein blut fürkomen und nichts gschwollen gewesen, sonder laut deß meisters gegebnen bericht seige gefroren gewesen, hat auch allezeit sein gute farb und verstandt behalten und seige allemahl williglich mit lachenden mundt zur folter gangen.

6. In der klappen habe er durch und durch truzet.

7. In allem folteren hatt man nie mahlen möge darzuhalten, daß er dem teüffel absage.

8. Alß man zum confront geführt hat, er nit anderst gesagt, alß daß man bericht nemme von einer schlechten person.

9. Daß man hatt dz zeichen gefunden, eins am schenkel und dz andre an einem arm, und alß man probiert mit nadelen, habe man an den orthen kein blut gespürt, aber darbei habe dz blut fürgflossen, und hat auch nichts emp-

---

[1] Schmitzen = auspeitschen.

funden, daß man also wahrnemen können, daß der Christ seige bezeichnet gsin wie andere hexen auch.

10. Alß er gestert ein letsten examen von einigen herren deputierten ersucht worden in seinem bet, er solle die wahrheit bekennen, hatt er begert, man solle ihme den eid geben, so wolle er bekenen die wahrheit, und ist auch guter farb und guter red gewesen.

11. Habend meine herren die visite an dem todten cörper gethan und befunden, auch gsehen, daß viel rothe strich und große rothe bletz an der linken achsel und rechten brust, auch under dem rechten arm wie auch der ruken gantz roth, alß were es mit wein begoßen zu sehen.

Nach deme die clag, so herr sekelmeister in nammen der gmeind durch seinen fürsprecher herrn vicari Ambrosi ohne antwort verhört worden hinwider den abgestorbnen Christ Mathiu von Cestris, ist endlich mit urthell erkhenth, daß namlichen der leib deß Christ Mathiu an einem orth durch den scharpfrichter solle geführt und begraben werden. Hierauf auf anhalten dess vogtes und verwandschafft ist endlichen auß gnaden die urthell verrenderet und der leib der verwandschafft geschenkth. Daß aber nit im kirchoff vergraben werde, daß guth den erben gelasen, vorbehalten die uncostungen, so seinetwegen ergangen, sollen abgestattet werden.

Abkürzungen

A	Archiv
BM	Bündner(erisches) Monatsblatt
Gem.	Gemeinde
JHGG	Jahresbericht der Historisch-antiquarischen Gesellschaft von Graubünden
Kr.	Kreis
StAGR	Staatsarchiv Graubünden, Chur
SZG	Schweizerische Zeitschrift für Geschichte
ZSKG	Zeitschrift für schweizerische Kirchengeschichte

Quellen- und Literaturverzeichnis

A. *Ungedruckte Quellen*

Staatsarchiv Graubünden, Chur:

AB IV 1/7, 29, 30, Bundstagsprotokolle der Drei Bünde, 1590-99, 1654-61.

AB IV 6/40, Kopialbuch von Breil/Brigels, 1556-1778.

B 1788, Mercwürdigkeiten aus dem Archiv Gruob. Hexerei- und andere Criminal Prozesse, abgeschrieben1828.

B 2001, Landesschriften zur Geschichte Graubündens, 1607-1794.

A II LA 1, Landesakten, spez. Hexenprozessakten Urschla Wagauw, 1652.

Bischöfliches Archiv, Chur

Urkunde vom 21. Januar 1434, sub dato.

Debitorium generale, Bd. 1.

Stadtarchiv Chur:

AB III/P 01.005. Raths-Protokoll der Stadt Chur, 1641-50.

CB III Z 45.2. Kirchen- und Regimentsordnung der Drei Bünde Evangelischer Religion, 1642/1650, Schriften-Sammlung von löbl. Schmidzunft, 2. Bd., 1610-1650, S. 712ff.

Kreisarchiv Lugnez, Vella:

I. B. Protokolle der Hexenprozesse Lugnez und Vals.

Stadtarchiv Ilanz:

I. B. Akten zu Faszikel III, 1600-1780.

I. B. Akten zu Faszikel IV, Kriminalakten, 1600-1756, spez. Hexenprozesse von 1652-1700.

Gemeindearchiv Laax:

I. B. Gerichtsakten 1653-1687, Pli I, Dokumente 1-21.

Buch 14.1. Protocollum criminalischer Sachen, so anno (16)54 angefangen und seithero wie hierein zu sehen.

Gemeindearchiv Safien:

Alt-Gerichtsarchiv Safien, Kuvert Nr. 45. Hexenprozessakten, 1650-1698.

Gemeindearchiv Waltensburg/Vuorz:

Buch 14.14. Kriminalgerichtsprotokollbuch der Gerichtsgemeinde Waltensburg, 1650-1753.

Urkunden und Akten V. 2.9; 2.10; 2.11; 2.12; 2.14; 2.26; 2.27; 2.28; 2.35; 2.36; 3.22; 3.23; 3.24: Hexenprozessakten.

B. Gedruckte Quellenwerke

ANHORN, BARTHOLOMÄUS (d.Ä.): Aus B' A's Chronik der Stadt Maienfeld, bearb. von ANTON VON SPRECHER, 1.-3. Bd., o.O. 1992.

ANHORN, BARTHOLOMÄUS (d.J.): Magiologia, Christliche Warnung vor dem Aberglauben und Zauberey. Basel 1674.

ARDÜSER, HANS: Rätische Chronik (1572-1614), hrsg. von J. BOTT, Chur 1877.

Bibliografia retorumantscha (1552-1984) e Bibliografia da la musica vocala retorumantscha (1661-1984), bearb. von NORBERT BERTHER und INES GARTMANN, Chur 1986.

[GILLARDON, ANDREAS:] Predig. Gehalten zu Thusis/ den 4. Junii/ Anno 1714. Nachdeme eine junge Tochter von 16. Jahren Namens Zillia Caminada auff dem Heintzenberg zu Sarn/ als eine Unholdin oder Hex durch den Scharfrichter enthauptet und hingerichtet worden/ under vielen tausend zuschauenden und meistentheils thränenden Augen. Chur 1714.

Kayser Karl des Fünften und des Heil. Römischen Reichs Peinliche Halsgerichts-Ordnung nebst denen darzu gehörigen Vorreden, Göttingen 1777.

Kurcze Denen allgemeinen Rechten und Landsbräuchen gemäß/ auß Hoch-Oberkeitlichem Special-Befelch eingerichtete Malefiz-Ordnung in diesen Un-seren Gefreyten Bündtnerischen Landen/ bey begebenden leidigen Fählen zu observiren/ und zugebrauchen. Allwo Die von Alters hero bey jedem Lobl. Hochgricht üblich geweßten Fromalien und Solennitæten/ in Formierung deß Malefiz-Gerichts/ und Exequierung der End-Urthel/ zu jedesen fernerem will-kührlichem Gebrauch heimgestellt werden. Chur 1716.

Materialien zur Standes- und Landesgeschichte gem. III Bünde (Graubünden) 1464-1803, hrsg. von FRITZ JECKLIN, I. Teil: Regesten, Basel 1907; II. Teil: Texte, Basel 1909.

Rätoromanische Chrestomathie, hrsg. von CASPAR DECURTINS, I. Bd., Erlangen 1888; II. Bd., Erlangen 1901; X. Bd., Erlangen 1914 (Nachdruck: Chur 1982-1983).

SERERHARD, NICOLIN: Einfalte Delineation aller Gemeinden gemeiner dreyen Bünden, neu bearb. v. OSKAR VASELLA, hrsg. von WALTER KERN, Chur 1944.

SPRENGER, JACOB/INSTITORIS, HEINRICH: Der Hexenhammer (Malleus malefica-rum) (1486), München 1985.

Staatsarchiv Graubünden, Gesamtarchivplan und Archivbücher-Inventare des Dreibündearchivs, des Helvetischen und des Kantonalen Archivs, bearb. von RUDOLF JENNY, Chur 1961.

Staatsarchiv Graubünden, Bd. I: JENNY, RUDOLF: Das Staatsarchiv Graubünden in landesgeschichtlicher Schau, 2. Aufl. Chur 1974.

Staatsarchiv Graubünden, Bd. II: Handschriften aus Privatbesitz im Staatsarchiv Graubünden. Repertorium mit Regesten, bearb. und hrsg. von RUDOLF JENNY, Chur 1974.

Staatsarchiv Graubünden, Bd. V/2: Landesakten der Drei Bünde. Erste Regestenfolge zu den Landesakten 843-1584, hrsg. und bearb. von RUDOLF JENNY, Chur 1974.

WAGNER R./SALIS, L.R. VON: Rechtsquellen des Cantons Graubünden (Oberer Bund). Basel 1887.

C. Literatur

ABEL, WILHELM: Massenarmut und Hungerkrisen im vorindustriellen Europa, Hamburg und Berlin 1974, S. 130ff.

AHRENDT-SCHULTE, INGRID: Weise Frauen - böse Weiber. Die Geschichte der Hexen in der Frühen Neuzeit, Freiburg i.Br./Basel/Wien 1994.

BADER, GUIDO: Die Hexenprozesse in der Schweiz, Zürich 1945.

BARDILL-JUON, LILLY: Malefizgerichte und Hexenverfolgungen in Graubünden, in: Terra Grischuna 1979, S. 98-101.

BAUMGÄRTNER, ANTON: Die Geltung der peinlichen Gerichtsordnung Kaiser Karls V. in Gemeinen III Bünden, in: Abhandlungen zum schweizerischen Recht, Neue Folge 46. Heft, Bern 1929, S. 1-197.

BECKER, GABRIELE/BOVENSCHEN, SILVIA/BRACKERT, HELMUT u.a.: Aus der Zeit der Verzweiflung. Zur Genese und Aktualität des Hexenbildes, Frankfurt a.M. 1977.

BERGER, MATHIS: Aus Bündens Vergangenheit. Schriftenreihe der Neuen Bündner Zeitung, Chur 1965, S. 15-38.

BERGER, MATHIS: Der neuentdeckte Churer Hexenprozess vom Jahre 1652, Schriftenreihe der Neue Bündner Zeitung, Chur 1971.

BERNARDI, LUIGI DI: Storie di streghe in Valtellina, Valchiavenna, Val Poschiavo, Sondrio 1996.

BORST, ARNO: Anfänge des Hexenwahns in den Alpen, in: Ketzer, Zauberer, Hexen. Die Anfänge der europäischen Hexenverfolgungen, Frankfurt a.M. 1990, S. 43-67.

BOVENSCHEN, SILVIA: Die aktuelle Hexe, die historische Hexe und der Hexenmythos, in: Der Hexenstreit. Frauen in der frühneuzeitlichen Hexenverfolgung, hrsg. von CLAUDIA OPITZ, Freiburg im Breisgau 1995, S. 36-99.

BRACKERT, HELMUT: Zur Sexualisierung des Hexenmusters in der Frühen Neuzeit, in: Ordnung und Lust. Bilder von Liebe, Ehe und Sexualität in Spätmittelalter und Früher Neuzeit, hrsg. von HANS-JÜRGEN BACHORSKI, Trier 1991, S. 337-358.

BRUNOLD-BIGLER, URSULA: Hungerschlaf und Schlangensuppe. Historischer Alltag in alpinen Sagen. Bern/Stuttgart/Wien 1997.

BÜCHLI, ARNOLD: Mythologische Landeskunde von Graubünden. 2.Teil: Das Gebiet des Rheins vom Badus bis zum Calanda, 2. Aufl. Aarau 1970.

BUNDI, MARTIN: Stephan Gabriel. Ein markanter Bündner Prädikant in der Zeit der Gegenreformation. Ein Beitrag zur politischen und Geistesgeschichte Graubündens im 17. Jahrhundert, Chur 1964.

CAMENISCH, CARL: Carlo Borromeo und die Gegenreformation im Veltlin mit besonderer Berücksichtigung der Landesschule in Sondrio, Chur 1901.

CAMENISCH, EMIL: Bündnerische Reformationsgeschichte, Chur 1920.

CAMENISCH, EMIL: Geschichte der Reformation und Gegenreformation in den italienischen Südtälern Graubündens und den ehemaligen Untertanenlanden Chiavenna, Veltlin und Bormio, 2. Aufl. Chur 1950.

DAXELMÜLLER, CHRISTOPH: Die Erfindung des zaubernden Volkes, in: Jahrbuch für Volkskunde Neue Folge 19, 1996, S. 60-80.

DAXELMÜLLER, Christoph: Zauberpraktiken. Eine Ideengeschichte der Magie, Zürich 1993.

DECKER, RAINER: «Ihre Prozessführung verstösst auch gegen das Naturrecht». Wie die römische Inquisition 15 Bündner Hexenkindern das Leben rettete, in: BM 1999, S. 179-191.

DELUMEAU, JEAN: Angst im Abendland. Die Geschichte kollektiver Ängste im Europa des 14. bis 18. Jahrhunderts, Bd. 1 und 2, Hamburg 1985.

DEPLAZES, LOTHAR: Die Gerichtsgemeinde Laax-Sevgein und die Dorfgemeinde Laax, in: Laax, eine Bündner Gemeinde. Studien zu ihrer Geschichte, Sprache, Kultur und zur touristischen Entwicklung, Laax 1978, S. 50-82.

DESAX, JOSEPH: Organisation der Kriminalgerichte im Gebiet des Grauen Bundes, Chur 1920.

Dicziunari Rumantsch Grischun, Chur 1939ff.

DÜLMEN, RICHARD VAN: Theater des Schreckens. Gerichtspraxis und Strafrituale in der frühen Neuzeit, München 1988.

DÜLMEN, RICHARD VAN: Volksfrömmigkeit und konfessionelles Christentum im 16. und 17. Jahrhundert, in: Volksreligiosität in der modernen Sozialgeschichte, hrsg. von WOLFGANG SCHIEDER, Göttingen 1986, S. 14-30.

DUERR, HANS PETER: Traumzeit. Über die Grenze zwischen Wildnis und Zivilisation, Frankfurt a.M. 1984.

Enzyklopädie des Märchens. Handwörterbuch zur historischen und vergleichenden Erzählforschung, Berlin 1977ff.

ERBSTÖSSER, MARTIN: Ketzer im Mittelalter, Stuttgart 1984.

FÄRBER, SILVIO: Der bündnerische Herrenstand im 17. Jahrhundert. Politische, soziale und wirtschaftliche Aspekte seiner Vorherrschaft, Zürich 1983.

FEHR, HANS: Zur Erklärung von Folter und Hexenprozess, in: SZG 24 (1944), S. 581-585.

GINZBURG, CARLO: Hexensabbat. Entzifferung einer nächtlichen Geschichte, Berlin 1990.

GÖTZ, ROLAND: Der Dämonenpakt bei Augustinus, in: Teufelsglaube und Hexenprozesse, hrsg. von GEORG SCHWAIGER, 2.Aufl. München 1988, S. 57-84.

GRISCH, MENA: Treis fragmaints da protocol digl criminal da Surses, in: Annalas da la Società Retorumantscha, 56 (1942), S. 188-214.

HAMMES, MANFRED: Hexenwahn und Hexenprozesse, Frankfurt a.M. 1977.

Handbuch der Bündner Geschichte, Bd.1-4, Chur 2000.

HASLER, EVELINE: Die Vogelmacherin. Die Geschichte von Hexenkindern, Zürich 1997.

HANSEN, JOSEPH: Zauberwahn, Inquisition und Hexenprozesse im Mittelalter und die Enstehung der grossen Hexenverfolgungen, München 1900.

Die Hexen der Neuzeit: Studien zur Sozialgeschichte eines kulturellen Deutungsmusters, hrsg. von CLAUDIA HONEGGER, Frankfurt a.M. 1978.

HOFER-WILD, GERTRUD: Herrschaft und Hoheitsrechte der Sax im Misox, Poschiavo 1949.

HUNEKE, VOLKER: Überlegungen zur Geschichte der Armut im vorindustriellen Europa, in: Geschichte und Gesellschaft 9 (1983), S. 491ff.

JANKI, ANNA: Über Hexenkult und Hexenprozesse in der Gerichtsgemeinde Waltensburg im 17. Jahrhundert mit besonderer Berücksichtigung der Prozesse des Jahres 1652. Heimatkundearbeit am Bündner Lehrerseminar Chur 1980.

JILG, WALTRAUT: «Hexe» und «Hexerei» als kultur- und religionsgeschichtliches Phänomen, in: Teufelsglaube und Hexenprozesse, hrsg. von GEORG SCHWAIGER, 2. Aufl. München 1988, S. 37-56.

JOOS, LORENZ: Die Kirchlein des Safientals, in: BM 1936, S. 1-26.

JUON, EDUARD: Zwei Bündner Frauenschicksale im 17. Jahrhundert, in: BM 1928, S. 397-408.

KAMBER, PETER: Die Hexenverfolgungen im Waadtland (1581-1620). Unveröffentlichte Lizentiatsarbeit Uni Zürich, 1980.

KATTENBUSCH, DIETER: Anno 1663. Ady. 5. nouember... Protokoll eines Hexenprozesses im Münstertal, in: Annalas da la Societad Retorumantscha 107 (1994), S. 340-356.

Ketzer, Zauberer, Hexen. Die Anfänge der europäischen Hexenverfolgungen, hrsg. von ANDREAS BLAUERT, Frankfurt a.M. 1990.

KNEUBÜHLER, HANS-PETER: Die Überwindung von Hexenwahn und Hexenprozess, Diessenhofen 1977.

KÖRNER, MARTIN, Glaubensspaltung und Wirtschaftssolidarität (1515-1648), in: Geschichte der Schweiz und der Schweizer, Bd. II, Basel/Frankfurt a.M. 1983.

KRISS-RETTENBECK, LENZ: Bilder und Zeichen religiösen Volksglaubens, München 1963.

KUNDERT, WERNER: Die Hexenprozesse im Puschlav 1631-1753. Nach den Arbeiten von Bundesrichter Gaudenzio Olgiati, in: Zeitschrift für Schweizerisches Recht 104 (1985), S. 301-343.

LABOUVIE, EVA: Zauberei und Hexenwerk. Ländlicher Hexenglaube in der frühen Neuzeit, Frankfurt a.M. 1991.

LAELY, A.: Das Hexenwesen in Alt-Davos, in: Davoser Revue 1942, S. 188-195.

LEXER, MATTHIAS: Mittelhochdeutsches Taschenwörterbuch, 37. Aufl. Stuttgart 1969.

Lexikon des Mittelalters, Bd. I-IX und Registerband, München/Zürich 1980-1999.

LIVER, PETER: Die Bündner Gemeinde, in: BM 1947, S. 1-24.

LIVER, PETER: Zur Rechts- und Wirtschaftsgeschichte des Heinzenbergs im 15., 16. und 17. Jahrhundert mit besonderer Berücksichtigung der Alpen, Maiensässe und Allmenden, in: BM 1932, S. 33-51, 65-85.

MACFARLANE, ALAN: Witchcraft in Tudor and Stuart England. A Regional and Comparative Study, London 1970.

MAISSEN, FELICI: Da tschels onns - Las strias e lur process, in: Radioscola 17 (1972), Heft 35, S. 25-27.

MAISSEN, FELICI: Die Drei Bünde in der zweiten Hälfte des 17. Jahrhunderts in politischer, kirchengeschichtlicher und volkskundlicher Schau. Erster Teil: Die Zeit der Unruhen von der Religionspazifikation 1647 bis 1657, Aarau 1966.

MAISSEN, FELIX: Von der Viehseuche und deren Bekämpfung in Graubünden im 17. Jahrhundert, in: BM 1964, S. 334-342.

MARGADANT, CHRISTIAN: Ein Beitrag zur Geschichte der Tierseuchenbekämpfung im Freistaat Gemeiner Drei Bünde (1500 bis anfangs 1800 n. Chr.), in: Schweizer Archiv für Tierheilkunde 95 (1953), S. 375-397.

MATHIEU, BALSER: Zur Geschichte der Armenpflege in Graubünden im Mittelalter und zu Beginn der Reformationszeit, in: JHGG 57 (1927), S. 121-192.

MATHIEU, JON: Bauern und Bären. Eine Geschichte des Unterengadins von 1650 bis 1800, Chur 1987.

MAYER, JOHANN GEORG, Geschichte des Bistums Chur, Bd. 1-2, Stans 1907-1914.

MEILI, DAVID: Hexen in Wasterkingen. Magie und Lebensform in einem Dorf des frühen 18. Jahrhunderts, Basel 1980.

MICHELET, JULES: Die Hexe, München 1974.

MONTER, E. WILLIAM: Witchcraft in France and Switzerland. The Borderlands During the Reformation, London 1976.

MOSER-RATH, ELFRIEDE: Predigtmärlein der Barockzeit. Exempel, Sage, Schwank und Fabel in geistlichen Quellen des oberdeutschen Raumes, Berlin 1964.

[MOTTA, EMILIO]: Streghe di Mesolcina, in: Bollettino storico della Svizzera italiana XXVII (1905), S. 136-140.

MÜLLER, ISO: Der Kampf um die tridentinische Reform in Disentis von ca. 1600-1623, in: ZSKG 42 (1948), S. 23-65.

MÜLLER, ISO: Geschichte der Abtei Disentis. Von den Anfängen bis zur Gegenwart, Zürich 1971.

MÜLLER, ISO: Zum bündnerischen Hexenwahn des 17. Jahrhunderts, in: BM 1955, S. 33-41.

NESNER, HANS-JÖRG: «Hexenbulle» (1484) und «Hexenhammer» (1487), in: Teufelsglaube und Hexenprozesse, hrsg. von GEORG SCHWAIGER, München 1987, S. 85-102.

OLGIATI, GAUDENZIO: Lo stermino delle streghe nella Valle Poschiavo, Poschiavo 1955.

PFISTER, ALEXANDER: Sur la carschen e digren della populaziun el Grischun, in: Annalas della Società Reto-Romantscha, 28 (1914), S. 35-98.

PIETH, FRIEDRICH: Bündnergeschichte, Chur 1945 (Nachdruck Chur 1982).

POOL, GEORG: Das Sündenregister einer Bergeller Hexe. Ein Beitrag zur Geschichte der Hexenverfolgung im Bergell, in: BM 1991, S. 311-320.

RÖHRICH, LUTZ: Lexikon der sprichwörtlichen Redensarten, Bd. 5, Freiburg i.Br./Basel/Wien 1994.

RÖSLER, IRMTRAUD/MOELLER, KATRIN: Der Teufel und sein Name. Frühe Zeugnisse für Hexen- und Teufelsglauben in mecklenburgischen Gerichtsakten, in: Homo narrans. Studien zur populären Erzählkultur. Festschrift für Siegfried Neumann, hrsg. von CHRISTOPH SCHMITT, Münster 1999, S. 357-369.

RUMMEL, WALTER: Die «Ausrottung des abscheulichen Hexerey Lasters». Zur Bedeutung populärer Religiosität in einer dörflichen Hexenverfolgung des 17. Jahrhunderts, in: Volksreligiosität in der modernen Sozialgeschichte, hrsg. von WOLFGANG SCHIEDER, Göttingen 1986, S. 51-72.

SALLAMANN, JEAN-MICHEL: Hexensabbat, Ravensburg 1991.

SCHMID M[ARTIN]/ SPRECHER F[ERDINAND]: Zur Geschichte der Hexenverfolgungen in Graubünden, in: JHGG 48 (1918), S. 73-252.

SCHWARZ, ROBERT: Die Gerichtsorganisation des Kantons Graubünden von 1803 bis zur Gegenwart, Chur 1947.

Schweizerisches Idiotikon. Wörterbuch der schweizerdeutschen Sprache, Frauenfeld 1881ff.

SEGMÜLLER, FRIDOLIN: S. Carolus Borromaeus vindicatus, Einsiedeln 1924.

SIMONET, J. JACOB: Die kathol. Weltgeistlichen Graubündens mit Ausschluss der ennetbirgischen Kapitel Puschlav und Misox-Calanca, Chur 1922.

SOLDAN, W.G./HEPPE, H.: Geschichte der Hexenprozesse, neu bearb. und hrsg. von MAX BAUER, Bd. 1 und 2, (Nachdruck) München 1912.

SPRECHER, FERDINAND: Der letzte Hexenprozess in Graubünden, in: BM 1936, S. 321-331.

SPRECHER, JOHANN ANDREAS VON: Die Pest in Graubünden während der Kriege und Unruhen 1628-1635, in: BM 1942, S. 21-32 und S. 58-64.

SPRECHER, JOHANN ANDREAS VON: Kulturgeschichte der Drei Bünde im 18. Jahrhundert, bearb. und neu hrsg. von RUDOLF JENNY, 3. Aufl. Chur 1976.

STADLER, PETER: Das Zeitalter der Gegenreformation, in: Handbuch der Schweizer Geschichte, Bd. 1, Zürich 1972, S. 621-633.

THOMAS, KEITH: Die Hexen und ihre soziale Umwelt, in: Die Hexen der Neuzeit. Studien zur Sozialgeschichte eines kulturellen Deutungsmusters, hrsg. von CLAUDIA HONEGGER, Frankfurt a.M. 1978, S. 256-308.

THOMAS, KEITH: Religion and the Decline of Magic, London 1971.

TREVOR-ROPER, HUGH REDWALD: Der europäische Hexenwahn des 16. und 17. Jahrhunderts, in: derselbe: Religion, Reformation und sozialer Umbruch, Frankfurt a.M. 1970, S. 95-179.

TSCHUMPERT, MARTIN: Versuch eines bündnerischen Idiotikon, zugleich ein Beitrag zur Darstellung der mittelhochdeutschen Sprache und der Culturgeschichte von Graubünden, Chur 1880.

VIELI, RAMUN/DECURTINS, ALEXI: Vocabulari romontsch sursilvan-tudestg, Cuera 1962.

WALZ, RAINER: Der Hexenwahn vor dem Hintergrund dörflicher Kommunikation, in: Zeitschrift für Volkskunde 1986, S. 1-18.

WEBER, HARTWIG: Die besessenen Kinder. Teufelsglaube und Exorzismus in der Geschichte der Kindheit, Stuttgart 1999.

WEBER, HARTWIG: «Von der verführten Kinder Zauberei». Hexenprozesse gegen Kinder im alten Württemberg. Stuttgart 1996.

WILLI, CHRISTOPH: Die Kapuziner-Mission im romanischen Teil Graubündens mit Einschluss des Puschlavs, Brienz 1960.

ZIEGELER, WOLFGANG: Möglichkeiten der Kritik am Hexen- und Zauberwesen im ausgehenden Mittelalter, Köln 1973.

Namenregister

Casanova, Barbla 119
Casanova, Christoffel,
  Säckelmeister 32, 146, 242, 244
Casanova, Peter von, Ammann 206
Casper Casper Joss 102
Castelberg, Benedikt, Landammann
  125
Castelberg, Brincazi von 247
Castelberg, Christian von, Abt v.
  Disentis 41
Castelberger, Christ 129, 130
Castels, Gerichtsgemeinde 25, 65,
  85, 149A
Castrisch 50, 66, 84. - Personen
  s. Barbla J.J. Pitschen; Christ
  Matthieu; Christina Loreng Balzer;
  Corai, Christ; Nut, Martin Jon
  Martin; Nut, Menga Jon Martin;
  Nut, Uri Jon Martin; Riedi,
  Lginard; Urschla J.J. Pitschen
Casura, Clau 229
Casuth, Nut von 247
Catharina Christ Tomasch 45, 89,
  91, 121, 141
Cathrina des Balzer Pedrot 44, 161,
  162
Cathrina des Jöhry 46
Cavel, Alp, Gem. Lumbrein 240,
  241, 247, 250
Cawiezel, Ruben 247, 250
Cazis, Kr. Thusis 19, 23
Celerina/Schlarigna,
  Kr. Oberengadin 106
Chatz, Thrina 51, 84, 88, 117, 124,
  138, 156, 165, 218, 220
Chiavenna, ital. Prov. Sondrio 28,
  37, 183, 185, 186
Christ dilg Lutzy 217
Christ dilg Risch 162
Christ dilg Willy 106
Christ Jacob (Jacun) Balzar 250, 251
Christ Jacob Valentin 224, 228

Christ Jon 121
Christ Mathiu 50, 90, 91, 245-253
Christ Pitschen 229
Christina des Christ Jon Balzer 45
Christina Fluri 45
Christina John Clau 45
Christina Jöhry Clau 45
Christina Loreng Balzer 49, 67, 95,
  109, 120, 124, 151, 154
Christina Margareta 46
Christina Weibel Paul 46
Chur 28, 33, 72, 77, 100, 114
Chur, Bischöfe s. Brandis; Naso
Cibo, päpstl. Nuntius 143
Clau Melcher 153, 219, 221
Clemente da Brescia, Chronist 79
Collenberg, Jacob, Landschreiber
  244
Como 13
Conzin, Anna 53, 64, 85, 88, 96,
  103, 104A, 125
Conzin, Regla 53, 63, 73A, 91, 105,
  114, 117, 123, 127, 151, 152, 166
Corai, Banadeg 95
Corai, Christ, Säckelmeister 94, 95
Corai, Reget 249
Coray, Barbla Christ 225, 227
Coray, Gelga Christ 92
Coray, Risch 228
Cozza, Maria 28, 104A
Cresta Regina, Gem. Lumbrein 240,
  241
Cristoforo da Tuscolano,
  Kapuzinerpater 143A, 224, 226
Cumbel, Kr. Lugnez 113, 134, 210,
  212. - Orte s. Cuschnaus. -
  Personen s. Anna Paul Jacob
  Weibel; Christ Jon; Maria John
  Dunau
Cundrau, Cristina 219
Cuntze, Anna 205
Curtinatsch, Gem. Lumbrein 45A

Sachregister

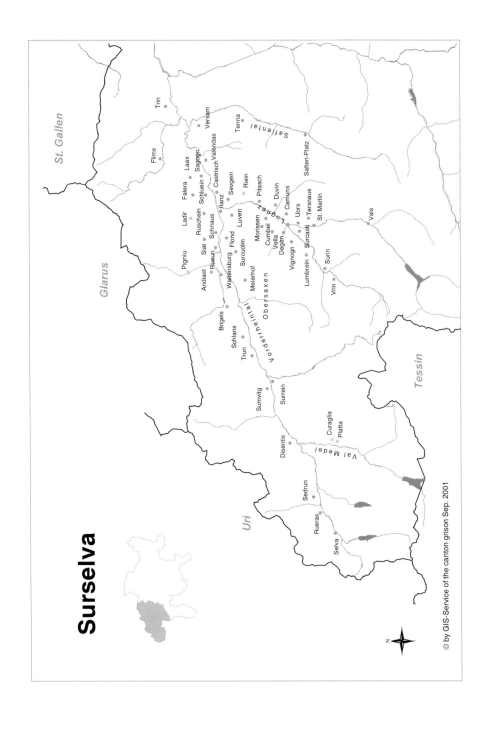

Surselva

St. Gallen

Glarus

Uri

Tessin

Trin

Flims

Versam

Tenna

Laax

Falera

Sagogn

Ladir

Schluein

Castrisch Valendas

Pigniu

Ruschein

Ilanz

Sevgein

Riein

Pitasch

Safien-Platz

Andiast

Siat

Schnaus

Luven

Duvin

Uors

Tersnaus

Rueun

Flond

Morissen

Camuns

St. Martin

Vals

Waltensburg

Surcuolm

Cumbel

Surcasti

Brigels

Meierhof

Vella

Degen

Vignogn

Lumbrein

Surin

Schlans

Trun

Vrin

Sumvitg

Surrein

Oberfrheintal Oberfsaxen

Disentis

Curaglia

Platta

Val Medel

Sedrun

Rueras

Selva

Lugnez

Safiental

© by GIS-Service of the canton grison Sep. 2001

N